主编简介

　　江彦桥　男，1953年4月出生，汉族，江苏射阳人，在职研究生，高等教育学博士，教授。历任上海海事大学教务处长，上海市教育委员会国际交流处处长，上海市教育评估院常务副院长，上海教育科学研究院党委书记、常务副院长。现任上海建桥学院党委书记、董事。主要研究方向为高等教育管理、思政教育。曾获国家教学成果奖和上海市育才奖等奖项。

　　朱瑞庭　男，1966年3月生，浙江诸暨人。德国马堡大学经济学博士，教授。历任上海建桥学院商贸系主任，科研处处长、校长助理、副校长。现任上海建桥学院校长、党委副书记，第十三届上海市政协委员。主要研究方向：高等教育管理，国际商务。曾获上海市育才奖和宝钢优秀教师奖等奖项。

高校校园文化建设成果文库

学习雷锋"桥"为径

上海建桥学院校园文化培育成果巡礼

主　编◎江彦桥　朱瑞庭

副主编◎陈　伟　王邦永

光明日报出版社

图书在版编目（CIP）数据

学习雷锋"桥"为径：上海建桥学院校园文化培育
成果巡礼 / 江彦桥，朱瑞庭主编 . -- 北京：光明日报
出版社，2018.1（2023.1重印）

ISBN 978 - 7 - 5194 - 4072 - 5

Ⅰ.①学… Ⅱ.①江…②朱… Ⅲ.①雷锋精神—教
学研究—高等学校②高等学校—校园文化—建设—研究—
中国 Ⅳ.①G64

中国版本图书馆 CIP 数据核字（2018）第 049016 号

学习雷锋"桥"为径——上海建桥学院校园文化培育成果巡礼
XUEXI LEIFENG "QIAO" WEI JING——SHANGHAI JIANQIAO XUEYUAN
XIAOYUAN WENHUA PEIYU CHENGGUO XUNLI

主　　编：江彦桥　朱瑞庭

责任编辑：许　怡　　　　　　　　责任校对：赵鸣鸣
封面设计：一站出版网　　　　　　责任印制：曹　净

出版发行：光明日报出版社
地　　址：北京市西城区永安路 106 号，100050
电　　话：010 - 67078251（咨询），63131930（邮购）
传　　真：010 - 67078227，67078255
网　　址：http：// book. gmw. cn
E - mail：gmrbcbs@ gmw. cn
法律顾问：北京市兰台律师事务所龚柳方律师

印　　刷：三河市华东印刷有限公司
装　　订：三河市华东印刷有限公司
本书如有破损、缺页、装订错误，请与本社联系调换

开　　本：170mm×240mm
字　　数：305 千字　　　　　　　印　张：17
版　　次：2018 年 1 月第 1 版　　　印　次：2023 年 1 月第 2 次印刷
书　　号：ISBN 978 - 7 - 5194 - 4072 - 5
定　　价：68.00 元

本书编委会

序
弘扬雷锋精神
用实际行动书写新时代的雷锋故事

杨德广

每一个国家和民族都有英雄模范人物，都有人们学习、崇拜的偶像。他们是国家的丰碑、民族的脊梁、人民的榜样。

"榜样的力量是无穷的。"回忆我70多年来的成长道路，英雄模范人物起了巨大的作用。自小学生时期开始，我就受到中华民族优良传统和革命传统的教育。从屈原、岳飞、文天祥、史可法，到夏明翰、王若飞、吴运铎，再到刘胡兰、董存瑞、黄继光……他们伟大的爱国情怀，英勇不屈的坚强意志，为国捐躯的牺牲精神，使我激动不已，永志不忘，一直激励我奋发学习，不畏艰苦、勇往直前。我喜欢的诗句就是革命先烈夏明翰的："砍头不要紧，只要主义真，杀了夏明翰，还有后来人！"读中学和大学时，我牢记毛主席教导的：无数革命先烈在我们前面英勇牺牲了，让我们踏着他们的血迹奋勇前进吧！立志为社会主义、共产主义奋斗终生。当时，我一直后悔自己晚生了20年，如果早生20年，我就能投身于革命斗争的洪流之中，我就能够成为革命英雄了。我遗憾过、彷徨过，但我并没有放松过自己"努力学习、练好本领"的追求。正当我踌躇满志、奋发图强而又感到生不逢时之际，1963年3月5日，毛主席发出了"向雷锋同志学习"的号召，全社会开展了大张旗鼓学雷锋的活动。当时我在华东师大读书，学校党团组织利用各种形式组织我们学习雷锋。读学雷锋的书，讲学雷锋的故事，唱学雷锋的歌曲，看学雷锋的电影，参观学雷锋纪念馆。雷锋的崇高理想，高尚品德，"毫不利己、专门利人"的无私奉献精神，给我留下极其深刻的印象。我们开展了"学雷锋见行动"的活动，同学们纷纷做好人好事，如主动把肉票、糖票等捐赠出来。我记得在学雷锋活动中，每周日只要天气好，我就把同寝室同学的被子拿出去晒，傍晚前收回来；帮助其他同学把热水瓶打满水；主动打扫卫生；每月节省三四斤饭票送给年纪比我大的同学。工作以后，我住在市区，每天骑自行车上下班，我经常提前十多分钟上班。路经中山北路大桥时，帮人力车工人推车上桥。每帮助他人做一件好事，心里就感到很高兴、很舒坦。学雷锋活动改变了我的人生观、价值观，使我懂得了人为什么活着，应该怎样活着，也使我明白，新时期和平环境下的英雄模范，不再是夏明翰、黄继光式的人物。时势造英雄，现在已不是革命战争年代的时势，而是社会主义建设时代的时势，应该做雷锋式的英雄模范人物。

以习近平为核心的党中央，为实现中华民族伟大复兴的"中国梦"，高度重视传承和弘扬中华民族优秀文化和革命传统文化，构建了社会主义核心价值观。习主席指出："把雷锋精神广播在祖国大地上。"① 雷锋精神是永恒的，是社会主义核心价值观的生动体现。雷锋精神在当代的延续和发展，是社会主义核心价值观的集中体现，是实现伟大复兴中国梦的强大精神动力。

上海建桥学院在周星增董事长大力倡导下，持之以恒地开展学雷锋活动，以学雷锋为抓手，深入开展思想政治工作，这是非常有远见卓识的举措。由建桥学院党委书记江彦桥教授主编的这本文集，生动地体现了该校师生"学雷锋见行动"取得的丰硕成果。在青年学生中深入开展学雷锋活动，是时代发展的需求，是学校立德树人的需求，是践行社会主义核心价值观的需求。

我们应该向雷锋学什么？怎样学习雷锋？我认为，学习、传承、弘扬雷锋精神，应该把握雷锋精神的实质，落实到实际行动中去。50多年来，我一直以雷锋为榜样，雷锋精神一直在激励我前行。雷

① 习近平：《把雷锋精神广播在祖国大地上》，2014年3月11日，新华网。

锋精神主要体现在以下五个方面。

（一）在理想信仰上，有崇高的共产主义精神。雷锋出生在旧中国，从小受苦受难，家破人亡，深受三座大山压榨。通过新旧社会对比，他懂得了没有共产党就没有新中国，要跟着共产党走社会主义、共产主义大道。他说："是党给了我生命，哺育我长大成人，是党给了我幸福，是党给了我前进的力量，是党给了我一切。为了党，我愿洒尽鲜血，永不变心。我就是长着一个心眼，我一心向着党，向着社会主义，向着共产主义，坚决听党指挥，一辈子跟党走。"①这是雷锋怀着对党深厚的感情，而发自肺腑的心声，体现了他坚定的共产主义信仰。我和雷锋是同时代的人，同样是出生在贫苦农民家庭，从小过着吃不饱、穿不暖的生活，七八岁就下地劳动，上山砍柴，挖野菜。新中国成立后，我才上了中学、大学，还当上了大学教授、大学校长。几十年来，我对党的感情，对社会主义、共产主义信仰从来没有动摇过。一个人有了坚定的理想信仰，就有了前进的方向。当代青年学生学习雷锋，首先要学习雷锋坚定不移的理想信念，树立为共产主义而奋斗的伟大志向。

（二）在学习上，有"挤"和"钻"的钉子精神。为了实现崇高的理想，做好本职工作，必须有理论武装，有科学文化知识。雷锋是一位勤奋好学的青年，尽管平时工作繁忙，他还是发扬"钉子"精神，刻苦钻研。雷锋说，有些人说工作忙，没有时间学习。实际上，要学习，时间总是有的，问题是善不善于挤，愿不愿钻。一块好的木板，上面一个眼都没有，但钉子为什么能钉进去呢？一个是挤劲，一个是钻劲。雷锋就是靠"挤"和"钻"两个字，用顽强的毅力，刻苦的精神，学习了马克思主义理论、科学文化知识。以此为指导，他一生始终朝气蓬勃，意气风发向前进。在学雷锋的活动中，雷锋的"挤"和"钻"的学习精神对我启发很大，激励我刻苦地学习。在大学期间，我周末和假期很少外出，抓紧时间学习，读了许多马列著作和中外名著，为将来的工作积累知识、奠定基础。

---

① 雷锋：《雷锋日记》，解放军文艺出版社 1963 年版。

工作以后，我像雷锋一样，珍惜每一分钟抓紧学习。改革开放30多年来，我每天早上6点钟起床，晚上11点半休息，一天工作、学习16个小时，取得了工作和教学科研双丰收。这些都得益于雷锋的"钉子"精神。当代青年学生学习雷锋，就要像雷锋那样珍惜时间，争分夺秒，发扬雷锋"学而不厌，锲而不舍"的精神，勤学勤思，刻苦钻研，为将来的工作积累扎实而广博的知识。只有现在的"学有所成"，才有将来的"事业有成"。

（三）在工作中，有"干一行，爱一行，钻一行"的螺丝钉精神。雷锋说："一个人的作用，对于革命事业来说，就如一架机器上的一颗螺丝钉。螺丝钉虽小，其作用是不可估量的。我愿永远做一颗螺丝钉，不怕苦，不怕累；干一行，爱一行，钻一行。①"社会主义、共产主义大厦，是由一个个螺丝钉构建而成的，由一块块砖瓦堆砌而成的。只有每一个螺丝钉很牢固、每一块砖瓦很坚硬地固定在一定的位置上，大厦才不会动摇、垮塌。雷锋在每一个平凡的工作岗位上，以高度的责任感、事业心，爱岗敬业，脚踏实地，忘我工作，取得了不平凡的成绩，为社会主义建设发挥了光和热。在50多年的工作生涯中，我的工作岗位先后调动过十几次。从大学一毕业，组织上就要我改行从事教育管理工作。我总是以雷锋为榜样，服从党的安排，像雷锋那样"我是大厦一块砖，东西南北任党搬，"干一行，爱一行，钻一行，把"工作、学习、研究"结合起来，即努力做好本职工作，围绕工作努力学习，开展研究，再把研究成果用于指导工作。我坚持工作之余努力学习和研究，先后出版了40多部专著，发表了500多篇文章，对做好工作起了指导和推动作用。当代青年学生学习雷锋，就要努力把自己打造成永不生锈的螺丝钉，以便将来在任何工作岗位上都闪闪发光。

（四）在生活上，有勤俭节约、艰苦奋斗的精神。雷锋说："在工作上，要向积极性最高的同志看齐；在生活上，要向水平最低的同志看齐。②"雷锋平时在生活上非常节俭，他穿的衣服、袜子都是

---

① 雷锋：《雷锋日记》，解放军文艺出版社1963年版。
② 同上。

补了又补。他说:"我们的国家还穷,穿破了的衣服补好了再穿,省下衣服(发的军装)交给国家,这样既节省国家开支,又发挥了艰苦奋斗、勤俭节约的优秀作风。①"在雷锋勤俭节约精神的鼓励下,我在读大学期间,生活也很节俭,破旧的衣服补了又补,冬天穿的是部队送来的旧棉衣棉裤,当时没感到寒碜,反而感到很光荣很自豪。以雷锋为榜样,我养成了勤俭节约的习惯,包括节约每一粒米、每一滴水、每一度电。工作以后,我的经济条件好转了,富裕了,但雷锋在生活上低标准、勤俭节约、艰苦奋斗的精神一直在影响着我。我从来不买名牌衣服和名牌日用品,从来不去大饭店吃饭、请客,从来不养宠物,也不许子女养宠物。我立下的八字家训"勤俭、和善、自强、有为",第一条就是勤俭,坚持过简单俭朴生活,不单单是为了节省钱,更是一种生活方式和精神追求,有助于身心健康,有助于和周围的人建立良好和谐的关系。当代青年学生学习雷锋,就要从不浪费粮食,节约水电做起,不讲究吃穿,不盲目攀比,发扬艰苦奋斗、勤俭节约的优良作风。

(五)在人生观上,有全心全意为人民服务的无私奉献的精神。雷锋是做好人好事的典范,全心全意为人民服务的典范。雷锋说:"活着就是为了使别人生活得更美好。②"雷锋做的好人好事数不清,而且做了好人好事后不留名。他说:"一滴水只有融进了大海才不会干涸,一个人只有把有限的生命投入到无限的为人民服务之中,才能充分体现自身价值。③"雷锋认为只有全心全意为人民服务才有价值。他在日记中写道:"做一件好事并不难,难的是做一辈子的好事。④"我不仅与雷锋同龄,而且与雷锋同年入党。我以雷锋为榜样,一直秉承共产党员"全心全意为人民服务"的宗旨,立志永远做一个有益于社会和人民的人。我的人生格言是"无为何入世,入世有所为"。我在读书期间,努力学习,练好本领,奠定全心全意为

---

① 雷锋:《雷锋日记》,解放军文艺出版社1963年版。
② 同上。
③ 同上。
④ 同上。

人民服务的基础。我在工作期间努力工作，履行全心全意为人民服务的职责。退休以后，我坚守全心全意为人民服务的誓言，从事阳光慈善公益事业，把多年来积攒的100万元书稿费、讲课费以及卖掉一套房子所得款项，共300万元，捐赠给我就读过的小学、中学、大学三所母校，资助贫困学生，并建立了阳光慈善专项基金，资助西部地区贫困生的营养午餐，设立了"阳光优秀生"奖学金，受助学生已经有3000多人次。我还将自己退休工资的一半用于阳光慈善事业。有人问我，为什么要做慈善？我说，动因很多，其中一个动因就是以雷锋为榜样，是雷锋精神激励我前行。当代青年学生学雷锋，就要像雷锋那样心中永远装着人民，一切为了人民，积极参加社会公益活动、志愿者活动，从小事做起，从身边做起，多做好事，行善积德，助人为乐。

习近平总书记说："雷锋精神，人人可学；奉献爱心，处处可为，积小善为大善，善莫大焉。"① 让我们每个人都以实际行动书写新时代的雷锋故事，为实现中华民族伟大复兴的中国梦努力奋斗。

---

① 习近平：《习近平给"郭明义"爱心团队回信》，2014年3月5日，人民网。

前　言

习近平总书记指出，"雷锋精神是永恒的，是社会主义核心价值观的生动体现"。上海建桥学院在长期的办学实践中，落实立德树人根本任务，积极探索在新时期新形势下学校思想政治工作的新内容、新形式、新途径，努力培育富有特色、成效显著的以"雷锋精神"作为标识符号的校园文化环境，学校结合学习宣传贯彻党的十九大精神、以习近平新时代中国特色社会主义思想为指引，深入贯彻落实全国高校思想政治工作会议精神，进一步加强了顶层设计和机制平台建设，使弘扬雷锋精神与学校办学定位、育人目标、"感恩、回报、爱心、责任"八字校训紧密结合，成为融合第一课堂、第二课堂和第三课堂的有效载体，切实提升了民办高校师生思政工作的针对性、有效性与指导性。使培养和成为"新时代雷锋式大学生"成为广大师生的高度认同与自觉践行，也获得了社会特别是用人单位的广泛认可。

本书拟以雷锋精神的起源、形成、发展作为启领，剖析雷锋精神与"建桥文化"的关系，引申建桥校园文化实质，说明雷锋精神是建桥文化育人的万向轴；以雷锋精神治校育人，论述雷锋精神的当代内涵和建桥实质。本书还将以建桥十几年来师生践行雷锋精神和校训的案例，挖掘不同领域、不同类型的学雷锋先进典型，大力宣传这些来自师生、来自基层、真实可信的事例，把雷锋精神融入师德师风建设和人才培养过程，使雷锋精神更加贴近实际，更富时代气息，更有吸引力和凝聚力，从而展现建桥文化与雷锋精神相契合后产生的强大生命力、影响力、号召力、引领力。

目 录
CONTENTS

第一篇　精神溯源 ·· 1

榜样的力量与善行的火种 ·· 3

忍辱负重,成就他人,跨越自我

　　——建"桥"理念溯源 ·· 8

上海建桥学院的文化追求与积淀 ································ 13

建桥校训与社会主义核心价值观 ································ 22

第二篇　顶层设计 ·· 27

深入弘扬雷锋精神与应用型本科人才培养 ···················· 29

以弘扬雷锋精神为抓手,将思想政治工作贯穿教育教学全过程 ·········· 34

雷锋精神溯源

　　——写在上海建桥学院雷锋馆开馆之际 ···················· 44

第三篇　理论探索 ·· 61

雷锋精神融入大学文化建设之探索与思考 ···················· 63

弘扬雷锋精神与民办高校大学生社会主义核心价值观教育 ······ 69

认知,实践,传播

　　——弘扬雷锋精神,培育践行社会主义核心价值观路径探讨 ··· 76

深化学雷锋活动与师德师风建设 ································ 84

浅谈雷锋精神与大学学风建设 ································· 92

论雷锋精神的时代性彰显 ·· 99

雷锋精神嵌入高校思想政治教育的实践探索 ·················· 103

雷锋精神与志愿者精神之比较 ………………………………………… 109

第四篇 实践育人 ……………………………………………… 117

民办高校学生价值观调查与思考 ………………………………… 119
雷锋精神融入高校思想政治理论课路径研究 ………………… 127
雷锋精神融入工科专业教育全过程路径研究 ………………… 136
雷锋精神融入高校校园文化建设的路径研究 ………………… 141
雷锋工匠精神在当代之浅析 …………………………………… 149
弘扬雷锋精神的实践探索 ……………………………………… 155
高校感恩教育的路径研究 ……………………………………… 163
大学生感恩教育创新路径探析 ………………………………… 170

第五篇 活动案例 ……………………………………………… 175

内铸素质,外塑形象
　　——上海建桥学院文明修身德育课程实况 ……………… 177
青春因奉献而精彩
　　——上海建桥学院学雷锋志愿活动综述 ………………… 181
从军报国,滴水入海
　　——上海建桥学院征兵工作巡礼 ………………………… 186
桃李不言,下自成蹊
　　——上海建桥学院"三位一体"育人实践 ……………… 189

第六篇 雷锋奖师生案例 …………………………………… 195

胡及孝,2014届新闻传播学院毕业生 …………………………… 197
马世华,2014届商学院电子商务系毕业生 …………………… 198
王天一,2009届商学院工商企业管理专业毕业生 …………… 204
张楚成,2015届机电学院汽车服务工程专业毕业生 ………… 206
傅佳喆,2010届艺术设计学院视觉传达专业毕业生 ………… 210
毛东宇,2013届新闻传播学院传播专业毕业生 ……………… 212
单驹超,2013届机电学院机械制造及其自动化专业毕业生 … 214
陈哲超,2012届信息技术学院计算机科学与技术专业毕业生 … 216
夏鑫,2014级职业技术学院工商企业管理专业学生 ………… 218
蒋玮荻,2011届商学院电子商务专业毕业生 ………………… 220

叶杨,2013级外国语学院日语专业学生 ……………………………… 221

凌尤伟,2014级机电学院机械设计制造及其自动化专业学生 ………… 224

赵玲玲,2014级职业技术学院商务英语专业学生 …………………… 226

雷强,2015级机电学院机械制造及其自动化专业学生 ……………… 228

陈鑫杰,2014级外国语学院日语预科专业学生 ……………………… 230

陆家兴,2014级信息技术学院网络工程专业学生 …………………… 233

钟叶丹,2013届艺术设计学院视觉传达专业毕业生 ………………… 235

赵永安,2014级商学院工商管理专业学生 …………………………… 237

附 录

附录一:优秀文明修身小结(14环境3班) ………………………… 239

附录二:历年参加文明修身学生一览表(2010-2017年) …………… 245

附录三:建桥学生参加上海世博会志愿活动心得 …………………… 246

附录四:上海建桥学院历年参军、参与西部计划、义务献血人数统计 ……… 250

附录五:"八一社"指导教师董显洋访谈 …………………………… 251

第一篇

01

┃精神溯源┃

　　一所高校，校园文化一定是有力承载并充分体现举办者追求的办学理念。随着办学实践的深入，从自发到自觉，从认同到践行，从表象到核心，校园文化内涵不断得以深化、丰富、完善，成为支撑学校发展的强大软实力。

　　学习雷锋"桥"为径，上海建桥学院基于办学定位、社会需求、生源特点、教育规律等综合要求，在育人过程中大力弘扬中华传统美德"桥"文化、雷锋精神。建桥办学的成功实践，证明了中国优秀传统文化是极为宝贵的精神财富。

榜样的力量与善行的火种

周星增①口述 奚丽君②整理

1. 一枚高含"金"量的雷锋奖章

教育孩子奉献，却发现他们处处吃亏？教育孩子善良，却发现他们不受认可？那是否应当更投机取巧、急功近利一些？当很多人在为教育天平上的砝码摇摆而倍感困惑时，我却更加坚定了在学校弘扬雷锋精神的信念。其实，人们内心期待自己身边出现更多为他人着想，懂感恩、知回报、有爱心、担责任的人。这也是建桥雷锋式大学生受到社会认可与好评的原因之一。

有一次，一位优秀校友向我报告喜讯，他刚被一所知名的企业聘用。我很惊讶，因为这家企业就连复旦、交大的一些高才生都很难进去。我就问他："你是怎么进的呢？"这位校友很自豪地告诉我说："招聘时，我当场拿出雷锋奖章，人事主管了解到这枚奖章的来龙去脉，立刻就决定录用我，连毕业证书都没有看！"实际上，类似这样的学生在建桥学院还有不少。

学校至今已连续 12 年颁发雷锋奖章，共有 236 人获得雷锋金奖、1356 人获得银奖、4103 人获得铜奖。雷锋奖章用于表彰学生见义勇为、义务献血、帮困助学、服务社会等方面表现突出的学生。如今许多学生已经踏上工作岗位，因为敬业奉献而成为工作单位中的精英骨干。

最早，学校开展学雷锋活动源于我对雷锋学校的一次探访。2005 年，我受

---

① 周星增，男，1962 年 11 月生，汉族，浙江乐清人，大学讲师，上海市第十二、十三、十四届人大代表。毕业于江西财经大学，先后在贵州工学院、温州大学执教。1993 年辞教从商。1999 年赴沪创办上海建桥（集团）有限公司、上海建桥学院，任董事长。社会兼职有中国民办教育协会副会长、中国围棋协会副主席、上海市围棋协会主席。获全国优秀中国特色社会主义事业建设者、全国民盟社会服务工作先进个人、上海市党建之友、上海市征兵工作先进个人、上海市慈善之星等荣誉称号。

② 奚丽君，女，1987 年 6 月生，校宣传部新闻中心副主任。

到和我一起在中央党校进修同学张平的邀请，让我去参观她任校长的辽宁抚顺雷锋小学。当了解到这所学校全体师生都在积极做义工后，我受到的触动非常大。我想：小学生都能做，为什么建桥学院的学子不能做呢？返回上海后，我就号召建桥学院全校上下深入开展学雷锋活动，并设立了雷锋奖章。我还要求将雷锋金质奖章做成纯金的，这样做，并非只是对奖章形式上的注重，更是希望雷锋精神成为建桥学子一生的追求。因为纯金奖章的价值大，保留的时间更长，毕竟是一块金子，大家会更珍惜。更重要的是，每当看到这枚奖章，雷锋的事迹就会浮现在他的眼前，他会记得自己曾经像雷锋一样，将"以善为本，做个好人"作为一生的追求。另外，这枚纯金的奖章也可作为代代传承的传家宝，由父母告诉子女雷锋奖章背后的故事，让雷锋精神影响一代又一代人。

2. 榜样的力量　善行的火种

"人的头脑是等待被点燃的火种。"① 上海建桥学院名誉校长杨福家认为智慧的启迪是如此，善行的弘扬亦如是。榜样在人的脑海中擦亮了善的火花，虽然不一定立竿见影、成效显著，但却潜移默化、影响深远。品行的树立，不能依赖戒律的教育，而是源自榜样的力量。

在我心中，母亲就是一个雷锋式的人物。乡里几乎每一条路、每一座桥的修建，都是她带头募捐，左邻右舍有事也都会首先想到找她商量、帮忙。有时候，我回家看望母亲，根本挤不进家门，因为来看母亲的人太多了。我的母亲每年都会看一下周边村里有谁家的孩子考上了大学，如果有孩子考上大学了，总会去送个小红包，她就是觉得考大学能够为家庭、为村子争得荣誉，自己理应尽点心意、给点鼓励。每年过年，她还会到村里老人的家里转一下，送点大米和棉衣之类的东西。这两件事她坚持至今，已成为一种习惯。

在我眼里，母亲就是一位平凡的善者，是我人生最好的榜样。母亲对我的人生观、世界观、价值观的影响特别大，这种影响一直贯穿我的整个人生。尤其是在下海经商致富之后，我做各类公益事业，如捐建希望小学，赞助各类体育赛事，资助边远地区贫困学生，就是受母亲乐善好施的影响……社会也认可了这种公益心、责任心，还将我评选为"上海市慈善之星"。

社会环境的好坏，是我们每个人行为一点一滴累积的，正是因为好事难做，我才要身体力行，带动集团、学校一起做公益，扩大社会的善能量，这也是我

---

① 徐斌忠、董川峰：《杨福家和中学生谈"梦想与奋斗"人脑是等待被点燃的火种》，载《东方网》，2013 年 7 月 16 日。

的责任。

3. 凡人善举，从我做起

"以善为本，做个好人。"这是我的座右铭。

什么才是以善为本？

"一个以善为本的人，首先是对父母、家人、朋友的感恩心。随着他的不断成长，他的善良、爱心也会放大、会延伸、会推己及人。他会牢记曾经获得的帮助和支持，扩大到对万事万物的友善、博爱之心，升华到生命、对生活、对世界的奉献之心。

一个以善为本的人，他一定是好同事、好伙伴、好员工。他对于工作、对同事的善，体现为他的敬业爱岗，他总是在想，我能为集体做什么？他一定有高度的责任感和事业心，一定会倾尽所能，努力工作，而不是推脱扯皮，拖集体后腿。

一个以善为本的人，他一定是社会的好公民，他会把对社会对环境的善，体现为自觉遵纪守法，自觉维护社会的良性运行，为国家富强，为社会进步而尽力。他会注重保护环境，珍惜资源，而不是过度消费、任意挥霍。"①

伟大，无关乎身份；善心，无关乎大小。鲁迅曾经说过，寻找民族的脊梁，看地底下。平凡的善行，人人可做，小到孝敬父母、团结同事、为人分忧，大到救人性命、捐赠钱物、帮助别人。坚持行善，就能够获得尊重，改善世界。

4. 桥：忍辱负重，成就他人

对"桥"文化的感悟与践行，凝聚了我的成功哲学和人生梦想。

中国老百姓讲的积德行善，大多指修桥铺路，虽然平凡，却能造福当地。我一生只想多做一些修桥铺路的事情。为此，我还将"桥"融入自己的事业中。校名取"建桥"二字，是希望每一个员工都能像桥一样，多奉献自己，多支持别人，不只要借助别人的桥前进，更要为别人造桥。我们建桥学院也要建三座"桥"：为学生建成才之桥，为教师建立业之桥，为社会建育人之桥。

我与桥的不解之缘源于20世纪70年代初，我所在的村里发生了一幕惨剧：端午节那天，当地举行划龙舟大赛，全村的人都挤到桥上看热闹，结果老石桥不堪重负，突然断裂，桥上的人纷纷落水，打捞不及，死了十几人。桥断了以后，两岸的来往交流非常不便，这个时候，大家才明白桥何等重要：桥上每天

---

① 何羽：《热血厚土》，上海三联书店2008年版。

往来无数人，它帮助别人跨越障碍、迈向彼岸，在尚未断裂的时候，它忍辱负重，默默付出，成就他人，却不为人知，等失去了大家才深刻体会到它的价值。

我每次从桥上经过，都对脚下的桥都充满崇敬、感恩的心情。后来我学会了打桥牌，这个"桥"讲求团队合作、相互理解和包容。"桥"，由此成了我最喜爱的一个字，以"建桥"命名事业，一以贯之倾力实践。以感恩、回报、爱心、责任为校训，确立"为学生建成才之桥，为教师建立业之桥，为社会建育人之桥"办学使命，坚持公益性办学。

5. 教育如烛光，星火可燎原

除了母亲以外，教育对我的影响尤为深远。我是改革开放后的第一批大学生，也是村里第一个大学生。知识改变命运，在富裕起来以后，我及家人还是保持了朴素的生活习惯和方式，我的儿子甚至不介意穿他人穿过的衣服，拎他人用过的二手包。但是，我很舍得在教育方面不遗余力地投入，因为这是一项投入少、产出多、影响深远的事业。在贫困地区，它能影响人们在"穷凶极恶"与"穷则思变"间的抉择。对贫苦的农家子弟而言，读书是改变生活、改变命运的主要出路，正如我自己的命运也是因读书而改变。

因此，自 2000 年在山东莒南捐建第一所希望小学开始，上海建桥集团与民盟上海市委合作，以每年 2～3 所的数量捐建希望（烛光）小学。截至目前，援建足迹遍布 25 个省份 40 多所学校。我这一生，希望能够援建 100 所希望小学，资助 1000 个失学女童。之所以资助女生，是因为这可以使得有限的善款发挥更大的效用。西部农村女童的辍学率远远高于男童，如果能读上书，她们的命运就会因此而改变；如果辍学了，她们将无力改变自己的命运。一个家庭中，女性可以影响丈夫，教育孩子。要改变农村的现状，就要对山区女孩的教育给予特别关心。现在的一个女孩就是未来的一个母亲，有文化知识的母亲才能教育出有素质的孩子，我们的国家才更有希望……

6. 用一个灵魂唤醒另一个灵魂

社会是个熔炉，我们每个人身处其中，社会最能改变人，也最能教育人。所以说，如果这个社会风气不正，那么哪怕家庭教育再成功也不一定能塑造优秀的人。因此，在微缩的小社会——学校中，善与智慧的传递显得尤为重要。大学是一个培养人的地方，大学教育更应该培养"人中人"，即培养精神健康、遵纪守法、热爱生命、有道德修养的合格公民。

在建桥学院的雷锋像上，雷锋并非平时大家所见手持枪杆的形象，而是手持书本，寓意注重学习。雷锋式的大学生，还是要把学习放在第一位。在远离战争与革命的年代，必须掌握好知识和本领，才会有更大的能力来帮助、服务别人。雷锋塑像手持的书本上刻画了"为人民服务"这几个大字，则时时刻刻提醒着同学们学好了本领要像雷锋那样时刻想着别人，坚持为人民服务。

在大学生中树立雷锋为榜样也有着历久弥新的时代意义。22 岁的雷锋有着和大学生相仿的年纪，而雷锋所言所行，人人可学，处处可学。"名牌大学、重点大学，目标可能是培养类似钱学森这样的领军人才，但社会除了需要这样的人才，同时还需要一大批踏实勤奋、敬业爱岗、乐于奉献的雷锋式劳动者。"从长远人生看来，分数好坏，学校不同，从本质上没有差别，而品行道德、为人处世则决定了一个人能看多远、走多顺。

"爱党爱国的坚定信念、助人为乐的奉献精神、敬业奉献的高尚情操、锐意创新的进取精神、艰苦奋斗的创业精神。"这是雷锋精神的五个方面，我希望建桥走出去的大学生，也能具备这些品格，这样的学生在社会上是有竞争力的。

要培育这样的大学生，对学生教化，老师应当首先成为学生的楷模。"其身正，不令而行；其身不正，虽令不行。"大学教育工作者必须有一种使命感。通过学生对教师的崇敬之情，来灌输待人接物、为人处世的理念，来播撒"爱"与"智"，才是春风化雨的方式。

我经常对教师解说"智慧"的含义："智"拆开即"知"和"日"，就是要通过每日学习，不断增加知识，教师如果不爱学习，不及时更新知识，总是炒冷饭，就教不好学生。"慧"字上面有两把扫帚，一把是要不断打扫灰尘，看清自己的问题，一把是要抵御外部风尘，从容面对诱惑；"慧"字下面还有一个"雪"和"心"，意即教师应始终保有一颗雪白纯洁的心，对学生能起到"身正为范"的引领作用。

爱是可以传播的，如果每一个人都能影响身边的人并使之成为善良有爱心的人，1 个人影响 3 个人，3 个人影响 9 个人，9 个人就会影响更多的人。正如德国著名教育家雅斯贝尔斯所认为的，教育的本质是"一棵树摇动另一棵树，一朵云推动另一朵云，一个灵魂唤醒另一个灵魂"。[①] 学校理应承担更大的使命。我希望每一位教师都能影响一届届学生，激发他们的正能量；学生走出校园、走进社会后又能影响更多的身边人，这样我们所处的世界就会一天天变得更美好。

---

① 卡尔·雅斯贝尔斯：《什么是教育》，生活·读书·新知三联书店 1991 年版。

忍辱负重，成就他人，跨越自我

——建 "桥" 理念溯源

何羽① 左飚②

周星增董事长的老家在浙江乐清柳市，当地地貌俗称 "七山二水一分田"。江南农村多河道，逢山开路，遇水搭桥，人们背扛肩挑从桥上来往，曾是少年周星增最熟悉的风景。桥以忍辱负重、成就他人、跨越自我的品格，启迪了周星增，并成为他事业的缘起与追求。

1. "活雷锋" 母亲是第一位人生导师

周星增的母亲在当地很有威望、很受尊敬，她善良仁慈、乐于助人、乐善好施，在曾经的物质匮乏年代，哪怕家里只有一把米，如果有人上门乞讨，她也会给人家。有一次，她遇见乞丐母女三人在村里讨饭，有个孩子还发着烧，就把乞丐母女带回家来，把周星增兄弟俩住的朝南大房腾出来，让她们住下，自己的两个儿子则被打发到朝北一间小屋里，睡在又小又破的一张小床上。后来周星增创业成功，周母仍然省吃俭用，把儿子孝敬的钱都用来救济乡邻、资助贫困、修桥铺路了，过年过节，还给村里孤寡老人、特困户送红包。周母日复一日、年复一年做好事，以实际行动诠释了人世间最温暖、质朴、隽永的真理，做人以善为本。"活雷锋" 母亲的身教言传深深影响了周星增。

每年新生入学教育、新教师入职培训，周星增都要给新建桥人上第一课 "感恩" ——我们每个人一生中都有三位母亲，应当终生孝敬。第一位，是生我、养我的母亲，这个母亲最重要，没有她就没有我们。母亲不仅养育了我们，还教了我们许多做人的道理。世界上最无私的爱，就是母亲对子女的爱。第二

---

① 何羽，女，1973 年 3 月生，曾任建桥集团、建桥学院办公室副主任、宣传部部长、文明办主任，大专学历，助理编辑，主要研究方向：企业家精神与校园文明文化建设。

② 左飚，男，1942 年 3 月生，曾任外语系主任，教授，主要研究方向：中西文化比较与翻译。

位母亲是大自然、地球母亲，地球母亲也是最无私的。一个人就像一粒尘埃，何其渺小，偌大宇宙，只有地球母亲"收容"了人类，给了我们各种各样的物质条件，让我们得以生存、发展。第三位母亲是社会。虽然，我们的社会还有一些不合理、不完善的地方，但她为我们提供了很大的发展空间，她给每个人以不同的机遇，为每个人实现梦想提供了平台；同时，她又用有形的规则和无形之手把我们塑造成材。一分耕耘一分收获，种瓜得瓜种豆得豆。当你肆意妄为时，这个母亲会毫不留情地惩罚你。当你真诚执着投入时，她又毫不吝啬地热情拥抱你，赞美你，奖励你。对这三位母亲，我们都是索取太多了，回报太少了。

由此，这节必修课的关键词"感恩"二字，深深铭刻在全体建桥人的心上，伴随着他们一路成长成才。建桥历届毕业生签约率95%以上，用人单位如此评价建桥特色的新员工：敬业奉献，踏实勤勉，甘于服务基层一线，做好每一件小事。

2. 以桥为名，感恩母亲

当年，在周家老宅与乡村小学之间，隔着一弯河流。小时候，周星增光着脚丫子，蹿着、蹦着，从石桥上走过。20世纪70年代初，村里发生了一幕惨剧：端午节那天，当地举行划龙舟大赛，全村人都拥到桥上看热闹。这老石桥不堪重负，突然断裂了，桥上的人纷纷落水，打捞不及，死了十几人。桥断了，周星增只好顺着田间小路上学。目的地就近在眼前，却不能一跃而过，非要远远绕上一大圈才能到达。平时只享受桥的便利，根本没有意识到桥存在的价值。一旦失去了，才明白这桥是何等重要！后来，周母发动村民出钱出力，修好了这座桥。

桥虽修好了，但那幕惨剧却成为一个噩梦，一直纠缠着周星增的少年时代。他经常梦见自己正吃力地爬着一座又高又陡的桥，历尽艰辛，爬到高处，突然，桥，断了，惊涛骇浪迎面扑来，似乎要把人吞没，他吓得一个冷战，醒了过来，一颗心，突突突地狂跳……记不清多少次重复做这个梦了，每一次梦醒时分的思考，让他对桥的认识更深了一层——

每个人，从此岸到彼岸，从现实到理想，其间不知要经过多少艰险周折，当遇到强大的障碍与鸿沟，费尽全力也难以通过时，多么盼望前面能出现一座"桥"啊！桥，是两地之间最近的距离，是迈向成功最快捷的通道，是心心相印的沟通，是跨越困难的创新。桥，承载着梦想，托升起希望。每个人都离不开桥，每个人都可以是一座桥。那忍辱负重、成就他人、跨越自我的桥，必定是最伟大的！此后，周星增每次从桥上经过，对脚下的桥都充满崇敬、感恩的心情。后来，他学会了打桥牌，打桥牌讲求团队合作、相互理解和包容。"桥"，由此也成了周星增最喜爱的一个字。

老吾老，以及人之老；幼吾幼，以及人之幼。母亲希望儿子办大学、养老院的心愿，点燃了周星增的创业激情，上海建桥学院最初的校址在浦东康桥地区。就像当年盼望儿子的诞生，对于这个新大学、新事业、新希望，周星增想取什么名字呢？他想到了，桥！周星增以"建桥"命名事业，并一以贯之倾力实践。以感恩、回报、爱心、责任为校训，确立"为学生建成才之桥，为教师建立业之桥，为社会建育人之桥"办学使命，坚持公益性办学。

3. 建"桥"理念的多视角解读

桥的主要功能是连接。生活中的桥连接江河两岸、山谷两边、道路两旁或任何原来互不通达的两个空间。建桥学院所建的"桥"是知识之桥、心灵之桥、理解之桥，使学生变未知为已知，使教师变已知为他知，在师生之间、学生之间、教师之间，并通过实习、考察等校外活动在师生与社会各界人士之间建立联系的纽带，使原来互不通达的心灵增进了解，沟通感情，在理解的基础上形成文明和谐的校园，并进而助力创造具有高度文明的和谐社会。

桥的另一重要功能是输送。生活中的桥输送粮食、服装、木材、钢梁、机械、军火等任何用于人民日常生活以及建设国家、保卫国土的物资。建桥学院所建的"桥"输送的是人才，用人单位需要的合适人才，是社会主义事业的合格建设者和可靠接班人，是体现"建桥"特色、具有"建桥"风格、受到用人单位欢迎的特殊人才，是具有以爱国主义为核心的民族精神和以改革创新为核心的时代精神的栋梁之才。

桥，讲求质量坚固。从"桥"这个形声字看，最初的桥应该是木质的，后来出现了石桥、钢桥、混凝土桥等不同质地的桥，但无论质地如何，都以牢固为本。赵州桥至今已有1400多年历史，历经多次洪水、战乱与地震，仍然完好无损。建桥学院所建的"桥"强调质量。它的质量表现为真正教会学生如何做人、如何做事、如何做学问，使学生在德、智、体、美各方面得到全面、均衡的发展；它的坚固表现为在保证教育、教学质量的基础上所形成的稳定性及可持续发展性。

桥，注重外形美观。拱桥、斜拉桥、悬索桥、高架桥等，犹如一道道彩虹，为大地增添美景。建桥学院所建的"桥"也注重美，它的美不仅表现为外在的、有形的环境美，而且包含着无形的内在美，有着丰富的文化内涵，它是以环境美、语言美、行为美为特征的综合校园美。这样的校园文化会形成爱国敬业、为人师表的优良教风，勤于学习、奋发向上的优良学风，以及崇尚科学、严谨求实的优良校风。

桥，还严格限定通过之物的规格。无论体积、重量还是形状，车辆及其所装载之物都必须符合桥自身结构及承重的要求，不可逾越限定的规格。同样，建桥学院所建的"桥"，严格把握人才培养的规格，以其严格管理的特色，在学习期间使学生能确立理想信念，培养思想品德，养成文明习惯，塑造美好心灵，学习科学知识，掌握专业技能，树立创新精神，从而成为符合一定规格、能从建桥这座"桥"上通过的人才。

"建桥"是一个美丽的校名，建"桥"理念蕴含着丰富而又深刻的办学思想，寄托了周星增对三位母亲的感恩，对桥文化的感悟，凝聚了他的成功哲学和人生梦想。

4. 以桥为径，学习雷锋

2000 年上海建桥学院筹建期，周星增在一次出差旅途中写下了"面向社会，适应市场，坚持标准，办出特色"的办学指导思想。建校之初，学校首批招生的 12 个专业的培养目标和规格要求等，都集中反映了"应用型"特点，培养社会需要、企业欢迎、家长放心、学生满意的国际化应用型人才。经过多年来不懈努力，这一人才培养定位已深入人心，取得了丰硕的办学成果。

但，这仅仅是在专业技能层面，即：培养人怎样做"事"，而在更为重要的立德树人、怎样做"人"方面，如何结合建桥生源特点、应用型人才培养规律，营造一种既适合生源层次又特色鲜明的校园文化呢？

周星增首选以雷锋精神引领建桥校园文化。

《学习雷锋好榜样》，这首耳熟能详的时代红歌曾伴随周星增走过青少年时代的成才之路。周星增认为，雷锋精神的初心是知恩、感恩、报恩。党和人民挽救、培养了雷锋，朴素的感恩思想成为雷锋敬业爱岗、无私奉献、投身为人民服务伟大事业的内动力，而后再延伸出雷锋精神的其他方面。"桥"的理念与雷锋精神在此产生了交集、共鸣，得到全校师生员工的广泛认同、创新践行，周星增本人也是不遗余力地参与其中、乐在其中。在校内：建桥在全国高校中首设雷锋奖、雷锋铜像、雷锋馆。周星增亲自参与雷锋铜像的设计创意，亲临艺术家工作室现场指导。鼓励师生结合专业技能，原创微电影《我身边的雷锋》。全校教师创新实践，推动雷锋精神进课堂、进教材，入脑入心。2017 年 3 月 3 日，雷锋馆开馆，免费向公众开放，引发临港大学城及周边地区的"学雷锋热"。对校外：先后援建 40 余所烛光小学希望学校，带动政府配套投入，促进当地更加重视兴教助学；长期赞助围棋、昆曲、版画等优秀传统文化艺术……

　　17 年来，建桥学院在培养中国特色社会主义合格建设者和可靠接班人的过程中，大力弘扬中华传统美德"桥"的理念、雷锋精神。此成功案例也证明了中国优秀传统文化是弥足珍贵的精神财富，取之不尽，用之不竭，有待我们更加珍视、激活、创新，与时俱进转化为推动事业发展的软实力。

上海建桥学院的文化追求与积淀

王加宁①

作为社会主义先进文化的传承者和引领者，社会主义大学必须有"精气神"，因为"精气神"是学校之根，它反映了一所学校的精神长相，彰显了一所学校的文化特性，决定了一所学校的教育样态。建桥学院办学 17 年，其精神长相怎样？有怎样的文化追求？本文试图通过建桥与生俱来的文化基因、建桥校园文化的初步凝练和途径等方面进行梳理和探索。

1. 建桥初心

建桥的办学理念及完善，是由温州企业家的良善愿望、创校校领导班子的真诚态度和师生的诚实践行凝结而来的，期间，反映建桥精神长相、体现建桥文化特性的校训，生长成熟而瓜熟蒂落。

1.1　温州企业家的"大学梦"

建桥学院由以周星增为代表的温州企业家筹建创办。周星增出生在浙江温州一个普通农民家庭，从小家境贫穷，缺衣少食。后通过发愤读书考上江西财经学院。毕业后先后任教贵州工学院和温州大学，10 年的教师生涯，为以后创办建桥学院创造了条件。再后由改革风潮的裹挟，下海经商赚到了一些钱。有了钱当然要孝敬含辛茹苦的母亲，但母亲拿了钱频频做资助乡邻、捐资铺路架桥的善举。母亲告诉已有钱的儿子：若真要孝敬我，就办一所大学，让更多的孩子都能上大学。从此，办一所大学，成了周星增行善的具体日标。

"建桥"两字的校名，缘起村里的一次重大事故。一年端午节举行划龙舟比赛，村里人都涌到桥上看热闹，突然老桥垮塌，造成重大伤亡。桥塌了，要去原来近在咫尺的学校，只能绕道走上很长一段路，平时对桥的便利熟视无睹，

① 王加宁，男，1956 年 1 月生，高职学院党总支书记，本科学历，高级政工师，主要研究方向：党建及校园文化建设。

一旦失去才觉珍贵。由是,周星增感悟,每个人都离不开桥,每个人又都可以是一座桥。办大学,就是建一座服务学生、服务教师和服务社会的无形之桥。所以,上海建桥学院的"建桥"两字,记叙了办学者的心路成长历程,饱含着办学者向善的朴实基因。"建桥"两字,含义不言而喻,成为建桥办学宗旨的主题词:为学生建成才之桥,为教师建立业之桥,为社会建育人之桥。

办学者的向善,缘自朴素的感恩想法。周星增曾说,我们每个人一生中要感恩三位母亲:一是生我养我的母亲,没有她们就没有我们,母亲养育我们,教给我们做人的道理,一个人最基本的爱就是对母亲的爱。一是大自然的地球母亲,地球母亲也是最无私的母亲,给了我们各种各样赖以生存的物质,值得我们好好去爱护她。一是社会母亲,虽还有不合理不完善的地方,但我们躬逢盛世,赶上了改革开放的好时代,这为我们提供了很大的发展空间,给每个人不同的发展机遇。对这三位母亲,我们索取得太多了,回报得太少了。

或许可以这样说,建桥办学者从自身的人生遭际和境遇出发,把感恩向善的优良传统文化和奋发有为的时代精神,水乳交融地植入学校的毛细血孔,为学校立德树人的事业和发展前程,注入了精神长相和文化特性的因子。

1.2 创校校长的"约法三章"

建桥创校校长黄清云教授,在到建桥任职前,刚从上海电大校长任上退休,之前也曾在上海二工大任职。黄清云出身教育世家,耳濡目染,大学毕业之后,一生专心在教育岗位上孜孜以求,奉献了全部的智慧才华,堪称德高望重的教育家。办学初期,时任市人大常委会副主任的龚学平到建桥调研时说:办好一所民办大学,董事长选人很重要,校长要选好,选黄校长就选对了,这很重要。当初在建桥10年庆时,董事长周星增在谈到建桥快速发展时,也曾不无感激地感叹道,我们选了一位好校长。

建桥筹办时,周星增请黄清云出任校长一职,两人有一场"约法三章"的"重头戏"一时传为佳话。"约法三章"的其中一项,就是黄清云对周星增说,办教育是很花钱的,办大学不能以营利为目的,要把收的学费全部用到教育办学上。就这样,一位是改革大潮下的企业家,一位是高等教育普及化下的教育家,"门当户对",心有灵犀,把建桥办学的方圆规矩和发展前路,规定得清清楚楚。

黄清云校长没有辜负周星增董事长的选择,身兼校长和党组织书记两职,把做好师生的思想政治工作放在首位,用不同手段激发师生教与学的热情。最感人的场景,是黄校长带着副校长和主要处室负责人,每天早晚检查督促学生早晚自修,八九座教学大楼,没有电梯,每次一幢幢地上,一幢幢地下,把抓教风学风落实在每一滴汗珠里，体现了对师生的拳拳爱心和对民办教育事业的责任担当。

如是，建桥举办者和管理者的心想到一处，劲使到一处，建桥的精神长相和文化特性渐渐显出端倪，身影逐渐清晰起来。

1.3 十年"怀胎"诞校训

在学校董事会倾情感召下，在校领导倾力带动下，全校师生都在朝着理想的目标，开掘着教与学的潜能，特别是一批办学的开创者，他们从各地聚拢到建桥旗下，在学校草创时的艰苦条件下，怀揣真心，永葆真情，一人顶着两三个岗，竭尽全力开展工作，使得学校美誉度迅速提升，事业快速发展。2000 年，建桥学院创校，开始招收学历文凭考试（计划外）学生，第二年即列入国家计划内招生，第六年开始招收第一批本科生。建桥向着既定目标大踏步地行进着。

随着建桥办学由专科向本科、由外延向内涵、由功能向素质的三重转型，建桥与生俱来的感恩、从善的文化因子得到衍生，发生着裂变，进行着交互。其主要有建桥精神：特别能吃苦，特别能创业；办学理念：民营模式，公益性质，人本观念，文化管理；核心价值：感恩、回报、爱心、责任；办学宗旨：为学生建成才之桥，为教师建立业之桥，为社会建育人之桥；办学方针：以人为本，德育为先，依法治校，严格管理；工作方针：定好位，入主流，重质量，创特色；工作思路：规范，建设，改革，创新；为人要求：勤学，多思，明德，笃行等。反映建桥价值取向和追求的建桥校训呼之欲出。

2010 年建桥十周年校庆期间，学校董事会在倾听各方意见的基础上，召开了四届二次董事会，全体董事一致通过，将"感恩、回报、爱心、责任"八字定为校训。同时，在校园核心位置树立了一尊雷锋铜像，号召全校开展学雷锋活动。学雷锋活动既是践行校训生动有力的抓手，同时也是通过学雷锋活动这一介质，把校训精神自觉地融入社会主义核心价值体系的体现。

建桥的精神长相和文化特性由校训的诞生而确立，由大规模持续学雷锋活动的开展而发展深化。

2. 初见成效

在 2016 年 12 月 7 日至 8 日召开的全国高校思想政治工作会议上，习近平总书记指出："我国高等教育肩负着培养德智体美全面发展的社会主义事业建设者和接班人的重大任务，必须坚持正确的政治方向。高校立身之本在于立德树人。"我们理解这里指的"人"，除了学习的专业不同外，其做人的内涵应是别无二致的，那就是一个有理想信念，有情有感，有血有肉的人。结合校园实际，建桥初步提炼出向善、建"桥"和实干的校园文化建设理念，全校师生积极践行，取得初步效果。

2.1　注重传承中华民族优良传统中的"善"文化，凝聚全校师生，形成善报社会的共识和合力

向善文化源自老子"上善若水"的理念，"善为渊池，损而不竭"，这是对中国传统文化的传承。学校在办学过程中凝练的"感恩、回报、爱心、责任"校训，就是在新时代新时期下，对优良传统文化的传承和践行。针对建桥作为民办大学不同于公办大学的特点，周星增董事长提出做个"平凡善人"的要求，即全校师生在品格上要向善，彰显了建桥善行天下，服务社会的理想。

学校办学经费并不充裕，但 17 年如一日，始终坚持援建老少边穷地区兴学办校，先后援建了 40 余所希望小学，分布在浙、皖、沪、甘、鲁、贵等 15 个省（直辖市、自治区）。每年暑期，建桥都会迎接一批希望小学的学生来到学校来到上海，让他们体验建桥对他们在学习上生活上真真切切的关心，也让他们领略上海这一大都市的繁华胜景，帮助他们立下高远志向，将来改变贫穷状况。建桥开办以来，也始终关注和回报社会，截至 2016 年，建桥对社会的各类捐资款达数千万元，特别是对困顿中的中国围棋的资助，在社会赢得良好口碑，也使每个建桥人感到自豪。

学校向善文化氛围和社会责任的担当，对学生有很大的教育和积极影响，学雷锋志愿者活动在校园大面积展开，累计颁发雷锋金、银、铜奖 5709 枚。十多年来，学校团学组织坚持组织志愿者到上海科技馆等地服务，广泛的社会实践服务活动，也提高了师生的品质，锻炼了师生的才干。现在，几乎每个二级学院，都有对口的养老院、希望小学等服务帮助单位。十多年来，全校师生捐助失学儿童，参加造血干细胞血样采集，报名参加西部建设，赴藏、川、云、贵等西部地区奉献青春才华。众多优秀毕业生在社会建功立业，把向善文化延伸开去。

2.2　构建富有特色的"桥"文化，把促进人的全面发展和社会需要作为人才培养的根本标准

建桥学院的得名，即取之于"桥"文化中的桥。桥是壕堑上的沟通，连接着后路前程；桥也能够忍辱负重，成就他人，是向善文化的别样形式。在"桥"文化映照下的办学宗旨，就是为学生建成才之桥，为教师建立业之桥，为社会建育人之桥。

为学生建成才之桥和为社会建育人之桥，是建桥社会服务的重中之重。近年来，面对生源持续下降、竞争日益加剧的挑战，学校危中求机遇，难中寻突

破。为给师生创造更好的教学环境和条件，2015 年，建桥斥巨资置换校舍，由康桥校区搬迁到临港新城，开启了前景光明但又艰难的路程。在学校发展方略上，坚持完善法人治理结构，坚持党组织政治核心地位，坚持"以人为本，育人为先"的教育理念，坚持"应用型"人才培养定位，坚持教学中心地位和质量第一意识，努力实施新制定的《卓越建桥计划》。

国家和上海市中长期教育改革和发展规划纲要颁布实施后，学校适时提出了"两个适合"和"三个优化"的教学改革目标，即教育要适合学生的需求、适合社会用人单位的需求；优化课程体系、优化教学过程、优化评价方式。近年，还创造性地推出大学生素质拓展学分制，将学生社团活动、志愿者服务、创新创业实践、职业素养训练等学生第二课堂活动分成十多个类别，以学分制形式引领学生的第二课堂活动，全面提升他们的综合素质。

为教师建立业之桥，就是以教师为本，为教师的成长和自我价值实现搭建平台。学校将教师传统的教学工作，改为教师工作，全面赋予教师教书育人的重任，挖掘教师的潜能，激发教师的创作灵感。学校创建了网上课程中心，鼓励教师网上开课。近两年，学校深入开展校校合作、校企合作、境外合作等办学模式，不间断地派遣教师下企业见习，到境外访问学习，大多数教师先后受益，教学和科研水平大幅度提升，获得感、成就感也大大提高。

2.3 注重永不满足、追求卓越的实干文化，努力办成国内高水平民办高校

实干文化在建桥有深厚根基，那就是"白天当老板，晚上睡地板"的温州企业家的打拼精神。对建桥学院这样一所由温州民营资本出资的民办高校来说，建设实干文化，既有内在渊源，更有现实意义。十多年的办学实践让建桥懂得，短期坚持的事，那无关文化；用金钱能解决的事，那更不是文化。能把平凡细小的事、有利于国家和社会的事做好、做实、做长久，并最终成为上下共同的习惯，这才是文化。

校园文化建设，重在坚守、重在创新，把实干文化的灵魂融化在办学实践的各个环节中，是建桥不懈的追求。为表示悉心办学的决心，董事会把"不从办学结余中取得合理回报"作为专门条款写进了学校章程，从而明确了学校的公益性质。

在政府倡导落实民办高校法人财产权的背景下，学校举办方同意将资产过户到上海建桥学院名下，并在上海市教委的指导和帮助下顺利完成资产过户工作，落实了学校的法人财产权。法人财产权的转移产生了积极的反响，表明了投资方长期追求教育理想的决心，也鞭策学校，必须树立社会责任感，苦练基本功，规范管理，狠抓质量，办人民满意政府放心的学校。

学校不满足过往所取得的成绩，自从康桥校区搬迁到临港后，即标志着开启第二次创业。在学习借鉴的基础上，学校制定了《卓越建桥计划》，作为今后五年甚至十年发展前行的抓手。《卓越建桥计划》以学校、教师、课程和学生等四个面向划块，把学校管理、教学和育人等各项工作落实在具体细分的项目中，实施一年来，梳理了思路，积累了经验，取得了初效。

3. 路径初探

建桥校园文化建设的独特思路，就是以学雷锋精神为抓手，通过践行"感恩、回报、爱心、责任"校训，弘扬社会主义核心价值观，不忘初心，吸收外来，引领未来，增强学生的文化素质、教师的文化素养和学校的文化自觉意识，为建设高水平民办大学提供精神支持和文化支撑。

3.1 展现建桥人文特色

习近平总书记在全国高校思想政治工作会议上要求高校发展方向要同国家发展的现实目标和未来方向紧密联系在一起，"坚持为人民服务，为中国共产党治国理政服务，为巩固和发展中国特色社会主义制度服务，为改革开放和社会主义现代化建设服务[①]"。作为在社会主义条件下创办、建设和发展起来的高校建桥学院和其他高校一样，深深感受到党和国家的重托，也决心不负重托，不辱使命，结合校情，找准定位办好学校，提供服务。

众多高校，应当说每所高校都是"这一个"。建桥是所年轻的民办高校，与历史久远的公办高校比，无论是在科学研究还是在学科专业建设等方面，还存在不小的差距。如上海交大，他们为国家服务的定位就是"打造精品文科和国家智库"。因此，建桥在办学的 17 年里，通过不断探索，已经解决了学校的定位问题，即培养厚基础高素质的应用型人才，将来主要在一线岗位为社会主义现代化服务。这样的定位，和一些公办高校形成了分野，但和新升本公办高校及众多民办高校比，建桥怎样做"这一个"？在学科专业暂时尚未更具特色的情况下，建桥怎样从文化化人入手，形成建桥人文特色？是时候思考并践行这个课题了。

其实，各民办高校都从自己的精神故乡走来，其文化建设也是色彩纷呈的。如上海天华学院以文化长廊"修身苑"为载体，开设国学经典教育，弘扬儒家文化精髓。建桥则以学雷锋为载体，十多年来颁雷锋奖、塑雷锋像、建雷锋馆，

---

① 习近平：《习近平谈高等教育：把立德树人作为中心把思政工作贯穿全程》，2016 年 12 月 9 日人民网。

学雷锋，做一个"平凡善人"已渐入人心。展现得较明显的就是建桥的毕业生，在工作岗位上表现良好，往往胜过公办高校毕业生，他们不是胜在学识、理论，而是胜在技能、人品。用人单位给建桥毕业生的评价，也主要是肯干、钻研、和善和包容。对建桥这样一所民办高校来说，追求人文教育成果，应是形成办学特色的题中之意。

3.2 学雷锋活动新阶段

有许多开展校园文化建设的抓手，为何独独建桥选择了雷锋的形象和精神？因为雷锋小时候受苦受难受压迫，新中国成立后，他有着强烈的翻身感和感恩情怀。无论从事何种工作，雷锋都是平凡一员，但他做了许许多多的好事。就这点说，雷锋精神和建桥"感恩、回报、爱心、责任"校园精神有着高度契合，雷锋简直就是建桥精神文化的形象代言人。再者，雷锋精神在不同时代有着不同内涵，在新时期就注入了社会主义核心价值观内涵。通过学雷锋，建桥的精神文化也得到淬炼提升，水乳交融地汇入新时期核心价值体系。而且，雷锋形象本身就是一个文化符号，人人景仰，人人可学，是精神文化的最大公约数。

建桥学雷锋十多年，有活动有做法，有心得有典型，相对来说，应是处在一种自发状态，并没有上升到探索规律和理论研究的高度。不妨这样说，以校区搬迁为界，如果说康桥校区时期学雷锋还处在自发阶段的话，那么，来到临港新校区，学雷锋就应该进入一种自觉的新状态。结合高校面临的新形势，面对党和国家对高校的新期望，要把学雷锋活动作为在学校开展思想政治工作的抓手，细致入微、润物无声，摆脱以往一些思想政治工作夸夸其谈、干瘪无物的困境。为此，要总结过往学雷锋的得失，要从理论层面摸索学雷锋的特点和规律，要开发完善校本教材和课程，要酝酿成立学雷锋理论研究会，要不断为雷锋精神注入时代因子。

所谓雷锋精神，又细分为诸多内涵。内涵之一：奉献精神，乐于助人，扶危济困，见义勇为，善待他人；内涵之二："钉子精神"，干一行，爱一行，钻一行，立足本职，尽职尽责；内涵之三："螺丝钉精神"，平凡做人，小事做起，溶于整体，干出业绩；内涵之四：艰苦奋斗精神，勤俭节约，艰苦奋斗。学生读大学四年，学雷锋不能眉毛胡子一把抓，而是要按照大学四年的教育规律，分年级分阶段按不同的要求开展学雷锋活动，以期取得实效。

大一新生学雷锋主要是认知培育阶段，通过建桥的两个校园文化品牌，即参观雷锋纪念馆，聆听周星增董事长的开学第一课，来了解建桥向善感恩的"桥"文化观念，了解雷锋事迹、精神实质及时代意义。这一阶段，侧重学习雷锋的"钉子精神"和艰苦奋斗精神，以雷锋精神激发自己的学习热情，在课程学习上，做到学一门、懂一门、过一门。在校园生活方面，当思父母钱财的来之不易，反对挥霍浪费的少爷做派。在践行方面，主要结合校园文明修身课进行。

毕业生阶段，结合专业论文撰写和公司企业实习，对接专业、行业和社会需求，侧重学习雷锋的"螺丝钉精神"和奉献精神，牢记建桥做"平凡善人"的教诲，在公司企业从点滴做起，从小事做起，甘于把自身溶于新的集体中，在平凡的岗位上建功立业，自觉地把建桥校园文化精神播撒在周围。

大二、大三阶段侧重学习雷锋的"钉子精神"和奉献精神，读好书，学好专业，通过各种渠道，锻炼养成和提升八项核心能力。大二、大三学生是校内外志愿服务的有生力量，充分利用校内外平台，进行志愿服务和社会实践。学校要创造条件逐步做到志愿服务基地化、常态化和品牌化。

教职工要把学雷锋精神融入具体的教书育人、服务育人、管理育人和环境育人等方面。育人离不开师德，师德是一根红线，贯穿于师资队伍建设的始终，这既是对教师工作个体性的把关，也是对教师工作影响长远性的负责。抗战时期的西南联大，梅贻琦、闻一多、冯友兰等大师，不仅满腹经纶，更是一身正气，"小德川流，大德敦化"，培养了一批德才双馨的名师，被称为中华民族的"精神雕像"。对此，教职工要有心灵的向往和精神的追求。

3.3　从校园文化到文化校园

校园文化建设的推进，其走向是文化校园，这是学校发展到一定阶段的理性思考，也是文化自觉自信中的校园共识。文化是确保学校健康发展长久运行的最本质的润滑、引领和助推。文化校园建设的根本目的是让师生工作学习得更美好，在人才多元、性情纷呈的框架下，构建各色人等友好相处共生的和谐校园。

文化校园要构建的，是全校共同的价值观和共同理想，其道德素养要高于社会平均值，要成为建桥共同的人文精神追求。所以，这个校园追求什么？反对什么？崇尚什么？鄙视什么？必须立场鲜明。其过程首先是实践性，要针对问题，解决问题，正确处理学校与社会、与政府、与教师、与学生的关系；其次是理论性，提升哲学思辨，在与四者的关系中理解认识学校的价值。

要提升对校园主体地位的理解，就是没有学生就没有教师、没有校长、没有学校；学生的成长成才是教师价值的最高体现，也是学校价值的最高体现。要积极理解师生对学校存在的意义，进而营造民主、宽容、理解的人文环境，为他们的成长提供条件，创造机会；积极理解社会对学校存在的意义，进而主动做适合社会需求的努力，为社会时代培养好男女青年。

　　文化校园离不开建设书香校园，凝练、确定、传承具有建桥特色的学风，是学校一个战略性的重大课题。多元主体参与下的学风建设，要突出党风的带动作用，领导干部的引领作用，教师的主导作用和学生的主体作用，并通过教师授课竞赛、辅导专业工作室、学生学习预警、学习档等平台搭建和载体建设，落实培育学风的长效机制；构建学风绩效评估体系，提升学校学风的显示度。

　　文化校园建设的憧憬，是做到文化化人——师生员工高度认同学校办学理念，凝练具有建桥特色的大学精神，成为全体师生共同的价值取向；真情悦人——"善待他人"成为文化建设过程中的重要共识，师生关系、干群关系以及各种工作关系友好和谐；制度树人——学术文化建设得到进一步重视和加强，形成以人为本、职权明晰、科学高效、规范有序的现代大学治理制度；环境怡人——通过新校区建设，使学校成为生态校园，室内外文化景观互相辉映；活动育人——校园文化活动丰富多彩、内容健康、格调高雅，网络文化等文化载体的育人作用得到更充分发挥。

　　建桥从温州山中来，怀揣着传统的感恩之心，带来了独特的与人为善的"桥"文化，融汇于以学雷锋为特色的社会主义核心价值体系中。通过17年自觉的校园文化建设，逐渐显现出自身的精神长相和文化特性，对此，建桥看得很重。这是在当前贯彻全国高校思想政治工作，构建社会主义校园文化中，建桥可以有所贡献的方面。

建桥校训与社会主义核心价值观

左飚①

党的十八大报告用 24 个字分三个层次精辟地概括了社会主义核心价值观的内涵：从国家层面看，是富强、民主、文明、和谐；从社会层面看，是自由、平等、公正、法治；从公民个人层面看，是爱国、敬业、诚信、友善。社会主义核心价值观是中国特色社会主义的主流意识形态，是公民思想道德建设的核心，是学校德育工作的灵魂，是当代青年正确的价值取向。学校担负着培养和造就社会主义事业接班人和建设者的重任，在校学生是否能认知、认同并践行核心价值观，关系到他们毕业后能否成为社会的合格公民。本文所探讨的与学校德育教育相关的核心价值观，主要指公民个人层面的八个字，即爱国、敬业、诚信、友善。

1. 弘扬、践行核心价值观不是应时应景之作，而是学校长期、根本、稳定的工作目标和任务

什么是核心价值观？习近平总书记在政治局集体学习时的讲话中指出："核心价值观是文化软实力的灵魂、文化软实力建设的重点。这是决定文化性质和方向的最深层次要素。一个国家的文化软实力，从根本上说，取决于其核心价值观的生命力、凝聚力、感召力。培育和弘扬核心价值观，有效整合社会意识，是社会系统得以正常运转、社会秩序得以有效维护的重要途径，也是国家治理体系和治理能力的重要方面。历史和现实都表明，构建具有强大感召力的核心价值观，关系社会和谐稳定，关系国家长治久安。"

我们倡导的核心价值观，体现了古圣先贤的思想，体现了仁人志士的夙愿，体现了革命先烈的理想，也寄托着各族人民对美好生活的向往。只要是中国人，

---

① 左飚，男，1942 年 3 月生，曾任外语系主任，教授，主要研究方向：中西文化比较与翻译。

就应该自觉培育和践行社会主义核心价值观。

司马光在《资治通鉴》中写道:"才德全尽谓之圣人,才德兼亡谓之愚人,德胜才谓之君子,才胜德谓之小人。"如果把毕业生视为学校的"产品",那么有德有才是"正品",有德无才是"次品",无德无才是"废品",有才无德是"危险品"。高等学校的毕业生将踏上社会,从事各行各业的工作,我们绝对不能向社会输送无用的"废品"和危害国计民生的"危险品"。我们面向全校师生倡导核心价值观教育,与高校"育人为本,德育为先"的根本任务是高度一致的。教育、引导在校学生认知、认同、践行核心价值观,并使之内化为崇高的精神追求,外化为良好的习惯行为,就能有效地防止"废品"和"危险品"流出校门,就能为各行各业输送可靠的接班人和合格的建设者,为国家和社会培养合格甚至优秀的公民。

2. 建立社会主义核心价值体系的紧迫性

什么是价值观?价值观是一个人对其周围人、事、物的总体看法,是对好坏、善恶、美丑、成败、贵贱、贫富、是非等的评价标准和判断取向,是以道德准则为核心的思想观念。价值观支配一个人的言行,决定他对周围人、事、物的态度和反应。

什么是价值体系?社会上不同的价值观经过整合、消解,形成社会成员所认同的价值观集合体,这种代表一个社会的总体价值取向的集体共识,就是价值体系。一个社会的价值体系确定大多数人们对事物的评价标准,指导人们的道德取向,决定人们的行为方式。价值体系是民族文化中一个相对稳定的因素,它可能代代相传,流淌在人们的血液里,在不知不觉中变成一个社会群体的"集体无意识",成为他们团体精神或民族性格的基石。

新时期有太多的东西值得欣喜和骄傲,也有太多的东西令人困惑和忧虑。有人为传统道德观念受到质疑,多元思维不断涌现,文化氛围宽松活跃而感到欢欣鼓舞;也有人为传统道德的沦丧、人性的浮躁与虚荣以及精神文明建设的薄弱而发出悲叹;还有人在面对假冒伪劣商品充斥市场、腐败现象屡禁不止、作为道德底线的诚信的失落、社会责任意识减弱等现象时不禁惊呼:当今中国的文化价值观到底怎么了?

我们暂且不要陶醉在欣喜和骄傲之中,也不必陷入过度的困惑和忧虑,而应该以平和的心态了解一下现实再作议论。青年代表着中国文化的未来和希望,青年树立何种价值观,决定着社会价值体系的未来走向。为此,在2012年底,我们面向800多位青年大学生作了一次调查,问卷围绕家庭与个人、集体与个人、依存与自立、权利与义务四个方面展开。答卷统计情况如下：

你将来工作以后是否愿意最先考虑孝敬父母？是（84%）；否（16%）。

你大学毕业以后能否做到"父母在，不远游"？是（35%）；否（65%）。

你将来成家后是否打算继续与父母住在一起？是（11%）；否（89%）。

你是否经常参加集体活动及社会公益劳动？是（54%）；否（46%）。

你的班级被评为优秀班级，你的反应是：很高兴（80%）；无所谓（20%）。

你是否重视自己与同学及老师的关系？是（83%）；否（17%）。

你的意见与集体的意见相悖时，你是否愿意服从集体的意见？是（80%）；否（20%）。

关键时刻，你是否愿意为了集体利益而牺牲自己的利益？是（62%）；否（38%）。

你看到五星红旗在奥运赛场上升起时心情是否激动？是（89%）；否（11%）。

你对事物发表看法时，是否在乎别人的反应？是（74%）；否（26%）。

你是否在乎别人对你的穿着的评论？是（68%）；否（32%）

你在确定恋爱对象前是否打算征求父母的意见？是（32%）；否（68%）。

你在做出某一行动决策时，更喜欢：随大流（46%）；标新立异（54%）。

你在择业时，更喜欢稳定、值得依靠的单位（39%），发挥自己潜力的单位（61%）。

你希望与工作单位建立：合同式来去自由关系（77%）；家族式忠诚认同关系（23%）。

你加入某一组织或参加某一活动时，考虑更多的是享受权利（55%）；履行责任（45%）。

你在假期中是否主动做一些家务？是（42%）；否（58%）。

你是否熟悉我国法律所规定的公民权利？是（19%）；否（81%）。

除了大扫除外，你是否在教室里擦过黑板或在寝室里扫过地？是（37%）；否（63%）。

你晚上最后一个离开教室时，是否想到熄灯？是（26%）；否（74%）

父母翻阅你的信件或日记，你是否生气？是：（82%）；否（18%）。

答卷统计情况表明，当代大学生的价值取向呈多元化趋势：传统文化与革命文化的良性影响依然存在，有家国情怀，关心国家、集体和家庭并崇尚友爱的人仍然占多数；不少人吸纳了重视独立自主意识和权利意识等西方文化的精华；但西方文化的个体主义倾向以及市场的利益驱动法则等的负面影响非常突出，相当多学生只注重个人利益，漠视集体和国家利益，不关心他人，甚至有11%的人看到五星红旗在奥运赛场上升起也无动于衷；值得注意的是，缺乏担当意识、责任意识和服务意识的学生比例很高，竟有63%的学生都不愿意自觉在教室里扫地、擦黑板，74%的学生甚至不肯在最后一个离开教室时尽举手之劳熄灯。答卷统计情况也说明，目前青年人的价值取向比较混乱，对传统文化、外来文化和市场文化中精华与糟粕缺乏辨别能力，主流价值观没有凸显。在这种情况下，新时期的核心价值体系亟待建立，党的十八大提出并倡导社会主义核心价值观，适逢其时，十分必要。这一核心价值观，把涉及国家、社会、公民的价值要求融为一体，既体现了社会主义本质要求，继承了中华优秀传统文化，也吸收了世界文明有益成果，体现了时代精神。

3. 建桥校训的内涵、办学使命与价值取向

校训是广大师生共同遵守的基本行为准则与道德规范，它既是学校办学理念、治校精神的反映，也是校园文化建设的重要内容，是一所学校教风、学风、校风的集中表现，体现大学文化精神的核心内容。校训还能体现学校的办学使命与目标，是一种面向社会的精神旗帜，最能反映一所学校传统和特色。

不少学校的校训重视智育，强调读书的方法和毅力，如"气有浩然，学无止境""博学慎思，参天尽物""学风严谨，崇尚实践""博学而笃志，切问而近思"等。有的校训鼓励创新精神、开拓精神和远大志向，如"自强弘毅，求是拓新""勇于探索，自强不息""允公允能，日新月异""文明进取，求实创新"等。还有很多校训重视德育，倡导某种为人处世的原则，如"经世致用""海纳百川，有容乃大""养天地正气，法古今完人""饮水思源，爱国荣校"等。以上列举的校训各有特色，成为各校的校园文化的突出标志，对各校学生的成长发挥着"润物细无声"的积极作用。

上海建桥学院的校训是"感恩、回报、爱心、责任"，与上述校训不同的是，它与社会主义核心价值观公民个人层面的要求"爱国、敬业、诚信、友善"的内涵完全吻合，成为建桥学子认知、认同、践行核心价值观的无与伦比的动力和助力。二者的吻合之处对应如下：

感恩——即感祖国之恩、父母之恩、师长之恩、亲友之恩，对应"爱国""友善"；

回报——即报效祖国，回报父母、师长、亲友，对应"敬业""诚信"；

爱心——即爱护家人、朋友、同事、弱势群体等，对应"友善"；

责任——即担当公民（学生、职工、子女等不同社会角色）的责任和义务

以及一切履约的责任，对应"诚信""敬业"。

　　校训本来就对学生产生耳濡目染、潜移默化的作用，它与核心价值观的内涵高度一致，就更容易内化为建桥学子高尚的精神追求，外化为建桥学子良好的习惯行为。构建、弘扬、践行核心价值观具有决定人生道路的重大意义，青年大学生正处于人生价值观形成的十字路口、关键时刻，需要核心价值观引导人生方向，校训的作用尤其重要。任何一所学校的核心价值观，都是与校训相辅相成的，当随着时间的推移而变成不可动摇的信念时，它就成为一种核心竞争力，成为一种最不可替代的强大力量。

　　一个民族有了崇高的价值追求，就拥有了走向繁荣振兴的航标；一个国家有了崇高的价值追求，就拥有了立于不败之地的精神支柱；一所学校有了崇高的价值追求，就拥有了培养社会栋梁之材的法宝。核心价值观是一盏启明灯，指引着我们前进的方向，让我们从自己做起，从小事做起，从当下做起，牢记建桥校训，践行社会主义核心价值观。每人点亮一支蜡烛，学校与社会将一片光明！

第二篇 02

| 顶层设计 |

顶层设计是上海建桥学院学雷锋的一个重要特色。顶层设计运用系统论的方法，从全局的角度，对某项任务或者某个项目的各方面、各层次、各要素进行统筹规划，以集中有效资源实现目标。在周星增董事长的倡导下，上海建桥学院于 2005 年 3 月掀起了学习雷锋的热潮，学校设立雷锋金、银、铜奖章，以表彰学雷锋的先进典型。

本篇将讨论新时代雷锋精神与学校应用型人才培养建设、如何将思想政治工作贯穿教育教学全过程、今天我们怎样学雷锋。

深入弘扬雷锋精神与应用型本科人才培养

朱瑞庭①

思想政治教育是应用型本科人才培养的重要组成部分。雷锋精神是一面永不褪色的旗帜，是中华民族的宝贵精神财富，是思政教育的珍贵资源。深入弘扬雷锋精神，将其作为大学生思政教育的有力抓手，融入教学育人全过程，对造就兼具基础知识与实践能力的应用型本科人才具有重要意义。

1. 应用型本科人才及其培养

高等教育大众化是 20 世纪高等教育发展的主要趋势。随着生产力发展，新兴产业（行业）不断增加，20 世纪下半叶，劳动力市场的多样化引发了高等教育结构和模式的变革，即迈出"象牙塔"，与社会经济产业密切结合，不断强化社会服务功能。②

进入 21 世纪后，随着我国社会经济和各项事业的飞速发展，高等教育进入跨越式发展阶段。2002 年，我国高等教育毛入学率已达到 15%，这标志着我国高等教育迈入大众化进程，这要求高等教育回应社会经济发展需求，着力构建多样化人才培养模式，其中一个重要趋势就是进行职业预备型教育，即大力发展应用型高等教育。③

《国家中长期教育改革和发展规划纲要（2010～2020 年）》指出："不断优化高等教育结构，优化学科专业、类型、层次结构，促进多学科交叉和融合。重点扩大应用型、复合型、技能型人才培养规模。"这是对经济转型历史背景下高等教育人才培养工作的战略部署，也是国家层面第一次将应用型人才培养写

---

① 朱瑞庭，男，1966 年 3 月生，校长、党委副书记，教授，博士，主要研究方向：高等教育管理，国际商务。
② 柳有荣：《我国新建应用型本科院校发展研究》，南京大学博士学位论文，2011 年。
③ 同上，第 4 页。

入正式文件。"国际教育标准分类法"将高等学校分为三类：综合性研究型大学，培养自然科学、社会科学和人文科学的研究型人才；专业性应用型的多科性或单科性的大学或学院，培养理论基础扎实的不同层次的高级专门人才和管理人员，如律师、教师、工程师、医师等"师化"人才；职业性技能性高等院校，培养在生产、管理、服务第一线从事具体工作的技术人才。[①]

应用型人才概念的提出，是科技发展促进社会分工不断细化的结果。中国工程院潘云鹤院士指出，我国经济社会发展迫切需要高校培养三类人才，一是理论＋技术实践＋多专业知识交叉应用的技术集成创新人才；二是理论＋技术实践＋创新设计的产品创意设计人才；三是理论＋技术实践＋创业市场能力的工程经营管理人才。应用型人才是科学技术转化为现实生产力的重要桥梁，是高等教育应用价值的直接载体，而应用型本科人才是这类人才的主体，即在本科专业学科基本规范的基础上注重岗位性和职业性要求的本科人才——在知识结构方面，以行业与职业需求为本位，以技术体系为依据，自然科学与人文社会科学交融，显性知识与隐性知识（专业经验知识）并重渗透，形成复合性、动态性和先进性的知识结构。[②] 在能力结构方面，应具备三大核心能力：一是快速适应工作岗位需求，"毕业即就业，上班即上手"。二是不断适应技术更新与科技发展带来的挑战，具有持续学习能力。三是能够适应较为复杂的人文环境，在工作中同时处理好与同事、上下级、客户的关系。

因此，应用型本科人才培养应遵循本科教育的基本规律，在此基础上，按照行业规范制定人才标准，注重人才的实践能力养成，以技术体系为依据构建人才培养的课程体系，以加强实践能力为目的构建以"做学结合"为特征的教学体系，以满足社会需求为目标构建多样化的教学成果评价体系。[③] 为此，建桥学院设置了培养学生的"八项能力"目标：表达沟通、自主学习、专业能力、尽责抗压、协同创新、信息应用、服务关爱、国际视野。

2. 弘扬雷锋精神之于培养应用型本科人才的重要意义

作为培养应用型本科人才的主要机构，应用型本科院校的德育目标，既应包含社会对大学生思想政治品德的一般目标要求，即践行社会主义核心价值观，又须符合其人才培养定位，即坚持德育教育与职业素养教育并重，理论教学与

---

① 潘懋元、吴玫：《高等教育分类与定位问题》，载《复旦教育论坛》，2014 年第 2 页。
② 同上。
③ 同上。

实践教育并重；既要通过德育工作提高学生的思想道德品质，又要塑造学生集精湛技能、专业态度于一身的职业素养，为他们终身学习、终身从业奠定基础。①

雷锋精神出现、形成于 20 世纪 60 年代。毛泽东主席的亲笔题词"向雷锋同志学习"于 1963 年 3 月 5 日在《人民日报》上发表后，一场声势浩大、历久弥新的"学雷锋活动"在全国展开，而且影响深远。半个多世纪过去了，学习雷锋精神依然经久不衰；雷锋精神成为不断传承、历久弥新的民族精神财富，成为影响熏陶社会民众、标识引领道德风尚的一面旗帜；其本质内涵集中体现在以下四个方面：

一是热爱党、热爱祖国、热爱社会主义的理想信念。雷锋始终保持着对党、对国家、对社会主义的热爱，将其放在第一位。雷锋的一生具有无比坚定的社会主义理想信念，时刻准备着为共产主义事业奋斗终生，这是雷锋成为一名优秀共产主义战士的政治基础。正是热爱党、热爱祖国、热爱社会主义的理想信念，使他能自觉地把个人的进步与追求同党的事业，同国家的命运，同民族的前途紧密联系起来，为国家社会的繁荣昌盛、发展进步，贡献了自己的全部智慧和力量。

二是服务人民、助人为乐的奉献精神。雷锋坚持把有限的生命投入到无限的为人民服务中，每当国家利益遭受损失，他总是忧心如焚，能奋不顾身挺身而出；每当人民群众面临困难，他总是伸出援手，能毫不犹豫地倾力相助，始终用具体行动履行着一个公民的神圣责任，实践着一名共产党员的庄严承诺。服务人民、助人为乐使雷锋精神具有感动人心的道德力量和温暖社会的道德温度。雷锋精神的一个典型特点，就是在服务人民中体验最大的幸福，在帮助他人时感受最大的快乐，这也是当今社会值得每个人去继承和弘扬的一种优秀、崇高的品德。

三是干一行爱一行、专一行精一行的敬业精神。雷锋生前从事过多种不同的工作，他始终坚持干一行热爱一行、努力做到干一行精通一行。雷锋堪称爱岗敬业的典范，他自觉服从和服务于社会主义建设的需要，立足本职、忠于职守、兢兢业业、精益求精，以高度的敬业精神、出色的工作业绩，赢得了几代人的赞誉和尊敬。

四是锐意进取、自强不息的创新精神。雷锋身上始终充满了创新的动力，

---

① 陈小虎：《"应用型本科教育"：内涵解析及其人才培养体系建构》，载《江苏高教》，2008 年第 1 期。

洋溢着进取的激情，一直坚持着积极向上的人生态度、勇往直前的奋进意志，他在学习中永不停步、永不满足，在工作中力求上进、从不懈怠，在成绩和荣誉面前谦虚谨慎、不骄不躁，在困难和挑战面前越挫越勇、乐观进取。雷锋正是通过创新的精神和进取的意志，不断实现自己的人生理想。

可见，雷锋精神的本质内涵，与包含了"爱国，敬业，诚信，友善"等公民基本道德规范和行为准则的社会主义核心价值观是一致的。从弘扬雷锋精神入手开展思想政治教育，既可培育、践行社会主义核心价值观，又有利于职业技能与素养的形成，契合应用型本科人才培养需要。

3. 弘扬雷锋精神融入应用型本科人才培养的路径

将雷锋精神中的"爱心，好学，钻研，尽责，合作，团结，奉献，自强"等向上向善内涵，与"表达沟通，自主学习，专业能力，尽责抗压，协同创新，信息应用，关爱服务，国际视野"八项能力目标对接，使继承弘扬雷锋精神成为学生品德养成、学业进修、专业技能与职业素养不断提升的引领与抓手。

一是把握雷锋精神的实质内涵。关于应该如何学雷锋，毛泽东主席说过："学习雷锋，不是学他哪一两件事迹，也不只是学他的某一方面的优点，而是学他的好思想、好作风、好品德；学习他长期一贯地做好事，而不做坏事；学习他一切从人民利益出发，全心全意为人民服务的精神。"也就是说，弘扬雷锋精神不是机械地模仿，首先要把握它的实质。要通过学雷锋德育实践来培养优秀应用型本科人才，应该使学生在了解雷锋生平、对雷锋精神有所感悟的基础上，把雷锋对党和国家的忠诚、对事业的责任感、螺丝钉精神、对生活的热爱与感恩，转化为自身对学习的认真投入，对人生的责任担当，认识到：努力学习，提升自己的综合能力；合理规划学业与生活，成为一个自己、家庭、社会都满意的人才，就是在学雷锋。

二是深化雷锋精神的时代价值阐释。一方面，雷锋精神以爱党、爱国、爱社会主义为基本立场，以全心全意为人民服务为人生价值，以履行义务、恪尽职守为行为准则，体现了社会主义核心价值观的本质。另一方面，雷锋精神具有传承性和复制性；按照马克思主义的文化观点，任何时代的先进文化、精神品质，总能被历史时代赋予世代性传承和创新①。因此，弘扬雷锋精神要深化理论研究，既坚守本质内涵，又阐发时代价值，理清市场经济条件下，雷锋精神与工匠精神、职业人精神等应用型本科人才应具备的品格、素质之间的内在

---

① 马克思、恩格斯：《马克思恩格斯全集》（第三卷），人民出版社 1960 年版。

联系，强调对技术的精益求精，对工作的高度负责，对岗位的踏实坚守，回应社会、时代对人才的要求。

三是深入开展学雷锋志愿实践活动，用行动践行雷锋精神。雷锋精神是实践的产物，只有通过实践，其价值才能凸现出来，才能被继承和升华。弘扬雷锋精神，不仅要通过课堂教学、参观雷锋馆等活动，使学生了解雷锋、认知雷锋精神，更要把实践放在第一位。建校以来，志愿服务是建桥学院开展学雷锋德育实践活动的主要载体，学校将其纳入大学生素质拓展学分，成立多支学院雷锋志愿者服务队，与 30 多家社会单位共建志愿服务基地。将来，学校一方面要强化志愿活动的品牌化、长效化建设，另一方面应依托专业技能开展志愿服务，发掘专业技能培训提升、职业态度养成与雷锋精神认知、践行的结合点，在教学过程中自然切入，真正使专业人才培养与践行弘扬雷锋精神融为一体。

总之，应用型本科人才培养应德技并重，德育为先，将思想道德、文化素质、专业技能、职业精神的养成与提升高度融合，以深入弘扬雷锋精神为抓手，造就德技双馨的优良品格。

以弘扬雷锋精神为抓手，
将思想政治工作贯穿教育教学全过程

江彦桥①

习近平总书记在全国高校思想政治工作会议上的重要讲话强调，思想政治工作从根本上说是做人的工作，必须围绕学生、关照学生、服务学生，不断提高学生思想水平、政治觉悟、道德品质、文化素养，让学生成为德才兼备、全面发展的人才。要坚持不懈传播马克思主义科学理论，抓好马克思主义理论教育，为学生一生成长奠定科学的思想基础。总书记的重要讲话深刻回答了事关高校思想政治工作的一系列重大问题，是指导新形势下高校思想政治工作的纲领性文件。

多年来，上海建桥学院一直坚持立德树人的办学方向和育人目标，把弘扬雷锋精神作为学校思想政治工作的抓手，积累了一些探索的体会和实践结果，为下一步全面贯彻全国高校思想政治工作会议精神提供了一些基础。

1. 弘扬雷锋精神是高校思想政治工作的好抓手

1.1　雷锋精神的时代内涵

"雷锋精神是永恒的，是社会主义核心价值观的生动体现。"2012 年，中共中央办公厅印发《关于深入开展学雷锋活动的意见》，将新时代雷锋精神的内涵概括为五个方面：一是要学习弘扬雷锋热爱党、热爱祖国、热爱社会主义的崇高理想和坚定信念。二是要学习弘扬雷锋服务人民、助人为乐的奉献精神。三是要学习弘扬雷锋干一行爱一行、专一行精一行的敬业精神。四是要学习弘扬雷锋锐意进取、自强不息的创新精神。五是要学习弘扬雷锋艰苦奋斗、勤俭节约的创业精神。

---

① 江彦桥，男，1953 年 4 月生，校党委书记，博士研究生，教授，主要研究方向：高等教育管理，教育政策等。

雷锋精神的第一位，是对党、对国家、对社会主义的热爱。向雷锋同志学习，我们高校大学生应当自觉地把个人的追求和奋斗同党的事业、国家的命运、民族的前途联系起来，为祖国的繁荣发展贡献自己的智慧和力量。全心全意为人民服务，把有限的生命投入到建设社会主义中国的伟大事业中去，在民族复兴、国家富强和人民幸福中实现自身人生的价值，这是雷锋精神的一个典型的标识，也是我们高等学校今天仍然要弘扬的一个崇高品德。学习雷锋就要像雷锋那样立足本职、忠于职守、兢兢业业、精益求精。雷锋总是把工作作为一种无穷的动力，像螺丝钉一样钻进去、要吃透它，还不断地提升自己、不断地通过学习丰富自己。这种刻苦学习、锲而不舍、锐意进取的精神在今天在高校尤其是我们民办高校仍然更加应当推崇的。今天，尽管我们国家发展了，人民的生活普遍改善了，但是勤俭节约、艰苦奋斗不忘本这种在雷锋身上所体现的作风仍然是我们所需要的，要本着这种精神投入到崇高的中国特色社会主义事业建设中。

雷锋精神具有跨越时空的先进性和强大的生命力，是中华民族优秀品德和革命文化的结晶，是具有丰富历史和时代内涵的宝贵精神财富，应当在实践中不断创新和传承。同时，雷锋精神的核心内涵与社会主义核心价值观，与我们高等学校的思想政治工作高度统一。在我国，雷锋的光辉形象家喻户晓，雷锋精神历久弥新。在这些年的实践与探索中，建桥学院深深地感到通过学习雷锋、弘扬雷锋精神来推进学校思想政治工作，提升了大学生对社会主义核心价值观的理解和认同，改善了高等学校思想政治教育的亲和力、针对性和有效性。因此，将弘扬雷锋精神作为高校思想政治教育的抓手，既能够丰富高校思想政治教育的内容和载体，同时又高度契合了习近平总书记在全国高校思想政治工作会议上的重要讲话精神。

1.2　上海建桥学院良好的基础与成功的实践

建桥学院坚持数年学雷锋探索思想政治工作新途径，已经取得一定的经验。

2004年10月，中央发布《中共中央国务院关于进一步加强和改进大学生思想政治教育的意见》，明确提出了加强和改进大学生思想政治教育工作的指导思想、重要原则和主要任务，号召全党全社会和高等学校共同努力，把大学生培养成为中国特色社会主义事业的合格建设者和可靠接班人。为此，董事长周星增倡议建桥学院将雷锋精神与高校人才培养相衔接，在校内设立评选好人好事的奖项——雷锋奖。2005年3月，建桥学院面向全校学生设立雷锋金、银、铜质奖章，鼓励学生在见义勇为、义务献血、帮困助学、服务社会等方面做出的突出成绩。12年来，已有5700多人获得雷锋奖章。

学校紧密结合教育教学规律、时代特色与建桥大学生特点，让雷锋精神有机融入人才培养、科学研究、社会服务、文化传承创新等大学四大功能建设与日常办学工作，将建桥学生八项能力目标（表达沟通、自主学习、专业能力、尽责抗压、协同创新、信息应用、服务关爱、国际视野）对应雷锋精神的时代内涵，作为高校人才培养切入口，在高校育人中心任务中突显社会主义核心价值观，推动办学特色形成与内涵建设，得到广大师生的积极回应、自觉践行。

我校思政课教师将学雷锋志愿者活动作为学生践行社会主义核心价值观的突破口。《思想道德修养和法律基础》课程结合学校的校训，在学生中开展"感恩教育"系列活动，使知恩图报的高尚情操扎根于青年学生的心灵深处。《毛泽东思想和中国特色社会主义理论体系概论》课程的社会实践活动中，"走进幼儿园、敬老院、特殊教育学校、民工子弟学校、科技馆等机构做志愿者，然后写体会"是每一年的社会实践都会设置的选题。实践证明，学生非常喜欢也非常珍视这样的展示活动，纷纷表示社会实践活动既增强了自己的社会责任感，又提高了分析问题、解决问题的能力以及团队合作的能力。

世博会期间，建桥万名志愿者在地铁科技馆站、世博园区等地轮值，宣传示范"左行右立"共计 8 万小时，被评为上海市教卫党委系统社会精神文明年度十佳好人好事。2013 年 9 月，"大力弘扬雷锋志愿者精神，倡导志愿文化"列入学校新一轮文明单位（和谐校园）创建规划。校团委提出"天天雷锋、随手公益"口号，将每月第一个星期六设为雷锋日；设立建桥学雷锋志愿者总队，下设各学院支队；二级学院结合学科优势开展各具特色的雷锋主题活动，在上海科技馆、博物馆、豫园街道阳光之家、浦东紫罗兰小学等单位设立 30 多个基地。学校各二级学院党总支、各支部结合专业特色与实际工作将雷锋活动纳入日常工作范畴，进一步健全了雷锋主题活动的常态化、全覆盖与长效机制。

2012 年以来，学校颁发《深入开展学雷锋活动，弘扬社会主义核心价值观实施方案》，并纳入新一轮文明单位创建规划方案与两级管理有关考核评价项目，逐步形成制度化、规范化、常态化、全覆盖的长效运行机制。与此同时，还紧密配合教育教学工作（如：纳入大学生素质拓展学分项目）、学生职业教育与就业工作（如：举办雷锋精神与职业精神研讨会、服务紫罗兰民工子弟学校共建实习基地），携手社会机构做强雷锋品牌（如：参与南京东路雷锋主题公益广告展示、关爱自闭症儿童），丰富充实暑期雷锋主题大学生社会实践活动等，进一步奏响了"雷锋"主旋律，发挥了高校文化引领职能，得到社会各界的广泛认可。

2013 年 3 月，我校启动了"平凡善者、从我做起"校本德育教材建设项目。

在思政部网站、易班开设了专栏，利用多媒体形式立体传播建桥雷锋金奖获得者的感人故事。

我校学生学雷锋事迹被作为教学案例进入思政课课堂。2014年3月5日，思政部宋艳华副教授精心设计了一节社会主义核心价值观主题教育课，与我校弘扬雷锋精神的做法、校内外典型事例相结合，形式新颖，特别是当她把深圳地铁口女白领倒地50分钟无人施救最后死亡与我校学生勇救车祸受害者两个案例放在一起形成鲜明对比时，令在场的上海媒体记者、大学生以及嘉宾印象深刻。我校"雷锋精神塑造校园文化品格——上海建桥学院雷锋主题德育项目"在第七届全国高校校园文化建设优秀成果评选中获得三等奖。

2015年以来，我校完善顶层设计，通过分阶段推进，使新时代雷锋精神全面渗透应用型人才培养、办学全过程。2016年5月3日，我校举办"青春与雷锋同行"系列活动，邀请到雷锋班第一任班长、第四任班长来校与大学生交流"新时代我们怎样学雷锋"，临港兄弟高校、临港社区积极参与，《解放日报》、人民网、《上海教育》等媒体给予了充分肯定。2016年3月，我校将"深入弘扬雷锋精神"写入学校"十三五"发展规划，成立以党委负责同志为组长的推进领导小组，制订《2016年深入推进学雷锋活动实施方案》，力求进一步紧密结合弘扬雷锋精神与培育践行社会主义核心价值观，从生源特点、办学定位与实际出发，探索立德树人、文化建设的新路。

2016年初，学校从校史馆辟出400多平方米筹建"建桥雷锋"，以三大部分系统地展示了"雷锋故事""雷锋精神"以及"建桥学雷锋"，希望广大师生能够更多地知雷锋、学雷锋、爱雷锋，促进学校思想政治工作的扎实推进，促进学校的文化建设，同时也期望辐射到周边区域。

建桥学院是一所民办应用技术型大学。学校的办学宗旨为：为学生建成才之桥，为教师建立业之桥，为社会建育人之桥。董事长周星增最早提出在学校开展学雷锋活动。他说："名牌大学、重点大学，目标可能是培养类似钱学森这样的领军人才。但社会除了需要这样的精英人才外，同时还需要一大批踏实勤奋、敬业爱岗、乐于奉献、雷锋式的劳动者。将办学定位在培养应用型人才的建桥学院对此有深深的感悟，也正努力为之搭桥。"周董事长的这段话既是对建桥学院为什么能够坚持多年学雷锋的最好的注释，也点明了学校人才培养的目标，或者说建桥学院人才培养的规格，即培养雷锋式的大学生、雷锋式的劳动者。

2. 把弘扬雷锋精神融入立德树人全过程

我校历来重视将弘扬雷锋精神作为学校思想政治工作的有力抓手，与校训"感恩、回报、爱心、责任"、办学宗旨等一起融入社会主义核心价值观的践行中去。多年来的探索与尝试为进一步深化高校思想政治工作打下了良好的基础，也积累了一些经验和实践成果。

2.1 民办高校大学生的特点与成长规律

"当代大学生整体上以'95 后'为主体，大多数是独生子女，也是最大的网民群体，这一代学生朝气蓬勃，好学上进，视野开阔，思想活跃，个性鲜明，独立意识比较强，但他们中的不少人团结协作、艰苦奋斗精神不足，心理素质欠佳，抗挫折能力比较弱。同时，市场经济的负面因素和心态浮躁、诚信缺失等消极社会现象，对青年学生思想认知和行为造成了不可忽视的冲击。"教育部思政司副司长王光彦认为，面对这些挑战和问题，加强理想信念教育，不断梳理为共产主义远大理想和中国特色社会主义共同理想而奋斗的信念和信心，不断增强"四个自信"，不断提升社会责任感、创新精神、法制意识、实践能力，始终是高校思想政治教育面临的重大命题和战略重点。[1]

对于民办高校的大学生，有研究认为他们"文化基础薄弱，学习能力不高；理想信念教育缺失，追求趋于物质化与实用性；成长环境优越，依赖性强，心理抗挫折能力较差；主体性意识不够，自律能力较弱，存在明显的知行矛盾；思想压力大，有自卑心理，同时内心自我肯定意愿强烈"[2]。"民办高校大学生思想道德素质的主要特征：主流健康，取向多样—凸显价值判断能力模糊；重视技能，忽视人文，凸显使用主义学习动机；总体健康，自信不足，凸显自卑心理倾向；强调自我，淡化自律，凸显自我控制能力弱。"[3] 上海建桥学院 2013年曾对本校学生做过高校学生思想政治状况滚动调查问卷。调查报告将他们的思想政治状况概括为：学习少动力，积极性不够，自律能力较弱；内心要求积极向上，希望素养得到进一步提高；普遍关注和担忧前途问题。

大学生成长是一个由不同发展阶段汇聚而成的过程，不同阶段的主要矛盾

---

① 王光彦：《加强和改进高校思想政治工作的强大思想武器》，载《中国高等教育》，2017年第 8 期。

② 刘春蕾：《民办高校学生生源特点及班集体建设对策研究》，载《科学教育》，2015 年第 10 期。

③ 周为生：《民办高校大学生思想政治理论素质现状及思想政治教育对策设计研究》，上海师范大学硕士论文，2010 年。

及由此而产生的成长特点各不相同。因此这里还有大学生成长的阶段规律，需要我们遵循和依据大学四个年级不同特点以及阶段成长规律来开展工作。例如，大学一年级是大学生成长的关键时期，是关系到大学生在大学期间能否健康成长、顺利成长的特殊时期，也是大学生成长适应性问题最多的时期。在完成学习生活、人际交往适应之后，大学生开始由幼稚走向成熟，在总体适应的基础上更为理性地思考、分析现实处境和人生方向，进而完成他们在自我意识、目标意识、学习意识、生活交往意识等方面的逐渐觉醒。因此，准确把握、科学分析大二年级学生意识觉醒的内涵、特征及发展规律，对于规范引导大学生成长成才，增强思想政治教育工作的针对性和实效性具有重要意义。大三阶段是学生确立人生目标及努力方向的重要时期，在大学生的整个大学生活中发挥着承上启下的作用。进入大三年级之后的大学生已经走出大一的适应期、大二的觉醒期，开始正视毕业以后的自我发展问题。前程和出路已成为大四学生最为关注的问题。在学习与生活、现实和未来的多重压力下，大四年级的思想状况表现得复杂而沉重①。

习近平总书记在 2016 年全国高校思想政治工作会议讲话中指出："做好高校思想政治工作，要因事而化、因时而进、因势而新。要遵循思想政治工作规律，遵循教书育人规律，遵循学生成长规律，不断提高工作能力和水平。"② 以弘扬雷锋精神为抓手，推进民办高校思想政治工作，需要我们认真研究民办高校大学生成长的基本规律，包括思想规律、学习规律和心理规律，研究他们与普通高校大学生成长规律的异同点，以及他们成长的阶段性规律。

建桥学院也在探索根据民办高校大学生的基本成长规律、阶段成长规律，开展思想教育工作，进而将学习雷锋的活动逐步融入教育教学全过程，有的放矢，不断提高思想政治工作的针对性和有效性。目前的做法是把大学四年分成三个阶段：第一阶段，对象进校一年级新生，聚焦雷锋精神的认知培育，开展文明修身活动，使新生尽快融入以学雷锋为导向的校园文化，感知雷锋热爱党、热爱祖国的崇高理想和信念。第二阶段，面向二年级和三年级上学期在校生，引导学生学习雷锋的"钉子精神"，刻苦学习，提升自己的职业素养、专业能力；同时，聚焦新时代雷锋精神的践行，通过校园学雷锋平台和品牌化志愿者服务基地，弘扬服务人民、助人为乐的奉献精神。第三阶段，面向三年级下学

---

① 杨晓慧：《当代大学生成长规律研究》，人民出版社 2010 年版。
② 习近平：《习近平谈高等教育：坚持立德树人 实现全程育人》，载《人民日报海外版》，2016 年 12 月 9 日。

期和四年级学生，结合职业规划、就业指导与学习雷锋的敬业精神、创新精神、创业精神，使学生更多了解专业、行业需求，努力成为像雷锋那样的干一行、爱一行、专一行、精一行的时代楷模。

2.2 弘扬雷锋精神融入民办高校大学生思想政治教育实施路径整合

上海市教育卫生党委于 2017 年 2 月 15 日发文，要求"各高校构建思想政治理论课、综合素养课程、专业课程三位一体的高校课程思想教育教学体系。把立德树人作为中心环节，坚持把思想政治工作贯穿教育教学全过程，实现全程育人、全方位育人。高校要整体推进高校课程思政教育教学体系改革建设工作，办好高校思想政治理论课，坚持在改进中加强、提升思想政治教育亲和力和针对性，满足学生成长发展需求和期待。逐步推进综合素养课程和专业课程育人功能试点工作，使各类课程与思想政治理论课同向同行，形成协同效应。对照思想政治教育核心内容，全面修订学科专业人才培养方案，修订完善教学管理办法，完善课程设置管理制度，建立课程标准审核和教案评价制度"①。

所谓教学体系，是教学过程的知识基本结构、框架、教学内容设计、教学方法设计、教学过程设计和教学结果评价组成的统一的整体。包含：教学顺序、过程、方式、方法、形式、内容、反馈、评估、总结等一系列教学要素。

所谓课程思政是高校所有课程必须具备价值塑造、能力培养、知识传授三位一体的教学目标，深入挖掘各门课程蕴涵的思想政治教育资源，所有任课教师在课堂教学中要注重在知识传授中强调价值引领，在价值传播中凝聚知识引领，将思想政治教育融入高校课程教学全过程。

落实全国高校思想政治工作会议精神，上海高校构建课程思政教育教学体系、课程思政建设的战略部署为实施弘扬雷锋精神融入民办高校大学生思想政治教育提供了极好的机会。

高校思政理论课（四门必修课——形势政策课）为显性课程；而隐性课程则包含了综合素质课程（即人文素质选修课、公共基础课）和专业教育课程。实施弘扬雷锋精神融入民办高校大学生思想政治教育，既要发挥显性课程思政教育功能，又要充分挖掘和深化隐性课程思政教育功能，从顶层高度构建将雷锋精神融入思政理论课、综合素养课程、专业课程"三位一体"的高校思想政治教育课程体系。例如在显性课程中，"雷锋精神"融入思想政治理论课教学，实施"三进"：进教材、进课堂、进头脑。结合建桥学院实际，把雷锋事迹、雷

---

① 中共上海市教育卫生工作委员会、上海市教育委员会：《关于构建上海高校课程思政教育教学体系的实施意见（征求意见稿）》，2017 年 2 月 15 日。

锋精神和学习雷锋活动的先进典型编入校本德育教材。聘请雷锋班老班长担任我校客座教授，经常性开展"雷锋道德教育讲座"，诠释雷锋精神的时代意义。积极推进雷锋精神进课堂，结合思政课教学，选取合适的教学内容。

而在隐性课程中，可以通过全面开展"践行雷锋精神"为主题的思想政治教育学生社会实践活动。在思想政治理论课教学中，由教师布置相关选题，引导学生通过社会调查寻找身边的平凡善者，并通过学雷锋志愿者活动锻炼能力，提升素质。

探索"雷锋精神"融入思想政治教育的具体路径。适应社会生活的新变化和大学生接受习惯的新特点，开展互动式、体验式的学习教育，使学雷锋活动更加喜闻乐见、更加生动活泼。充分发挥互联网、手机等新兴媒体的优势，建设弘扬雷锋精神的网络平台，扩大学雷锋活动的覆盖面和影响力。

推进以"雷锋精神"为重要内容的校园文化建设：广泛开展以学习宣传雷锋精神为主题的演讲比赛、读书征文、座谈会、电影展播、文艺演出等活动，营造学雷锋的浓厚氛围，弘扬雷锋精神。不断赋予学雷锋活动新的形式、新的手段和新的文化样式，不断增强学雷锋活动的吸引力和感染力。将学雷锋志愿活动、文明修身作为大学生践行社会主义核心价值观的主要载体，使学生自觉践行社会主义核心价值观蔚然成风

此外，要下大力气解决大学生知行脱节和思政课"重传授知识、轻转变行为"难题，打破两个课堂（第一课堂与第二课堂）、两支队伍（思想政治理论课教师与学生日常思想政治教育队伍）间的壁垒，解决学生思想政治教育合力不足的难题。将第一课堂与第二课堂，思政课教师与辅导员两支队伍有机结合。以前两个课堂基本上是割裂的，两个课堂的教师也是你教你的，我做我的，未进行有效整合。将第一与第二课堂，思政课教师与辅导员两支队伍有机结合，既发挥思政课育人的主渠道作用，又发挥其他部门尤其是学生处、团委等对学生进行日常思想政治教育的部门的育人作用，并使得各个部门之间通力合作，形成育人合力。

借落实全国高校思想政治工作会议精神的东风，学校将着力构建思想政治教育体系，推进课程思政，进一步实施弘扬雷锋精神的内容、路径整合，让学生在收获专业知识之外得到人格的历练与提升，在知识传授中强调价值观的同频共振。在专业教育课中充分挖掘其中蕴含的思想政治教育资源，为学生启明心智，让课堂主渠道功能实现最大化。

2.3 弘扬雷锋精神融入民办高校大学生思想政治教育学生学习成果评价

将学习践行雷锋精神融入高校思想政治课程体系，需要从转变教育观念着手，

理解基于学生学习成果（Learning outcome）的教学思想，从每一位老师的教学大纲、备课准备开始，明确细化具体教学活动的目标，设计达成这些目标的措施与途径，进而评价学生通过参与这些教育教学活动是否达到预设的目标。要研究制定指标合理的评价体系，研究有效的评价方法，评价学习雷锋的目标达成程度即成效如何。尤其是学生通过践行雷锋精神，在理想信念、思想品德、敬业爱岗、乐于奉献等方面的进步与增量。并利用评价获得的反馈信息，并借助于大数据、"建桥学生档"，不断完善和改进思想政治教育工作，完善学雷锋活动。

3. 为深入开展全程育人培养雷锋式大学生提供保障

3.1　党政齐抓共管

校党政班子坚持将深入弘扬雷锋精神作为培育践行社会主义核心价值观的主要抓手，从生源特点、办学定位出发，探索民办高校立德树人、文化建设的新路。学校专门成立以学校党委书记为组长，主管教学副校长为常务副组长的思想政治工作领导小组，全面负责各项建设工作。对于每项建设内容，实行专人负责制。做到思想认识到位、责任落实到位、协调配合到位，为思想政治教育提供强有力的组织保障。

3.2　不断完善制度

学校多年前就将雷锋志愿者活动纳入素质拓展学分体系，加以制度保障。凡学生利用课余时间参与公益活动累计满30小时，可获2学分。学校将不断完善文明修身计划。持续推进志愿者服务基地品牌化建设，确保志愿服务常态化、机制化；继续大力弘扬雷锋精神，深入推进学雷锋活动年度实施方案；建立常态化工作机制，落细、落小、落实，并列入学校新一轮文明单位创建规划，纳入学校"十三五"发展规划。

3.3　发挥教师表率作用

一是加强教师的思想教育。"要坚持不懈培育和弘扬社会主义核心价值观，引导广大师生做社会主义核心价值观的坚定信仰者、积极传播者、模范践行者。[1]""传道者自己首先要明道、信道。"[2] 二是发动广大教师积极投入到思想政治教育改革中去。有位大学校长总结说，大学教育最痛之处是课程改革，最难之处是教师的投入。当下的高校思政教育，无论是显性课程还是隐性课程，

---

[1]　习近平：《习近平谈高等教育：坚持立德树人　实现全程育人》，载《人民日报海外版》，2016年12月9日。

[2]　同[1]。

综合素质课还是专业教育课程，以及基于学习成果的评价，都离不开广大教师的积极投入。发动教师积极开展思想政治工作将是近阶段的主要工作之一。三是激励教师更多的言传身教。中国的教育向来把育人放在首位，把育人作为教学最重要的功能。中国教育特别注重教师自身的修养和人格对学生的影响，强调学高为师、身正为范，强调教师的示范作用。学校将继续推进师风师德建设，激励广大教师职工教书育人、教学育人。条件成熟时，为教职工学雷锋的表率颁发金、银、铜奖章。

3.4 深化理论研究

不断深化雷锋精神融入高校思想政治课程体系的路径选择、载体设计、机制建构的研究；雷锋精神融入高校校园文化建设的路径研究；雷锋精神时代内涵研究；积极探索弘扬雷锋精神与工匠精神培育、优秀应用型人才培养相结合的有效路径。开展学习实践雷锋精神研讨会，深刻解读雷锋精神的科学内涵，发掘雷锋精神的时代价值。并积极参加上海及全国学习雷锋活动，学习交流将弘扬雷锋精神融入高校思想政治教育的经验。

雷锋精神溯源

——写在上海建桥学院雷锋馆开馆之际

蒋威宜①

2005 年 3 月，在周星增董事长的倡导下，上海建桥学院掀起了学雷锋的热潮；为了表彰学雷锋的先进典型，学校同时设立雷锋金质、银质、铜质奖章。此举在全国高校中尚属凤毛麟角。

2010 年 9 月，建校 10 周年时，校园里昂然矗立起一尊踏步前进的雷锋铜像，这预示着我校的学雷锋活动将深入持久地进行下去。

2017 年 3 月，上海建桥学院雷锋馆建成开馆，此乃上海高校第一家，这标志着我校的学雷锋活动又跃上了一个新的高度。

上海建桥学院 12 年学雷锋一以贯之，12 年学雷锋硕果累累。但成绩只能说明过去，面向未来，我们还需加倍努力。最近，在雷锋馆开馆之际，笔者怀着崇敬的心情重温了《雷锋日记》。通过学习，本人对雷锋与雷锋精神的内涵、新形势下学雷锋的重要意义，以及如何更好地学习雷锋，又有了新的认识。下面是笔者对学校在新形势下如何进一步全面深入地开展学雷锋活动的一点思考。

1. 今天我们为什么学雷锋

2016 年的 3 月 5 日是毛泽东发出"向雷锋同志学习"号召的 54 周年纪念日。雷锋同志离开我们已有半个多世纪，虽然在人类历史的长河中，这只是短暂的一瞬，可对每一代具体的人来说，却是一个漫长的过程。为什么历经了几代人以后还要继续学雷锋？因为雷锋值得学，雷锋精神不过时，学雷锋有现实的需要。

---

① 蒋威宜，女，1949 年 1 月生，校副董事长，全国民办高校德育研究会副理事长，硕士学历，教授，主要研究方向：思想政治教育。

1.1　雷锋是人之楷模

雷锋同志是全党全军和全国各族人民公认的楷模。他的"先进"不是由哪个单位自己"标榜"的，也不是由哪个上级画圈"点将"的，而是由群众自下而上推出来的。早在雷锋牺牲之前，他就是一个知名度非常高的模范。雷锋因公殉职后，《人民日报》《解放军报》《光明日报》等全国主要媒体均对雷锋的先进事迹加大了宣传的力度，雷锋的名字由是家喻户晓，一个自觉学习雷锋的活动也在全国各条战线轰轰烈烈地展开。

1963 年 3 月 5 日，毛泽东"向雷锋同志学习"的题词发表后，举国学习雷锋的活动更呈现出空前的、排山倒海之势。在毛泽东之后，共有 20 多位党和国家领导人又先后为雷锋题词或发表讲话。这在中国历史上是绝无仅有的。

为什么一名普通的战士会受到全国老百姓的衷心爱戴？为什么一个没有惊天动地壮举的平凡青年会得到中央如此高规格的评价？我们可以从《雷锋日记》中找到答案：

因为雷锋专捡重担挑，事事吃苦在前，干一行、爱一行、专一行，他是建筑工地的编外劳动者，他是火车上的义务服务员，他主动给灾区人民捐款……他做了数不清的好事，从不留姓名。一个人做一点好事并不难，难的是一辈子做好事，一贯地有益于人民，雷锋他做到了。

因为雷锋所做的事情都很平凡，但平凡中蕴含着伟大。平凡而伟大，这是雷锋精神的特征，既接地气，又有内涵和高度。

因为雷锋是一个高尚的人，一个纯粹的人，一个有道德的人，一个脱离了低级趣味的人，一个有益于人民的人，他具有堪称完美的人格。

这样一位优秀的同志，值得每一个中国人敬仰和学习。

1.2　雷锋精神是永恒的

有一段时间，社会上出现了一股诋毁、否定雷锋的暗流，别有用心者否定雷锋的伎俩之一就是鼓吹所谓的"雷锋精神过时论"。雷锋精神果真过时了吗？回答当然是否定的。党的十八大以来，习近平总书记就学习弘扬雷锋精神曾多次做出重要指示，对雷锋和雷锋精神的价值及其永恒性作了精辟的论述。

2013 年 3 月 6 日，习近平总书记在参加全国人大代表团审议时语重心长地说：雷锋身上"所具有的信念的能量、大爱的胸怀、忘我的精神、进取的锐气，正是我们民族精神的最好写照"①，他是"我们民族的脊梁"②。

2014年3月11日，习近平总书记寄语部队："雷锋精神是永恒的，是社会主义核心价值观的生动体现，我们要从娃娃抓起，让雷锋精神在全社会蔚然成风，世世代代弘扬下去。"③

同年3月12日，习近平总书记又指出："我们要从娃娃抓起，让雷锋精神在全社会蔚然成风，世世代代弘扬下去。"④

同年3月19日，习近平总书记赴兰考调研时强调："焦裕禄精神同井冈山精神、延安精神、雷锋精神等革命传统和伟大精神一样，过去是、现在是、将来仍然是我们党的宝贵精神财富。"

笔者理解，习近平总书记上述指示有这样三层含义：一是旗帜鲜明地表明雷锋精神是永恒的，即永远不会过时；二是道出了永恒的理由：雷锋是我们"民族的脊梁"，雷锋精神是我们"民族精神的最好写照"、是"社会主义核心价值观的生动体现"是"我们党的宝贵精神财富"；三是用"要从娃娃抓起""世世代代弘扬下去""过去是、现在是、将来仍然是"，以及"让雷锋精神在全社会蔚然成风"这些铿锵有力的词句来表达我们传承弘扬雷锋精神的坚强决心。

习近平总书记的重要指示不仅理直气壮地抨击了别有用心者对雷锋的谣言和质疑，而且站在历史和时代的高度，揭示了雷锋和雷锋精神的本质，并对其意义作了高度概括和评价，为新时期学雷锋指明了正确的方向。

笔者以为，雷锋精神之所以永恒，还因为雷锋精神具有时代的超前性，即具有共产主义的因素。

首先，中央领导的题词和中央文件反映了这一点。如，刘少奇同志的题词是："学习雷锋平凡而伟大的共产主义精神"⑤；周恩来同志的题词中讲到，要学习雷锋的"公而忘私的共产主义风格"⑥；邓小平同志的题词说："谁愿当一个真正的共产主义者，就应该向雷锋同志的品德和风格学习。"⑦ 中共中央办公厅于2014年印发的《关于深入开展学雷锋活动的意见》中也称"雷锋是实践社

---

① 习近平：《习近平参加辽宁代表团审议时强调大力实施振兴东北地区老工业基地战略》，2013年3月6日新华网。

② 同上。

③ 《习近平接见部分军队基层人大代表侧记》，载《解放军报》，2014年3月13日。

④ 同上。

⑤ 同上。

⑥ 同上。

⑦ 同上。

会主义、共产主义思想道德的楷模"。

其次，雷锋的日记也佐证了这一点。笔者在学《雷锋日记》时作了一个粗略的统计，该书共收集了雷锋日记和诗文 173 篇，其中有 24 篇提到"共产主义"。可以这么说，雷锋日记处处闪耀着共产主义的思想，雷锋对共产主义充满着情怀。

1.3　当前学雷锋更具有迫切性

中国梦的实现需要雷锋精神。习近平总书记在 2013 年曾指出，要实现中华民族伟大复兴的中国梦"必须弘扬中国精神"。所谓中国精神就是以爱国主义为核心的民族精神，以改革创新为核心的时代精神，社会主义核心价值观则是当代中国精神的集中体现。

前面已述，习近平总书记说雷锋精神"是我们民族精神的最好写照"，是"社会主义核心价值观的生动体现"，因此雷锋精神是中国精神的重要组成部分。

雷锋是一位言行一致的实干家，他在日记中这么说：我要积极肯干，做到说干就干，千方百计地干，扎扎实实地干，一定要把事情办好。其实，中国精神就是一种不尚空谈的实干精神，这是中国精神的特质之一。从这个意义上来说，雷锋又是中国精神的践行者。

实现中国梦"必须弘扬中国精神"，雷锋精神是中国精神的组成部分，雷锋是中国精神的践行者。因此，要实现中国梦就必须弘扬雷锋精神，要用雷锋精神补足社会的精神之钙，提振人们的精气神。

人才培养离不开雷锋精神。高等院校担负着人才培养的重任，培养什么人？如何培养人？为谁培养人？始终是高等教育所要解决的根本问题。这一问题关系着中国特色社会主义事业是否后继有人，进而关系到党和国家的前途与命运。

当前，国际国内形势深刻变化，不同思想文化交流交融交锋，社会思潮多元多样多变。高校没有思想的围墙，社会上思想意识形态领域存在的问题在高校都会有反映。因此，高校在人才培养的过程中面临严峻的挑战。

在这种形势下，我们尤其需要将雷锋作为塑造大学生人格的标杆。雷锋曾经是青年的偶像，雷锋精神激励了一代又一代的青年人健康成长。今天，我们要找回当年的偶像，把大学生培养成"又红又专、德才兼备、全面发展的中国特色社会主义合格建设者和可靠接班人"。

2.　今天我们向雷锋学什么

一本《雷锋日记》虽然只有 13.7 万字，通俗易懂、朴实无华，但却是一座精神的宝库。从中我们可以看到一个真实的雷锋，一个有血有肉、可亲可近、可敬可佩的雷锋；从中我们可以了解他的成长轨迹，领略他的深邃思想、高贵品质、感人业绩；从中我们还可以学到"为谁活着，怎样做人"的道理。读了《雷锋日记》会更坚定我们学习雷锋的决心。

那么，今天我们应该向雷锋同志学习什么呢？

2.1　立足全面学习雷锋，塑造雷锋式完美人格

毛泽东同志在 20 世纪 60 年代发出向雷锋同志学习号召的同时指出：学雷锋不是学他哪一件好事，也不是学他某一方面的优点，而是要学他的好思想、好作风、好品德；学习雷锋长期一贯地做好事而不做坏事；学习他一切从人民的利益出发，全心全意为人民服务的精神。毛泽东的讲话为我们指明了学雷锋的正确方向。

雷锋全面发展，是理想人格的化身。从《雷锋日记》进行归纳，我们至少可以从 17 个方面学习雷锋。

（1）执着追求理想信念。雷锋具有坚定的共产主义理想和社会主义信念。他在日记中写道，"我就是长着一个心眼，我一心向着党，向着社会主义，向着共产主义"①。他表示要"为建设社会主义和实现共产主义而献出自己的全部力量，直至生命。②"

（2）爱党、爱国、热爱人民。雷锋把党比作"慈祥的母亲"，对祖国无比热爱，对人民满腔热忱。在日记中他满怀深情地说，要做"党的忠实儿子""祖国人民的好儿子"。

（3）助人为乐、全心全意。一本《雷锋日记》真实地记载了雷锋助人为乐，全心全意为人民服务的事迹，他做的好事俯拾皆是。他以自己的实际行动践行了"我要把有限的生命投入到无限的为人民服务中去"的诺言。

（4）先人后己、公而忘私。雷锋将午饭让给战友吃，自己却饿着肚子；将手套送给风雪天没戴手套的老太太，任凭自己的手冻得像针扎一样；年初一他拣粪 300 斤送给农民兄弟；星期天他填坑修路 200 米，方便往来行车的司机……

（5）相信群众、依靠集体。雷锋具有强烈的群众观点和集体主义思想。他多次表示要"永远做群众的小学生"，"无论做什么，一定要走群众路线"；他"时刻把集体利益放在第一位"、始终"把自己和集体事业融合在一起"，并团结群众、带领集体共同为党的伟大事业而奋斗。

（6）崇拜英雄、树立标杆。雷锋通过书籍、报刊、电影等多种途径，自觉

---

① 雷锋：《雷锋日记》，解放军文艺出版社 1963 年版。
② 同上。

学习董存瑞、黄继光、邱少云、方志敏、向秀丽等先进人物的英雄事迹和崇高精神，为自己的人生确立了标杆。

（7）锐意进取、争当旗手。雷锋认为"真正的青春只属于力争上游的人"，他决心"做各项工作中的红旗手"。于是，他干一行、爱一行、专一行，无论做什么都要做得最好，无论在什么岗位上都是排头兵。好学生、好农民、好工人、好战士，这些称号一直伴随着他。

（8）做螺丝钉、甘于平凡。雷锋说他"愿永远做一颗螺丝钉"，愿做砌就高楼大厦的"一砖一石"，要"在平凡细小的工作当中干出不平凡的业绩"。雷锋的大局意识、务实作风、敬业精神、奉献精神、在平凡中追求伟大的思想熠熠生辉。

（9）又红又专、全面发展。雷锋不仅思想好，而且业务精，是"又红又专""能文能武"的典范。他刻苦钻研汽车驾驶技术，总结出 12 字的安全行车经验。他主动选择在冰天雪地的野外进行保养汽车的训练，掌握了适应在任何恶劣环境下保养车辆的过硬本领。

（10）艰苦奋斗、勇于拼搏。雷锋处处抢挑重担，如他带病参加抗洪抢险的战斗，轻伤不下火线；他把困难看成"纸老虎"，时常用打虎精神激励战友并取得良好效果，如全班冒着零下 20 多摄氏度的严寒在野外进行防原子弹训练，没有一个人叫苦。

（11）艰苦朴素、勤俭节约。每次部队在发放军装和胶鞋等军需用品时，雷锋总是只领一套，另一套上交，其他东西也少领；他的军装打了补丁，他的袜子补了又补。每月的 6 元津贴，他只留 5 角零用，其余全部资助他人。

（12）谦虚谨慎、戒骄戒躁。每当取得成绩时，雷锋总是归功于党的培养、同志们的帮助；做好事受到肯定时，认为是"自己应尽的义务"。自己的缺点再小也作自我批评；别人的批评"哪怕只有 0.5% 正确"也虚心接受，批评错了就把它看成是对自己的"考验"。

（13）严于律己、严守纪律。雷锋处处严于律己，在生活上向水平最低的同志看齐，在工作上向积极性最高的同志看齐；"每当得到福利和享受时"，"就先人后己，把享受让给别人"。他一贯严守纪律，副司机出车轧死了老乡的鸭了，雷锋亲自道歉并作赔偿。

（14）爱憎分明、明辨是非。雷锋爱憎分明，他不断告诫自己"对党和人民要万分忠诚"，"对敌人要像严冬一样残酷无情"。在日常生活中，雷锋又是一个能把握正确方向、明辨是非的人。他经常用辩证分析的方法帮助战友解答诸如命运、幸福、纪律、"小气"、"傻子"等思想上存在的困惑。

（15）饮水思源、知恩图报。雷锋在日记中常常回忆起悲惨的家史，并时时提醒自己要"饮水思源"，"不能好了伤疤忘了疼"。他表示要"以实际行动来感恩"：在部队的两年半中，他荣立二等功一次、三等功二次，获荣誉称号4项，以优异的成绩交出了一份知恩图报的答卷。

（16）确立三观、提升境界。雷锋确立了正确的世界观、人生观和价值观。他认为"人生在世，只有勤劳，发愤图强，用自己的双手创造财富，为人类的解放事业——共产主义贡献自己的一切，这才是最幸福的"。他表示要"生为人民生，死为人民死"。

（17）刻苦学习、源头充电。雷锋孜孜不倦地学习毛泽东著作。他在学习中发扬了"钉子精神"；总结了一套行之有效的学习方法；创造了"学习公式：问题—学习—实践—总结"，并力求在"脑海里扎根"，在"一切实际行动中开花结果"。

2.2 抓住本质学习雷锋，把握雷锋精神的真谛

上述17个方面基本反映了雷锋同志的好思想、好作风、好品质。其中最重要的是5个方面：坚定的理想信念，这是雷锋精神的灵魂；爱党，爱国，爱人民，这是雷锋精神的境界；全心全意为人民服务，这是雷锋精神的核心；正确的世界观、人生观、价值观，这是雷锋精神的根本；刻苦学习理论，这是雷锋精神的动力。5个方面你中有我、我中有你，紧密联系、相互促进。其他12个方面皆由这5个方面派生。我们抓住了这5个方面，就把握住了雷锋精神的真谛。

（1）坚定的理想信念是雷锋精神的灵魂

理想信念是人生追求的目标，是人的精神支柱。一个人没有目标会迷失方向，一个人没有精神支柱会浑浑噩噩。人有了高远的目标就会视野开阔、心胸宽广；人有了精神支柱就会激发干劲、产生力量。

因为雷锋具有共产主义理想，所以他才能在日常的行为中锻造出"先人后己公而忘私，毫不利己、专门利人"的共产主义风格；他才会甘于平凡，做"砌就共产主义'高楼大厦'的一砖一石"，"在伟大的革命事业中做一颗永不生锈的螺丝钉"。因为雷锋有共产主义理想这一精神支柱，所以他才会"专拣重担挑"，具有克服一切困难的顽强意志；他才会把助人为乐，为人民做好事作为每天的必修课，持之以恒地坚持下去。

共产主义是我们党的终极奋斗目标，雷锋把共产主义理想转化在党的身上，"把党的指示作为自己行动的指南"，并充分发挥自己作为一名党员的先锋模范作用。共产主义目标是由国家来承载的，雷锋具有强烈的国家意识，他说，我

们的国家不富裕，还有困难，一定要发扬勤俭节约、艰苦朴素的优良传统。共产主义社会是人民获得感和幸福感最大最多的社会，共产主义说到底是人民的事业，雷锋把"全心全意为人民服务"作为他践行共产主义的落脚点。

可以说，雷锋的爱党、爱国、爱人民，他的使命感、责任感，他的奉献精神、牺牲精神均来自理想信念，共产主义理想和社会主义信念是雷锋精神的灵魂。

（2）爱党、爱国、爱人民，这是雷锋精神的境界

爱党爱国爱人民，这是雷锋具有大爱之心的集中体现，是雷锋情感的最高境界。雷锋的"三爱"精神有四重表现：

其一反映在他的忧党忧国忧民情怀。20世纪60年代初期，我国遭受严重的自然灾害，部队在发放军需用品时，雷锋总是只领一半，旧的修修补补继续使用。他为什么要这么做？《雷锋日记》道出了原委："党和人民对我们这样好，可是也不能烧火棍一头热呀！我们也得为党和人民着想"；"国家有困难，大家来分忧，就要一点一滴地做"。

其二反映在他的勇于担当精神。一天晚上，突然下起雨来，建筑工地上有7200袋水泥散放在各处。为了"避免国家财产受到重大损失"，当时还是工人的他，马上主动跑到宿舍，发动了20来个小伙子，组织了一个抢运水泥的突击队，经过一场紧张的战斗，终于使水泥安然无恙。

其三反映在他对战友和群众像春天般的温暖。雷锋对战友充满关爱：一位战友的母亲病了，没钱回去探望，他马上拿出自己积攒的10元津贴费，又买了一斤饼干一并送上，了却了战友的心愿。一个星期天，他给班里的同志洗了5床褥单，帮一位战友补了·床被子，协助炊事班洗了600多斤白菜，并打扫了室内外卫生。雷锋对素不相识的群众也像亲人一般关心：一天，他坐火车出差，他把自己的座位让给了一位老大娘，接着找了把扫帚挨个扫完了整个车厢，然后又擦玻璃和车厢，最后给旅客们倒开水。他好事做了一火车，温暖了整个车厢。

其四反映在他要为党增光添彩。雷锋做好事无数，除了给老百姓送去关爱，另外还有一个目的："这样做，能使人民群众更加热爱党。"①

（3）全心全意为人民服务，这是雷锋精神的核心

雷锋精神的内容非常丰富，处于核心地位的则是全心全意为人民服务，雷锋的为人民服务做到了极致。他的服务有下面三个特点：

---

① 雷锋：《雷锋日记》，解放军文艺出版社1963年版。

一是时时处处。所谓"时时"就是不论是平时，还是休息日，或者是节假日，雷锋做好事从不间断，可以说是全年无休。所谓"处处"就是无论在营房、工地，田头、校园、车站，还是火车里、马路上，到处都有他忙碌的身影，他是走到哪，好事做到哪，服务没有地域的界线。

二是做有心人。当部队过节每人发一斤苹果，他想到了医院的伤病员更加需要，于是带着一封慰问信把苹果专门送了过去。大年初一，服务和运输部门最忙，他直奔抚顺车站为旅客服务。春耕时节，他到乡村帮农民翻地。他发现粪池满了，用了一个上午的休息时间淘粪，把厕所打扫得干干净净。当看到战友生病，他马上请来卫生员，给战友打水吃药，帮助洗脸，做病号饭送去，洗澡时为生病的战友搓澡，可以说是无微不至。

三是主动去做。没有人号召、没有人下达命令、没有谁提出要求、没有人组织，雷锋做好事完全是自觉自愿。他认为"一个真正的革命者，是大公无私的，他的责任是没有边的。"①

雷锋全心全意为人民服务的举动，是崇高的理想信念在支配，是对党、对人民的炽热情感的使然。雷锋以实际行动证明，他是人民的优秀"勤务员"。

（4）正确的世界观、人生观、价值观，这是雷锋精神的根本

世界观、人生观、价值观是把握人脑的"总开关"，是人的思想产生的基础。在雷锋精神的宝库中，"三观"处于根本的地位。雷锋精神的灵魂——理想信念、雷锋精神的核心——全心全意为人民服务思想均根植于正确的"三观"。

雷锋具有正确的世界观。他认识到人类社会是由低级到高级发展的，因此他的共产主义理想和社会主义信念是建立在对人类社会发展客观规律的科学认识的基础上的，因而是牢不可破的。

他认识到历史是人民创造的，群众是真正的英雄，因此他对群众充满热爱和敬仰之心，他表示"今后我要更加珍爱人民和尊敬人民"。雷锋的群众观点、对人民的大爱之心、全心全意为人民服务的思想均是历史唯物主义世界观的使然。

雷锋具有正确的人生观。人生观与世界是相统一的，既然人类历史是人民创造的，群众是真正的英雄，那正确的人生观应该是一切为了人民。雷锋确立的正是这样的人生观，他说："我活着只有一个目的，就是做一个对人民有用的

---

① 雷锋：《雷锋日记》，解放军文艺出版社 1963 年版。

人。①"在这种人生观的驱使下，他是一个"脑子里只有人民，没有自己的人②"。

雷锋具有正确的价值观。他懂得劳动和劳动者的价值，他认为"世界上最光荣的事是劳动，世界上最体面的人是劳动者"。雷锋用讴歌工农兵等劳动者的形式对时代美作了生动的诠释。雷锋为何无论在什么岗位上都是排头兵、先进分子？因为在他的内心有着对劳动价值和劳动者价值的深刻理解。雷锋不仅自己秉承正确的劳动价值观，而且以自己出色的劳动、工作、为人民服务带动了周围的人，使涓涓细流汇成建设社会主义的澎湃洪流。

（5）刻苦学习理论，这是雷锋精神的动力

笔者在学习《雷锋日记》时一直在思考，雷锋所塑造的雷锋精神已上升到"民族精神"的高度，已成为永恒的精神，那么，雷锋精神是怎样产生的？它来源于何方？答案可能是多元的，但有一个是肯定的，雷锋精神的源头在于毛泽东思想。雷锋精神是雷锋在党的教育培养下，努力学习毛泽东著作，用毛泽东思想武装头脑，并以之指导自己的行动，在学习和不断实践的过程中逐步形成的。

早在1958年夏天，当雷锋还在县委机关工作时就开始学习毛泽东著作。他是真学，做到学以致用、言行一致；他是苦学，每天早晨学习一小时，晚上也总要自学至深夜十点到十一点；他是用心学，即带着感情学，在学习《纪念白求恩》等文章时常常流下感动的泪水。

雷锋掌握了通读原著、重要文章反复读、以实际问题为中心、注重把握立场观点方法，以及"四边""四结合"等一整套学习的好方法。

毛泽东思想对雷锋的作用究竟有多大？用他自己在日记中的阐述，我们可以归纳成6个方面。

最重要的是确立了科学的"三观"："辩证唯物主义世界观"、"革命人生观"和以"集体"、"劳动"为核心的价值观。雷锋在日记中总结说："我学习了《毛泽东选集》一、二、三、四卷以后，感受最深的是，懂得了怎样做人，为谁活着。"

另外5个方面是：确立了坚定的共产主义、社会主义崇高理想和信念；树立了全心全意为人民服务的思想；学到了一系列的好思想、好作风、好品质，前面所列举的17个方面的思想作风品质都可以从他学过的毛泽东著作中找到出

---

① 雷锋：《雷锋日记》，解放军文艺出版社1963年版。
② 同上。

处或佐证；掌握了毛泽东同志在著作中体现的立场、观点和方法；从毛泽东著作中汲取了力量，雷锋说："毛泽东思想给了我无穷的力量"，"总觉得这股劲儿永远也使不完"。

雷锋发自肺腑地说："毛主席著作对我来说好比粮食和武器，好比汽车上的方向盘，人不吃饭不行，打仗没有武器不行，开车没有方向盘不行，干革命不学习毛主席著作不行。"雷锋之所以能成长为共产主义战士，之所以能塑造伟大的、历久弥新的雷锋精神，最深沉的原因是他坚持学习毛泽东著作，掌握了毛泽东思想这个动力源。

3. 今天我们怎么学雷锋

建桥学院雷锋馆的开馆，把我校学雷锋活动提上了一个新的台阶，这同时也是一个学雷锋的新起点。前面我们已阐述了新时期学雷锋的重要意义，以及应该向雷锋同志学习什么，接下来要探讨的就是在新时期具体怎么学雷锋。

2014 年 3 月 4 日，习近平总书记指出："雷锋精神，人人可学；奉献爱心，处处可为。积小善为大善，善莫大焉。当有人需要帮助时，大家搭把手、出份力，社会将变得更加美好。"根据习近平的指示精神，结合学校的实际情况，笔者以为，我校的学雷锋活动应突出以下 4 个重点。

3.1 学雷锋应从三个方面下功夫

（1）学雷锋，要从人人、时时、处处上下功夫

所谓"人人"，就是学雷锋要做到全员化。就目前情况而言，我校学雷锋活动主要在大学生中开展，教职工中尚未形成浓厚气氛；大学生中也主要是在积极分子中轰轰烈烈展开，尚有部分学生没有参与。

所谓"时时"，就是学雷锋要做到常态化。现在我们的学雷锋活动虽然已改变了"雷锋叔叔无户口，3 月来了 4 月走"的状况，但仍有时段性的特点，一般都集中在假期，平时尚未形成学雷锋的良好氛围。

所谓"处处"，就是学雷锋要做到无界化。当前，我校学雷锋活动统一组织到一些固定场所的比较多，如到科技馆、民工子弟小学等，我们应做到学雷锋不受地点限制，在马路上、在地铁里、在其他公共场所，在我们足迹到达的地方都要学雷锋。

人人、时时、处处学雷锋也就是要使我们的学雷锋活动像空气一样，无时不在、无处不有，就像雷锋同志走到哪里，就把好事做到哪里一样。

（2）学雷锋，要从落细、落小、落实上下功夫

所谓"落细"，就是要注重细节，要具体化：学雷锋的目标要细、要求要

细、责任要细、措施要细，不能大而化之。

所谓"落小"，就是要从小事开始做起：即勿以善小而不为、勿以恶小而为之，要"积小善为大善"。

所谓"落实"，就是狠抓落实、一抓到底；就是"撸起袖子加油干"；就是"抓铁有痕、踏石留印"。

落细、落小、落实即学雷锋要与人们的日常生活紧密结合。表现在校内，就学生而言，我们应要求他们学雷锋从课前檫黑板、课后关灯、带走课桌内外和地上的垃圾做起。表现在校外，我们应要求学生在公交和地铁上让座、扶起摔倒的老人、劝阻人们在公共场所吸烟做起。

从小到大，由低到高是事物发展的规律，也是人才成长的规律、成就事业的规律。当然，从细小处做起，并不是只抓细小的事情，而是以小见大，以小带大。这也是马克思主义的方法论。

（3）学雷锋，要在践行上下功夫

大学生在认知上水平较高，但在践行上相对来说比较弱，即知行存在脱节现象。我们教育、引导大学生学雷锋更要在后者上下功夫。因为一个具体行动远比一打纲领来得重要。

参加党校学习的学生在交流总结时不仅要谈对党的认识、对共产主义的理解、表达自己为理想信念而奋斗的决心，更要向大家汇报，你是怎样将理想信念化为实际行动的，你是怎样践行党的宗旨的，你在学雷锋的行动中为党、为人民、为师生做了哪些实实在在的事情。学校在评价学生的思想品德时，要将践行雷锋精神作为主要的依据，在评选各类先进时也要将雷锋精神的践行情况作为导向。

3.2 学雷锋，学生应重在塑造健全人格

从前面的论述可知，雷锋是一位具有健全人格，全面发展的同志。我们高校学雷锋，从根本上说，是要培养雷锋式的大学生，以使他们今后能真正成为中国特色社会主义的合格建设者和可靠接班人。雷锋式的大学生应该是又红又专、能文能武、德智体美全面发展的学生。尤其要有坚定的理想信念、高尚的道德品质、富有大爱之心、强烈的社会责任感、全心全意为人民服务的精神和本领。在培养学生的过程中，我们要注意扬长补短。

（1）先要补上两块不及公办生的短板

一块是学习上的：我校有相当部分学生学习的动力不足、积极性不高，没有掌握科学的学习方法，未养成良好的学习习惯，因此学习成绩较差。

另一块是行为上的：我校有相当部分学生组织纪律观念不强，比较懒散；

文明素养不够高，在校园、课堂和宿舍内反映出来的各种陋习比较多。

解决这两方面问题，关键是要让学生像雷锋那样确立正确的"三观"，即要让他们有正确的、与祖国人民事业相联系的人生目标，有强烈的社会责任担当意识。针对前一短板，我们还可用雷锋倡导的具有"挤劲"和"钻劲"的"钉子"精神、克服困难的顽强意志、学习业务技术的科学方法来激励和启发学生；针对后一短板，则要让学生学习雷锋的严于律己、严守纪律的品质。

（2）培养规格要突出"三优一特"

在"补短板"的同时还要"扬长"，即要让学生的强项更强。应看到，我校的学生与公办高校学生相比，在思想道德素质（主要指爱心与社会责任感方面）、能力素质（专业能力以外），以及身体素质上来说，基本上是处于同一条起跑线上的（可以算作我们学生的长处）。因此，只要我们再加强对这三方面素质的培养，使之达到优，就可超过公办高校的学生。当然，在专业学习上除了补短板外，还可通过朝培养应用型人才方面的转型搞出自己的特色来。我们应该在要求学生像雷锋那样全面发展的前提下，将人才培养的规格定位在"三优一特"上。如果我们的学生在思想道德素质、能力素质和身体素质上优于公办学生，而在专业学习上又有其不可替代的特色，那我们培养的学生就是具有健全人格的雷锋式的一流学生了。

3.3 学雷锋，教师应重在立德树人

（1）先要补上两块容易出现的短板

一块是民办高校体制下易犯的毛病。教师应以雷锋为榜样，一是要克服受聘于人的雇佣思想，增强主人翁意识和对学校的归属感；二是要克服量入而出的打工思想，增强事业心和奉献精神；三是要克服图安逸、享轻松的养老思想，增强责任感，追求高境界；四是要克服无所作为的短期思想，立足长远，追求精彩与卓越。

另一块是高校教师中普遍存在的短板。即将教书与育人分离，"只教书不育人"，认为育人是辅导员的事，是党务工作者的事。解决的办法：一是要改变观念，应明确各门课程都具有育人功能，所有教师都负有育人职责；二是要以雷锋为榜样，尤其要增强使命感、责任意识，弘扬奉献精神；三是要培育教师的育德意识和育德能力。

（2）要将立德树人落到实处

习近平总书记在去年召开的全国高校思想政治工作会议上的讲话中指出：

"立德树人是高校立身之本。①"所谓"立德"，就是习近平要求教师做到的"以德立身、以德立学、以德施教②"。

以德立身，就要像雷锋那样成为道德的楷模，"以人格魅力引导学生心灵"。

以德立学，其一就是要"坚持教育者先受教育，要努力成为先进思想文化的传播者、党执政的坚定支持者"，这样才会有底气引导学生；其二就是要像雷锋那样刻苦钻研业务，"以学术造诣开启学生的智慧之门"。

以德施教，就是要做到四个统一："坚持教书和育人、言传和身教、潜心问道和关注社会、学术自由和学术规范相统一"。

所谓"树人"就是育人。育人主要有课内和课外两个途径。就课内而言，教师应结合教材内容及学生的专业、课堂表现等实际情况，将思想工作有机渗透到教学之中。要学习雷锋的做法，他在带领全班完成各项任务、带教徒弟、担任小学辅导员的过程中，总是将理论上的指导和思想工作作为"战前"动员的内容，并持续整个过程，使被施教者目的明确、动力十足、信心倍增，最终达到预期目标。我们要积极探索集"知识传授"和"价值引领"于一体的"课程思政"新路子。

就课外而言，指的是教师的育人工作还应延伸至第二、第三课堂。我们可将二、三课堂的育人工作项目化，让每位教师（包括机关干部）都承担其中的一项：或担任兼职辅导员、班主任、学生导师、社团指导教师，或组织学生参加各类竞赛、联系入党积极分子、指导学生就业等。

以雷锋为榜样做到三个"德"字，同时通过课内课外两个途径做好工作，教师就能成为学生健康成长的指导者和引路人，将立德树人真正落到实处。

3.4 学雷锋，应加强顶层设计，融入人才培养全过程

（1）弘扬雷锋精神要做到三个结合

要将雷锋精神的弘扬与优秀传统文化的传承相结合，与社会主义核心价值观的培育相结合，与学校"桥文化"的核心——"感恩、回报、爱心、责任"校训的践行相结合。做这几项工作时不应把它们割裂开来，搞成几张皮，而要变成一张皮，因为它们的内容和精神是一致的。如：

雷锋具有浓烈的爱国情怀，优秀传统文化中的民族精神以"爱国主义"为

---

① 习近平：《习近平谈高等教育：把立法树人作为中心把思政工作贯穿全程》，2016 年 12 月 9 日人民网。

② 习近平：《习近平谈高等教育：把立法树人作为中心把思政工作贯穿全程》，2016 年 12 月 9 日人民网。

核心，社会主义核心价值观把"爱国"作为公民层面的价值取向，校训中的"回报"包含着回报国家的思想；

雷锋崇德向善，优秀传统文化推崇"仁爱"原则，社会主义核心价值观提倡人与人之间要"友善"，校训要求师生有"爱心"；

雷锋具有责任担当意识，优秀传统文化强调"天下兴亡，匹夫有责"，社会主义核心价值观倡导"敬业"，校训中最后两字是"责任"。

上述几项工作要一起规划、一起部署、一起抓落实。

（2）践行雷锋精神要将4个载体打造成品牌

一是要深入开展"雷锋志愿者活动"。雷锋精神和志愿者精神是完全吻合的。我们要通过这一载体培养学生的社会责任感和仁爱之心。2013年3月，我校已将所有的志愿者服务队更名为雷锋志愿者服务队，这样更能起到一种典型引领的作用。现在我校已有雷锋志愿者服务基地34个，我们至少要将其扩大一倍，以使每一位大学生都能在一个固定的基地完成一定时数的服务工作。要将基地建设进一步规范化、完善化。

作为一种创新，我们还可设立"流动志愿者岗"（或称"微志愿者岗"），一人一岗、一事一岗，这是一个人员流动、岗位流动的无形的"岗"。此种形式体现的是"天天雷锋""随手公益"精神；倡导的是从身边事做起、从小事做起、像雷锋那样走到哪儿把好事做到哪儿；追求的是"积小善为大善"效应。要设立一套完整的包括评价在内的机制，使之便利操作、效果显著。

二是要继续开展"文明工程创建活动"。文明工程以形成"三礼十无"规范为主要内容。"三礼十无"针对的是前面讲的学生规则意识较差、陋习较多的现象，涉及的是校园里存在的校风学风方面的纪律遵守的问题，是属于补短板的工程，我们期望通过文明工程的创建提升大学生的公德水准。

三是要有效开展"文明修身活动"。该活动载体以清洁校园为主要内容，旨在提高大学生的思想道德素质，尤其是增强他们的责任意识、公德意识、劳动意识、自立意识、环保意识。这是属于前面讲的"扬长"载体，目前这项活动已坚持了7年，要力防在工作中"扫地不弯腰、出工不出力"等流于形式的现象，应加强思想教育和组织管理，要使这项活动对提高大学生上述5方面意识，以及培养他们的吃苦精神、增强他们的意志真正起到应有的作用。

四是在思政理论课"开设雷锋课程"。要将这门课作为弘扬雷锋精神的主渠道，开设此课的目的是让每个学生"知雷锋、爱雷锋、学雷锋、做雷锋"，把自己塑造成人格完善的雷锋式大学生。

课程要精心设计：教材可用《雷锋日记》、习近平总书记系列讲话相关内容，以及介绍雷锋事迹的书籍、报刊等；要提倡学生读原著——《雷锋日记》；任课教师除了思政课老师外，校内可吸纳辅导员、各级党政干部，校外可邀请雷锋生前所在部队的领导、战友及学雷锋先进人物、雷锋精神研究专家等加盟。

这应该是一门实践性很强的课程，强调学了就要做，考核以是否学雷锋见行动，思想觉悟、人格完善上是否有长进作为标准；课内的师生互动必不可少，学生要学会在班级讲雷锋的故事，并经常交流汇报学雷锋的体会。该课还要与第二、第三课堂相结合，与其他三个活动载体同向同行，以形成合力。

前面 3 个载体在我校都有 7 年以上的历史，雷锋进思政理论课也已作过尝试。我们要进一步将这些载体做强做精，使之成为有影响力的品牌。我们还要不断培育行之有效的新品牌。要使这些品牌成为我校育人的拳头产品。

（3）用雷锋精神全员、全程、全方位育人

全员：就是全体教职工都要学雷锋，并要在自己的教书育人、管理育人、服务育人工作中用雷锋精神教育和宣传学生。

全程：就是从学生入学到毕业，要始终贯穿雷锋精神的教育和弘扬。

全方位：就是雷锋精神的教育和弘扬要贯穿到教学、科研、管理等各个领域和学校工作的各个环节，并将雷锋精神融入卓越建桥计划，融入校园文化建设、师德师风建设、校风学风建设，以营造良好育人环境和氛围，将校园建成培育和践行社会主义核心价值观的道德高地、传承中华优秀传统文化和革命文化、社会主义先进文化的精神家园。

要将上述学雷锋的四个方面重点工作做好，关键是学校领导要站在时代和全局的高度，更加重视学雷锋活动，要将其作为育人的根本途径和办学的鲜明特色，纳入学校的总体规划，并放在更加突出的位置，以更大的决心来抓；同时，应有针对这四方面重点工作的细化方案、制度、措施和机制作为保障。如果我们做到这些，我校的学雷锋活动将进入一个新的境界，这也是学校大学生素质教育和人才培养模式的重大突破。与此同时，我们还可总结出一套可复制的学雷锋的经验与做法，推向其他高校，并向社会辐射，这是我们作为在学雷锋方面已先走一步的高校应尽的责任。

03

第三篇

理论探索

雷锋精神具有历久弥新的价值，探究其实质与主旨在当前具有重要意义。建桥人十几年如一日坚持开展学雷锋活动的同时，未曾停止过理论研究的步伐。

本篇中，多名管理者、教师、辅导员从不同视角深入探究雷锋精神的本质内涵，深刻剖析雷锋精神与大学生思想政治工作、构建和谐校园的辩证关系，全面总结我校师生员工学习雷锋的新经验、新做法、新成果，力图为读者展示我们在设计、构建以"雷锋精神"为标识的校园文化中的思考。

雷锋精神融入大学文化建设之探索与思考

何羽①

1. 雷锋精神与上海建桥学院校训内涵关系的具体表现

雷锋作为先进个体的代表，建桥学院作为教育人、培养人、服务人的高等学府，两者关系研究的交集在于人的心灵与精神世界。对个体的心灵与精神世界构成重大影响的，不外乎三种主要关系，即：个体与集体、个体与他人、个体与自我。雷锋精神的主要内涵：

1.1　奉献

这是个体处理与集体的关系时所遵循的基本道德要求。个体与集体之间的关系是互为目的与手段的关系，集体利益的增进需要所有个体的共同努力，在这个努力的过程中，个体利益得以实现。中国特色社会主义核心价值取向不是为了谋求少数人或某个个体的利益，而是为了实现广大人民群众集体的根本利益。在协调解决资源缺乏、社会生产落后与个体不断增长的多元需要之间的主要矛盾的基础之上，才能实现个体利益。解决这一主要矛盾，就需要在公民道德建设中倡导、弘扬个体的奉献精神。奉献精神的主要内容，就是雷锋精神所包含的集体意识、责任意识、团队意识和忠诚意识。

1.2　互助

这是个体在处理与他人的关系时应有的基本道德要求。个体与他人之间关系的性质和内容在不同时期是不同的。相对于计划经济时期较为单一的关系，社会主义市场经济时期，人与人之间的关系错综复杂得多。虽然社会主义市场经济强调个体自立与相互之间的公平竞争，并使当代社会生活高度物质化，但

---

① 何羽，女，1973年3月生，曾任建桥集团、建桥学院办公室副主任、宣传部部长、文明办主任，大专学历，助理编辑，主要研究方向：企业家精神与校园文明文化建设。

是，它仍然需要乐于助人、与人为善的雷锋精神。因为，只有发扬这种精神，才能使这个社会整体得以和谐、可持续发展，从而真正实现个体自立与公平竞争的目的。这种精神表现在人与人之间的互利、合作、共赢意识。互利意识要求个体在处理与他人关系时的准则是利己不损人，不因一己之私而不顾他人利益，更不能损人利己，更不能见义不为、见死不救；而要求利己利人，对他人承担相应的公德责任，给予他人必要的关心和帮助；像雷锋那样觉得"自己活着，就是为了使别人过得更美好"。

1.3 向善

向善意识是个体在处理与自我的关系时应有的基本道德要求。"善文化"是中国传统文化的精髓之一，是源远流长的中华民族贡献于人类文明的精神财富，是一种非常质朴的、属于人类心灵本有的一种积极精神。它在时代发展过程中历久弥新，在各领域广泛实践中日趋丰富、鲜活、多元。当代人崇尚个性独立、关注自身利益，极易出现人性异化、物欲膨胀、价值观错位等问题。但人心向善，大多数人都是朴素善良的，有向善、求善、扬善之心。这种向善意识，要求人们超越物欲，适度抑制物欲膨胀，树立物质文明、精神文明和谐的人生观、成功观、幸福观，像雷锋那样"把有限的生命投入到无限的为人民服务之中去"，使自己的精神有所净化、有所皈依、有所升华。

上海建桥学院校训为"感恩、回报、爱心、责任"，其内涵与雷锋精神高度一致。建桥自诞生第一天起就坚持教育的本质价值，坚持社会主义办学方向，自觉承担起"为学生建成才之桥，为教师建立业之桥，为社会建育人之桥"的使命，并贯穿于办学全过程、各层面。

2. 建桥学院大学文化建设各阶段贯彻雷锋精神的主要举措

2.1 第一阶段：学生奖励项目设立雷锋奖

2005 年 3 月 5 日，建桥学院与抚顺雷锋小学结成友好单位，在雷锋小学设立建桥奖学金，在学院设立金、银、铜质雷锋奖；从发现挖掘身边人、身边事的闪光点做起，评选表彰弘扬雷锋精神好人好事，用以激励全校学生向上向善。此后每年一届。至今已有 2700 余名学生获奖。

设立雷锋奖章的创意，最早是由建桥学院董事长周星增先生提出的。他确立"感恩、回报、爱心、责任"为校训，并以校训内容作为引导，在师生员工中大力倡导做"平凡善者"：弘扬雷锋热爱党、热爱祖国、热爱社会主义的崇高理想和坚定信念，把爱国精神化作服务人民、服务社会、服务时代的满腔热情和实际行动；弘扬雷锋助人为乐、友善包容的厚德品格，努力形成我为人人、人人为我的文明新风；弘扬雷锋干一行爱一行、专一行精一行的敬业精神，渗透在大学生职业素质培养与就业指导工作中；弘扬雷锋艰苦奋斗、勤俭节约、敬业奉献的工作作风，落实在全体教职员工的职业道德、工作守则、业绩考核、干部晋升、队伍建设中；等等。

2.2　第二阶段：十年校庆树立雷锋铜像

2010 年十周年校庆之前，建桥学院面向全国美术专业院校、雕塑单位，广泛征集校园中心雕塑。共收到来自中国美院、上海大学雕塑系、上海油画雕塑院等单位的 30 多套应征方案。以周星增董事长为核心的学院董事会认为：雷锋精神与时代主旋律一致；与建设育人理念一致；与校训内涵一致，最终决定将青年雕塑家司建伟先生创作的雷锋像立为校园中心雕塑。

据了解，中国高校中把雷锋像作为校园中心雕塑的，仅建桥一家。校庆当天，上海市委副书记殷一璀亲临现场揭幕并给予高度评价。

2.3　第三阶段：设立常态化、全覆盖的学雷锋长效机制

2012 年 3 月以来，建桥学院紧紧抓住全国兴起学雷锋热潮的大好契机，将建立学雷锋长效机制纳入校党委主要工作来抓，纳入年度工作要点，围绕"育人"核心，以传承和弘扬雷锋志愿服务精神作为践行校训的主要载体，积极创新内容、形式、渠道，开展丰富多样、贴近实际的学雷锋活动，鼓励并引导大学生在广泛参与志愿服务活动的过程中拓展素质、提高能力。同时，将雷锋特色系列活动纳入德育体系，加以制度保障，使之形成常态化、全覆盖的长效机制。

2012 年 3 月 5 日起，建桥颁发了《深入开展学雷锋活动、弘扬社会主义核心价值观实施方案》，要求全校各单位结合实际工作与专业特色纳入日常管理范畴。主要内容包括：

（1）设立"雷锋日"

将每月第一周的周六定为"雷锋"主题日，引导全校学生结合自身特长和专业优势，深入敬老院、福利院、社区街道等场所，广泛开展敬老爱老、知识传播、环境保护等方面的活动，推动大学生在社会实践中锻炼成长。充分利用易班等信息化平台，组织开展学雷锋主题班日、主题团日、主题党日等活动，鼓励各班级、党团组织、学生社团等通过开展主题演讲、报告座谈、读书征文、文艺演出等活动，引导大学生主动了解雷锋事迹、学习雷锋精神，并积极落实在日常行为中。

（2）打造建桥学雷锋志愿者服务队

依托农民工子弟小学、社区阳光之家、上海科技馆、陆家嘴地铁站等青年志愿者服务基地，成立"建桥学雷锋志愿者服务队"，由校团委分别授予队旗，

实现学校品牌与服务基地的对接，定期进行志愿服务。

（3）成立雷锋学习小组

配合学风建设，各基层团支部将优秀学生和学习困难的学生一对一结成对子或组成学习小组，让优秀学生及时为学习困难的同学提供答疑解惑、友情提醒，帮助纠正不良学习态度与习惯，促进形成良好学风。

（4）倡导"天天雷锋"行动

结合校园文明创建，组织学生志愿者在校园、教室、寝室等公共场所开展校园文明集中倡导活动，倡导从日常小事做起、从我做起、"快乐志愿、随手公益"。着重开展"考试无作弊""宿舍无违章使用电器""大学生交往无不文明行为""不乱扔垃圾"等宣传活动，号召全校学生自觉践行"三礼十无"文明规范，同时强化监督、抽查等制度的实施，减少各种不文明现象。

（5）广泛宣传身边的学雷锋好人好事

《建桥报》、校园网、广播站、易班、宣传橱窗等阵地开设学雷锋专题、专栏，及时发掘、宣传身边的好人好事，大力宣传雷锋奖章获得者、学雷锋标兵的高尚风范和优良品格，用身边人、身边事教育师生，不断增强学雷锋活动的影响力，营造争当先进模范的良好氛围。每年10月，开展评选"建桥十大学雷锋标兵"活动。

（6）纳入大学生素质学分拓展项目，实施《学雷锋志愿者活动学分评分细则》

凡学生参加学雷锋志愿服务活动每累计满30小时，可获取2个学分。学生向校内外媒体投稿（包括文章、照片、视频等），反映建桥学雷锋志愿者活动被录用的，每次可给予0.5~2学分。所获学分可以累加，上不封顶。

（7）机关职能处室与二级学院开展各具特色的学雷锋主题活动

如：继续教育学院党支部与外语学院09英语商务专业党支部结对，以"雷锋同志逝世50周年"为契机，在学校图书馆二楼阅览室建立学雷锋志愿者活动基地，组织继续教育学院全体党员老师与外国语学院09英语商务专业联合党支部全体党员同学及所属的班级同学，每周一次到图书馆二楼阅览室进行打扫及书籍整理工作，定期开展学雷锋志愿者活动，并每月举行一次学雷锋主题班会活动。

（8）学雷锋志愿活动覆盖后勤服务体系

承担全校后勤服务的建桥教育服务公司尽管属于高校后勤服务社会化范畴，但学校仍将其纳入整体范围进行统一部署、要求，并得到教育服务公司干部、员工们的积极响应，现已制订每月一日为全校师生免费提供汽车保养、电脑维修等学雷锋服务，涌现出不少好人好事。

（9）启动"雷锋志愿服务精神融入大学文化建设"专题研究工作

由学校民办高等教育研究所、宣传部、团委、思政理论教学部联合组成"学雷锋志愿服务精神融入大学文化建设"专题研究，对近年来"雷锋进校园"特色德育成果进行梳理、研究，策划校本教材，融入建桥德育课程。

上述系列活动得到越来越多师生的积极响应，也得到上海市教委、社会主流媒体的一致赞扬。2012 年上半年，上海市教委系统内刊与《中国教育报》《文汇报》《解放日报》《新民晚报》、上海教育电视台、东方网等媒体纷纷给予报道宣传。

3. 雷锋精神融入建桥学院大学文化建设的难点与对策思考

上海建桥学院作为一家民办高校，与公办高校相比，更多地面临资源紧缺、人员精减、创新转型等诸多挑战。其主要难点有：

3.1 载体设计的科学性

怎样结合大学特色、体现时代特点，设计出广大师生乐于参与的学雷锋活动载体，使之深入人心、广为传播、自觉行动？怎样避免学雷锋活动项目的趋同性？

3.2 活动开展的有效性

怎样在民办高校各部门、二级学院在人员精干、事务头绪繁多的现实条件下，将学雷锋系列活动做出特色、落到实处，不流于形式或走过场？

笔者以为，应当确立这样的总体思路：立足高校特色，充分整合校内外资源，构建管理、宣传、培训、育人为一体的大德育平台，让学习雷锋行动成为建桥人的自觉行为，并积极向全社会辐射、推广。

今后将紧密结合教育教学规律、时代特色与建桥大学生特点，让雷锋精神有机融入人才培养、科学研究、社会服务、文化传承创新等大学四大功能建设，在高校育人中心任务中突显社会主义核心价值观。在推动办学特色形成与内涵建设发展的同时，充分发掘自身优势，整合学校自 2000 年以来先后在外省市捐建 30 多所希望小学的基地资源，将建桥希望小学校团委和各二级学院分团委挂钩结对，培育一批有特色、有活力的志愿服务项目，如：组织支教互动与文化交流等活动，推动学雷锋活动向外省市、特别是贫困落后地区省市发展，加大社会主义核心价值观的辐射力、影响力，积极发挥高校文化引领作用。同时，充分发掘高校特点、校内资源进行创新整合，如：利用校园视觉识别系统纳入艺术设计学院课程体系的契机，将雷锋广场布置任务交给艺术设计专业师生来承担，引导师生在完成学业的过程中，接受雷锋精神的滋养。特色办公用品设计（如雷锋格言进入笔记本、书签、办公室座右铭等），使雷锋精神充盈整个校园。结合师德建设，在教师中增设雷锋奖，推动全体教师、党员干部身体力行，率先垂范，从而带动师风、党风、学风建设。

弘扬雷锋精神与民办高校大学生
社会主义核心价值观教育

宋艳华①

1. 对民办高校大学生进行社会主义核心价值观教育的必要性

1.1　社会主义核心价值观的内涵

价值观是人们心目中关于某类事物的价值的基本看法、总的观念，表现为人们对该类事物相对稳定的信念、信仰、理想等，是人们对该类事物的价值取舍模式和指导主体行为的价值追求模式。所谓核心价值观就是在社会价值体系中起主导和支配作用的价值观，是一种社会制度长期普遍遵循的基本价值准则，是整个价值体系中最基础、最核心的部分，代表着价值体系的基本特征，体现着价值体系的基本价值倾向。

社会主义核心价值观，是社会主义价值体系中最基础、最核心的部分，是我们民族长期秉承的反映社会主义本质和建设规律的根本原则和价值观念的理性集结体。它支撑着我们在建设社会主义长期实践中的行为指向和行为准则，从而在更深层次影响着我们在建设中国特色社会主义伟大征程中的思想方法与行为方式。不过，如何表述社会主义核心价值观是近年来学术界研究的热点之一。目前学术界共提出了60余种有关社会主义核心价值观的看法或表述，其中笔者比较认同清华大学高校德育研究中心吴倬教授的观点。吴教授认为，社会主义核心价值观具体表现为中国特色社会主义、共产主义的社会政治理想，为人民服务的人生观，坚持真理、崇尚科学的科学观，集体主义的道德观，真善美相统一的健康高尚的审美观②。

---

① 宋艳华（1976—），女，河北秦皇岛人，通识教育学院院长，哲学硕士，副教授，研究方向：马克思主义中国化。

② 杨兴林：《社会主义核心价值观的研究现状与思考》，载《理论探索》，2010年第1期。

1.2　民办高校大学生的价值观现状

在当前形势下，民办高校大学生具有怎样的价值观呢？2010年，笔者以问卷调查的方式对5所民办高校和2所公办高校大学生的政治观、道德观、人生观进行了比较研究。我们对民办高校大学生的价值观现状总结为如下内容。

（1）人生观现状：趋向功利化

调查数据显示，民办高校学生在"价值标准""奋斗原因""择业标准""希望就业单位性质"及"重要价值选择排序"这五个方面，在整体趋向上与公办高校学生的选择是基本一致的，但就每个项目的具体分析对比来看，又表现出明显的差异性。如，在"价值标准"的选择上，六成以上学生都选择了"自我价值实现程度"这一标准，这与公办高校学生的整体选择趋向上基本一致，但也体现了一定的差别，那就是民办比公办高校学生低近10个百分点；相反，在"金钱的多少"与"社会地位高低"这两个选项中，民办高校学生又较大幅度的高于公办高校；又如，在奋斗原因的选择上，选择"赚大钱"的民办高校学生人数比例高达18.4%，高出公办高校的7.7%近11个百分点；再如，在"择业标准"方面，民办高校学生选择"经济收入"的占48.3%，高出公办高校学生（37.5%）11个百分点。

通过上述对比分析，我们可以明显发现，民办高校有相当部分学生的人生价值观过度趋向功利化，有待加强引导。

（2）道德观现状：社会公德意识有待提升

调查数据显示，民办高校学生的日常道德意识与公办高校学生相比要差一些。如在对"考试作弊行为是否道德"的认知上，持肯定态度的民办高校学生人数比公办高校低6个百分点；在"节水节电意识"方面，民办高校学生比公办高校学生低近10个百分点；在"服务他人"方面，有10个百分点的差距；在"遵守七不规范"方面也有4个百分点的差距。纵观这些统计数据，我们发现民办高校学生在道德观中的社会公德方面的意识与公办高校差距较大，而在家庭道德方面与公办高校虽有一定差距，但差距不是很明显。因此，加强对民办高校学生社会公德意识的教育和培养，是当前不容忽视的一个重要问题。

（3）政治观现状：积极与消极并存，积极是主流

政治价值观方面，主要就学生的政治态度、对主流政治价值观认知、获得政治认知的基本途径和政治参与、政治目的等方面进行了调查。从所得数据可以看出，目前大学生对政治的态度总体比较冷淡，无论对政治热点问题的关注度，还是政治热情，都比较低，只有40%左右、有的甚至更低。如对一年一度的国家重大政治会议"两会"的关注度，表示"相当关注"和"关注"的只有

25%。这方面，公办高校和民办高校的整体差别不大。

而在主流政治价值观的认知方面，60%以上的学生都比较认同主流政治价值观。虽然超过六成的学生认同主流价值观，但也可以看到，学生对一般意义上的民主自由观念的认同度也比较高，在60%以上。比如从学生对反映我国主流政治价值观的根本政治制度——人民代表大会制度的程度上可以看出，学生所理解的民主的倾向性。这一点是不容忽视的。再者，从相关调查项目反映的数据可以看出，民办高校学生的政治认知水平比公办高校学生要低，在对相关重大政治事件和制度的认知和评价方面，还表现出理论和知识上的差距。如在对"东欧剧变""反华、辱华"事件的认知和评价上，民办高校学生的政治认知水平要低于公办高校。

学生获取政治认知的基本途径，主要是主流媒体和国内门户网站。思政课对学生政治认知的影响相对较弱。因此，有必要再进一步提升思政课对学生政治认知的影响力。

参与意识总体上较强也较理性，但参与的途径和方式还比较单一，主要是通过网络和朋友间的讨论，来表达自己的政治意见，而其他途径则显缺乏。这反映出大学生参与政治的途径还缺乏多样化的渠道。这方面，公办高校比民办高校稍好。

从调查数据可以看出，学生参与政治的功利目的较强。比如对提交入党申请书的学生中，入党动机方面选择"为了就业"和"为了荣耀和满足"占到27.2%，比公办高校高出近8个百分点。选择"信仰共产主义"的占12.9%，比公办高校低2个百分点。这一方面反映出民办高校学生就业确实比较艰难，希望通过入党为自己的就业增添机会，但另一方面也反映出民办高校学生政治参与的功利性也比较强。

1.3　对民办高校大学生进行社会主义核心价值观教育的必要性

通过对民办高校大学生价值观现状的调查发现，在民办高校学生中，有的学生接受了个人主义、实用主义等西方价值观，部分青年学生出现主体意识畸形发展、价值信仰迷失、思想混乱、价值观念错位、行为失范的现象和趋势。如果没有社会主义核心价值观作为大学生的精神内核，学生的价值观危机将会更加严重。强国必先强民，强民必先强魂，而青年强则国强。当代青年学生担负着建设社会主义和谐社会和实现社会主义现代化的重任。没有社会主义核心价值观作为当代青年学生的精神支柱，就不可能有合格的社会主义接班人。因此，加强大学生社会主义核心价值观教育已经成为构建社会主义和谐社会的必然要求，成为加强与巩固当代青年学生对社会主义、马克思主义认同感的迫切要求。同时，加强大学生社会主义核心价值观教育也有利于青年学生形成良好的价值判断和价值分析能力，提高思想品德素质。因此，我们应当从社会主义和谐社会建设的大局出发，正视大学生存在的价值观问题，高度重视大学生的社会主义核心价值观教育。

2. 雷锋是社会主义核心价值观的人格化代表

雷锋与雷锋精神出现和形成于 20 世纪 60 年代。雷锋在老家湖南望城当过推土机手，后来到抚顺当工人，1960 年加入中国人民解放军。在入伍不到三年的时间里，他荣立二等功一次、三等功两次，被评为节约标兵，荣获模范共青团员称号。年轻的雷锋离开我们半个多世纪了，雷锋精神却成为不断传承、历久弥新的民族精神财富，成为影响熏陶社会民众、标识引领道德风尚的一面旗帜。雷锋精神之所以能激励和影响了几代人，是因为雷锋身上体现了千百年来人们一直追求的一种精神：为他人无私奉献，像钉子一样勤奋钻研，像螺丝钉一样敬业爱岗，这在人类历史的任何年代都不会过时。

雷锋精神的本质内涵集中体现在以下四个方面：

一是服务人民、助人为乐的奉献精神。"一滴水只有放进大海里才永远不会干涸，一个人只有当他把自己和集体事业融合在一起的时候才能最有力量"雷锋平凡而伟大的一生，就是为党和人民无私奉献的一生。"以服务人民为荣、以背离人民为耻""以团结互助为荣、以损人利己为耻"，是社会主义核心价值体系对思想道德建设的基本要求。雷锋精神虽与社会主义核心价值体系的产生时代不同，但在人类社会共同追求的价值理念上，两者实现了跨越时空的精神对接。

二是干一行爱一行、专一行精一行的敬业精神。雷锋是爱岗敬业、尽忠职守的标兵。"以辛勤劳动为荣、以好逸恶劳为耻"，是中华民族的传统美德，是社会主义核心价值体系所倡导的社会风尚。这与雷锋"一行爱一行、专一行精一行"的"螺丝钉精神"，具有高度的吻合性。

三是锐意进取、自强不息的创新精神。雷锋坚持把学习当成一种人生追求，无论时间再紧、任务再重，总是如饥似渴地刻苦学习，并把所学知识充分地运用于本职工作，在创新中谋实招、出绝活。雷锋在学习和工作上永不满足、永不懈怠，体现了一种锐意进取、自强不息的创新精神。弘扬以改革创新为核心的伟大时代精神，更需要锐意进取、自强不息。有了这种精神，就能在工作中勇于创新、在困难面前愈挫愈勇。

四是艰苦奋斗、勤俭节约的创业精神。雷锋自觉发扬艰苦奋斗、勤俭节约的传统美德，注意节约每一分钱、干好每一件事。经过 30 多年的改革开放，我国经济总量已跃居世界第二，全国人民已健步迈入小康社会。但物质生活越富有，精神越不能颓废。正是基于此，党把"以艰苦奋斗为荣、以骄奢淫逸为耻"作为社会主义核心价值体系的重要内容来提倡和追求。这更进一步说明，雷锋"艰苦奋斗、勤俭节约"的美德和崇高精神，具有鲜明的时代性和广泛的传承性①。

由此可以看出，雷锋是践行社会主义核心价值体系、社会主义核心价值观的典范。

3. 弘扬雷锋精神是对民办高校大学生进行社会主义核心价值观教育的有效途径

学校是开展学雷锋活动的主要依托，青少年是弘扬雷锋精神的主要群体，要把学雷锋活动与加强未成年人思想道德建设与大学生思想政治教育结合起来，把弘扬雷锋精神作为校园文化建设的主要内容，坚持不懈地在青少年中开展雷锋精神和雷锋精神的学习教育，将学雷锋活动作为对大学生进行社会主义核心价值观的重要载体。

3.1 榜样法是进行社会主义核心价值观教育的有效途径

社会主义核心价值体系和核心价值观若想被广大群众尤其是大学生所接受和认可，仅仅依靠行政手段、法制规范、政治说教是远远不够的。树立典型，塑造目标，形成"标杆"，以正面力量产生社会教化的作用，是一种有效途径和手段。雷锋身上集中体现了中华民族的传统美德，赋予社会主义核心价值观以鲜活的精神力量和人格魅力。20 世纪下半叶，中央号召学雷锋一共有两次：1963 年 3 月 5 日，毛泽东发出号召，从当年到 1965 年掀起高潮，社会风气非常好。第二次是在十三届六中全会上，再次号召学雷锋，全体党员和党的干部都要带头学雷锋，一切为群众着想，做人民的公仆，从 1990 年到 1993 年又是学雷锋的 个高潮，社会风气有所好转。放眼世界，榜样法在其他国家也是普遍采用的一种有效的价值观教育的方式。比如价值观教育比较成功的美国，在宪法中明文规定：尊重、责任心、可靠、关心、公平、正义、守法等，成为美国公民的基本价值观。榜样法是被美国学校广泛应用的一种价值观教育方法。美国学校一般每年都会邀请社会名流、成功人士、知名校友、明星、有先进事迹的

---

① 周治平、王蔚：《雷锋精神效用与社会主义核心价值体系构建》，载《重庆社会科学》，2012 年第 3 期。

人物到学校参加或举办活动，为学生提供效仿的模范，使学生在思想与行为中习得社会所倡导的价值观①。

3.2　思政课教师在大学生中宣传雷锋精神的原则

（1）坚持实践化原则

思想政治理论课是对学生进行社会主义核心价值观教育的主渠道，思政课教师也应该是在学生中宣传雷锋精神的主力军。但是，笔者在对民办高校学生价值观现状进行调查的过程中却发现，在接受价值观教育的途径选择方面，学生选择最多的是"讲座""活动"和"电视广播等传媒宣传"，对传统的"讲课"方式的支持度较低。这说明学生对传统上思政课只通过"讲课"这种单一的模式进行宣传教育是不满意的，希望有多元化的接受教育途径，这就要求思政课教师必须寻找新的途径对学生进行社会主义核心价值观教育。弘扬雷锋精神，思政课教师绝对不能陷入误区，认为只要在课堂上宣讲雷锋的先进事迹就可以了。事实上，弘扬雷锋精神的目的绝不只是让学生知晓雷锋的先进事迹，更重要的是去践行，用实际行动来诠释新时代的雷锋精神。所以，思政课教师应该将社会实践作为弘扬雷锋精神和对学生进行社会主义核心价值观教育的重要途径。实践证明，社会实践可以使学生更好地了解国情、市情和民情，增强学生的社会责任感，增强学生服务人民和服务社会的能力。

在具体的教学实践中，上海建桥学院思政部大力推进社会实践，围绕"我与和谐校园的构建"和"我与和谐社会的构建"两个主题设计了20余个选题供学生选择。通过设置"改革前与改革后家庭生活状况的变迁""我与父母比童年"等选题使学生在调查之后充分认识到改革开放是决定中国命运的关键抉择，从而认同中国特色社会主义共同理想；通过设置"走进上海郊区的某个村镇，调查当地建设新农村的最新进展"等选题使学生在调查之后理解构建社会主义新农村的必要性和可能性；通过设置"上海市文化古迹生存状况调查""上海市60岁以上老人生存状况调查""上海市湿地保护状况调查"等选题使学生通过调查充分认识到构建社会主义和谐社会的必要性和紧迫性；通过设置"走进幼儿园、科技馆、敬老院等机构，为需要帮助的人做点事"等选题，使学生走出校门做志愿者，培养学生的社会责任感，同时也使其体会奉献的快乐。

（2）坚持生活化原则

著名教育家陶行知先生指出："是生活就是教育；是好生活就是好教育，是

---

① 梁永艺：《美国学校价值观教育及其对我国青年学生社会主义核心价值观教育的启示》，载《河池学院学报》，2010年第2期。

坏生活就是坏教育；不是生活就不是教育。"① 生活是价值观的沃土，生活的过程就是价值观形成的过程。真实有效的价值观教育，必须从生活出发。我们要充分利用生活中的一切积极因素，引导大学生在探究生活的意义、思考人生的价值中，不断提升自己的生活质量。

一方面，在选择案例时要坚持贴近生活的原则，挖掘学校学雷锋活动中积累的校本资源。榜样有两种，一种是人为的榜样，一般是社会组织根据自己的需要和道德价值观对某人进行加工、包装和宣传，倡导公众向其学习。公众一般都知道人为树立的榜样是为了什么目的而出现的，因此可能对其真实性和所附带的价值采取排斥的态度。雷锋作为一个处于和平时期社会主义建设中的普通战士，他在生活和工作中没有惊天伟业，却在平凡中展现伟大。雷锋精神不是说教，它通过一个常人对待工作、生活和人生旅程中的点点滴滴小事，展示了如何做人、如何做事、如何对待他人、社会和自己的道理。所以，在课堂上宣讲雷锋精神时不要将雷锋描述为一个高、大、全的道德楷模，而要将其还原为一个平凡的善者，这样的宣传才不会激起学生的反感。另一种榜样是生活中的榜样，这类榜样不是别人树立的，也不是自封的，而是在生活中自然形成的，有着很高的道德教育和道德学习价值。这就要求思政课教师在宣传雷锋精神时，一定要注意挖掘校本资源。校本资源就是指某所学校所拥有的、能够满足学校教育、教学发展需要的各种有形和无形的要素来源。其中，有形资源包括人力资源、物质资源等，无形资源包括活动资源、信息资源等。上海建桥学院在开展学雷锋的过程中，涌现出一大批学雷锋的典型，这些生活中的榜样更容易引起学生的共鸣和效仿。

另一方面，要突出生活教育观，树立多层次、多渠道、全方位的大德育理念，坚持家庭生活、学校生活与社会生活相结合，物理的现实生活与虚拟的网络生活相结合，使以学雷锋为载体的核心价值观教育进课堂、进网络、进社团、进学生的生活社区。

---

① 　陶行知：《中国教育改造》，东方出版社 1996 年版。

认知，实践，传播

——弘扬雷锋精神，培育践行社会主义核心价值观路径探讨

陈佳寒①

党的十八大报告强调指出："倡导富强、民主、文明、和谐，倡导自由、平等、公正、法治，倡导爱国、敬业、诚信、友善，积极培育和践行社会主义核心价值观。②"正确理解社会主义核心价值观的内涵，深刻把握积极培育和践行社会主义核心价值观的重要性，对于推进社会主义核心价值体系建设，用社会主义核心价值体系引领社会思潮、凝聚社会共识，具有重要的理论意义和实践意义。

20 世纪 60 年代开始的学雷锋活动是培育、践行社会主义核心价值观的重要抓手。雷锋是中华民族在社会主义建设时期涌现出来的先进人物和精神楷模，雷锋精神是历久弥新的民族精神财富，是影响熏陶社会民众、标识引领道德风尚的一面旗帜。雷锋精神所蕴含的爱党爱祖国爱社会主义、全心全意为人民服务、履行义务、恪尽职守等内容恰恰是社会主义核心价值体系的生动体现。学雷锋运动就是宣传普及社会主义核心价值体系的生动实践。

1. 雷锋精神的由来

雷锋，原名雷正兴，1940 年 12 月 18 日出生于湖南省望城县一个贫苦农民家庭，因家中发生变故，他 7 岁时就成了孤儿。新中国成立后，在党和政府的关怀下，雷锋免费进入小学读书，参加过儿童团、少先队，继而入团、参军、入党。在部队生涯中，他荣立二等功一次、三等功两次，被团、营嘉奖多次，并被评为所在军区的先进典型，《解放军报》《中国青年报》曾等多次刊登过他

---

① 陈佳寒，女，1982 年 11 月生，校宣传部干事，博士，讲师，主要研究方向：世界史。
② 《胡锦涛在中国共产党第十八次全国代表大会上的报告》，载《人民日报》，2012 年 11 月 18 日。

的事迹。雷锋于 1962 年 8 月 15 日不幸因公殉职，年仅 22 岁。毛泽东主席的亲笔题词"向雷锋同志学习"在 1963 年 3 月 5 日的《人民日报》上发表后，一场声势浩大的"学雷锋活动"在全国展开。半个多世纪以来，在不同历史时期，人们对雷锋精神的解读、诠释也有所不同。

　　20 世纪 60 年代，周恩来对雷锋的题词"向雷锋同志学习：憎爱分明的阶级立场，言行一致的革命精神，公而忘私的共产主义风格，奋不顾身的无产阶级斗志①"，既把毛泽东"向雷锋同志学习"的号召具化为可操作的行动原则，又精辟、全面地概括了当时人们理解的雷锋精神内涵，即"阶级性、实践性、无私性、崇高性"的统一②。关于应该如何学雷锋，毛泽东在给雷锋题词过后，还向其秘书说过，学习雷锋，不是学他哪一两件事迹，也不只是学他的某一方面的优点，而是学他的好思想、好作风、好品德；学习他长期一贯地做好事，而不做坏事；学习他一切从人民利益出发，全心全意为人民服务的精神。概而言之，对 20 世纪的"60 后"来说，"雷锋精神"就是"真善美"的具象化，"学雷锋"就是要成为一个"好人"——自力更生，埋头苦干，艰苦奋斗，无私奉献，全心全意为人民服务，同时"忠于党，忠于毛主席"，养成爱憎分明的阶级意识。

　　"文革"期间，"学雷锋"的重心在于，突出学习其鲜明的阶级立场和爱憎分明的革命精神，正如《学习雷锋好榜样》这首歌里唱的："忠于革命忠于党，爱憎分明不忘本，立场坚定斗志强……""不忘本"成为当时群众常常挂在嘴边的话。

　　1978 年，党的十一届三中全会后，"雷锋精神"中的革命色彩、阶级立场被一定程度地弱化，"学雷锋"的重心转向两方面：一是"一切行动听指挥"，"做一颗永不生锈的螺丝钉"，同时发扬刻苦学习的"钉子精神"，突出集体主义和雷锋精神在实际工作中的应用，倡导广大人民利用丁点零碎的时间不断学习，提高业务水平和业务能力。二是把"学雷锋"与"五讲四美三热爱"结合起来，在全国范围内开展"学雷锋，树新风"活动。

　　1990 年 3 月，党的十三届六中全会通过《中共中央关于加强党同人民群众联系的决定》，要求全体党员带头学习雷锋。1993 年 3 月，江泽民在"全国学雷锋先进代表座谈会"上将雷锋精神概括为：全心全意为人民服务的思想，爱国主义、集体主义和坚定的社会主义信念，艰苦奋斗、勤俭节约的优良作风，努

---

① 《解放军报》，1963 年 3 月 6 日。
② 陈曦：《论雷锋奉献精神》，载《中央党校》，2014 年第 4 期。

力学习、刻苦钻研的"钉子"精神，立足于本职、忠于职守、勤勉敬业、精益求精的"螺丝钉"精神。此后，江泽民结合贯彻落实十四大精神和实现 20 世纪 90 年代改革建设宏伟目标，从"向雷锋学什么"的角度对雷锋精神的内涵进行了概括，指出："处在这样一个伟大的变革时代，面对这样艰巨的历史重任，我们更加需要艰苦创业、积极进取、自强不息、奋力拼搏的奉献精神，更加需要顾全大局、忠于职守、克己奉公、处处以国家和集体利益为重的主人翁态度，更加需要相互尊重、助人为乐、诚实守信、和谐融洽的良好社会风尚。而这些正是雷锋精神所具有的丰富内涵。"① 这一概括深刻体现了雷锋精神与党的十四大精神和时代发展的契合。

进入 21 世纪，中共中央高度重视民族精神和时代精神培育，使雷锋精神的内涵不断丰富发展。李长春同志在纪念学雷锋活动开展 40 周年大会上的讲话中对雷锋精神的内容进行了详细阐释，指出："学习雷锋，就要牢固树立远大理想，就要发奋学习科学文化，就要始终坚持艰苦奋斗，就要大力弘扬文明新风。"②

在党的第十七次全国代表大会上，胡锦涛同志号召全党"大力弘扬爱国主义、集体主义、社会主义思想，以增强诚信意识为重点，加强社会公德、职业道德、家庭美德、个人品德建设，发挥道德模范榜样作用，引导人们自觉履行法定义务、社会责任、家庭责任"③。党中央还明确提出，"学雷锋活动必须适应改革开放和现代化建设的需要，结合现实生活中出现的新情况、新问题，对活动的内容和方式等不断改进、创新和完善。为深刻转型的社会构建一个精神家园"。

2012 年 3 月 2 日，李长春同志在全国深入开展学雷锋活动座谈会上再次强调："雷锋精神是党和人民极为宝贵的精神财富，是以爱国主义为核心的民族精神和以改革创新为核心的时代精神的重要组成部分，是建设社会主义核心价值体系的丰厚精神资源。在新的历史条件下弘扬雷锋精神，就要学习雷锋爱党爱国的坚定信念，激励人们成为中国特色社会主义共同理想的坚定信仰者；就要学习雷锋助人为乐的宝贵品格，激励人们成为社会主义道德规范的模范践行者；就要学习雷锋敬业奉献的高尚情操，激励人们成为社会主义现代化事业的优秀

---

① 胡锦涛在纪念毛泽东等老一辈革命家为雷锋同志题词三十周年大会上的讲话。

② 李长春：《在纪念学雷锋活动 40 周年大会上的讲话》，载《光明日报》，2003 年 2 月 27 日。

③ 胡锦涛：《在中国共产党第十七次全国代表大会上的报告》，2007 年 10 月 15 日。

建设者；就要学习雷锋锐意创新的进取精神，激励人们成为建设创新型国家的自觉推动者；就要学习雷锋艰苦奋斗的优良作风，激励人们成为全面建设小康社会的积极创业者。"[1] 同时期，中央办公厅印发了《关于深入开展学雷锋活动的意见》，强调当前要"大力弘扬雷锋热爱党、热爱祖国、热爱社会主义的崇高理想和坚定信念，服务人民、助人为乐的奉献精神，干一行爱一行、专一行精一行的敬业精神，锐意进取、自强不息的创新精神，艰苦奋斗、勤俭节约的创业精神"[2]。党的十七届六中全会又一次向全国人民发出号召：深入开展学雷锋活动，推动学雷锋活动走向常态化，大力弘扬雷锋精神，促进社会主义核心价值体系建设，不断提升公民道德素质和社会文明程度。

2013 年 3 月 5 日，习近平总书记在第十二届全国人民代表大会第一次会议中，参加辽宁代表团审议时，提出雷锋身上具有"信念的能量、大爱的胸怀、忘我的精神、进取的锐气"，并认为这是"我们民族精神的最好写照"[3]。这简洁精练地概括了雷锋精神的亮点，为普通老百姓向雷锋同志学习指明了具体方向。党的十八大进一步强调，推动学雷锋活动、学习道德模范常态化。

2. 雷锋精神的时代内涵、与社会主义核心价值观的联系

通过对半个多世纪以来学雷锋活动的梳理，我们不难发现：雷锋精神的强大生命力，就在于它始终与时代的社会需求相对接，总是在回答和解决时代所面临的历史性课题中不断充实、完善和发展的。雷锋精神从来就不是一种凝固僵化的道德教条，而是坚持把体现民族传统、顺应时代潮流的思想观念融入其中，是一个与时俱进的精神标杆，是跨越世纪的宝贵财富。我们今天所提倡和坚持的雷锋精神，既是对雷锋事迹所表现出来的先进思想、道德观念和崇高品质的总结，又是不同时期学雷锋实践成果的结晶。时代不断赋予雷锋精神新的内涵，概括起来说，雷锋精神的科学内涵主要有：

一是热爱党、热爱祖国、热爱社会主义的理想信念。雷锋始终保持着对党、对国家、对社会主义的热爱，将其放在第一位。雷锋的一生具有无比坚定的社会主义理想信念，时刻准备着为共产主义事业奋斗终生，这是雷锋成为一名优秀共产主义战士的政治基础。正是热爱党、热爱祖国、热爱社会主义的理想信

---

[1]　李长春：《在全国深入开展学雷锋活动座谈会上的讲话》，载《人民日报》，2012 年 3 月 3 日。

[2]　新华社：《深入开展学雷锋活动》，载《人民日报》，2012 年 3 月 3 日。

[3]　廖言：《为梦想铸魂》，载《人民日报》，2013 年 3 月 8 日。

念，使他能自觉地把个人的进步与追求同党的事业，同国家的命运，同民族的前途紧密联系起来，为国家社会的繁荣昌盛、发展进步，贡献了自己的全部智慧和力量。

二是服务人民、助人为乐的奉献精神。雷锋坚持把有限的生命投入到无限的为人民服务中，每当国家利益遭受到损失，他总是忧心如焚，能奋不顾身挺身而出；每当人民群众面临困难，他总是伸出援手，能倾力相助毫不犹豫，始终用具体行动，履行着一个公民的神圣责任，实践着一名共产党员的庄严承诺。服务人民、助人为乐使雷锋精神具有感动人心的道德力量和温暖社会的道德温度。雷锋精神的一个典型特点，就是在服务人民中体验最大的幸福，在帮助他人时感受最大的快乐，这也是当今社会值得每个人去继承和弘扬的一种优秀崇高的品德。

三是干一行爱一行、专一行精一行的敬业精神。雷锋生前从事过多种不同的职业，他始终坚持干一行热爱一行、努力做到干一行精通一行。雷锋堪称爱岗敬业的典范，他自觉服从和服务于社会主义建设的需要，立足本职、忠于职守、兢兢业业、精益求精，以高度的敬业精神、出色的工作业绩，赢得了几代人的赞誉和尊敬。

四是锐意进取、自强不息的创新精神。雷锋身上始终充满了创新的动力，洋溢着进取的激情，一直坚持着积极向上的人生态度、勇往直前的奋进意志；他在学习中永不停步、永不满足，在工作中力求上进、从不懈怠，在成绩和荣誉面前谦虚谨慎、不骄不躁，在困难和挑战面前越挫越勇、乐观进取。雷锋正是通过创新的精神和进取的意志，不断实现自己的人生理想。

随着时代的发展，雷锋精神的内涵不断丰富，在当代显示出其特殊价值。一方面，它为构建人与人之间的和谐关系，形成社会的良好道德体系，确立了一定的标准。以之为参照，人们能更好地协调个人、社会、国家之间的关系，通过诚信友善、服务奉献，提高个人道德水平，促进社会道德进步，建设和谐与文明的社会生活。另一方面，它为推进中国特色社会主义的全面发展，树立起坚定的信仰，凝聚起前进的合力，引导人们在爱岗敬业、热爱祖国、报效祖国的过程中，追求高尚的精神信仰和崇高的理想信念。作为公民层面的社会主义核心价值观，"爱国，敬业，诚信，友善"不仅体现了国家的本质规定和社会的根本要求，同时也为每个公民提供了基本的道德规范和行为准则，有助于规范公民的行为和提升公民的思想道德境界，对新形势下妥善处理个人与国家、个人与社会、个人与他人的关系具有引导作用，对于凝聚人心、积聚力量，对于全面推进我国社会主义建设事业，都具有十分重要的意义。可见，雷锋精神的内涵，生动地体现了公民层面社会主义核心价值观的本质，二者是一致的。雷锋精神在中国社会的普及程度和影响范围是独一无二的。弘扬雷锋精神，对践行公民层面的社会主义核心价值观，发挥着无可比拟的作用，拥有着得天独厚的优势。同时，将雷锋精神融入社会主义核心价值观，也会对雷锋精神的继续发扬光大产生巨大作用。不论是弘扬雷锋精神，还是践行公民层面的社会主义核心价值观，其目的殊途同归，都是为了凝聚人心，引领风尚，深化改革开放，推进中国特色社会主义建设事业①。

3. "认知—实践—传播"路径的应用

"认知——实践——传播"是在校园中深入弘扬雷锋精神，培育践行社会主义核心价值观的有效路径。"认知——实践——传播"路径对应了学生认识、践行雷锋精神"入脑——入心——入行"的过程。

3.1 "认知——入脑"阶段

聚焦雷锋精神的认知培育，使学生了解、感知雷锋精神。这一阶段，对雷锋与雷锋精神的全面认知是基础。应使学生认识到：雷锋在做好事、给别人带来温暖的同时，也是一名先进标兵——在望城县委工作期间，被评为县委机关工作模范与治沩模范；在鞍钢化工总厂期间，出席鞍钢市青年社会主义建设积极分子代表大会；参军期间，荣立二等功一次，三等功二次，受团、营嘉奖多次，被授予"模范共青团员"等荣誉称号，还被选为抚顺市人民代表。可见，雷锋积极主动，爱岗敬业，每到一个新岗位，不仅以极大的热情投入工作，而且善于树立目标，钻研业务，提升能力，总能在短时间内做出成绩。所以，倡导学生学雷锋也不是单纯地"做好事"，更是要做一个"好人"，成为一个优秀的人，在做好自己的基础上帮助别人。对"感恩之情"的体悟是关键。新中国使雷锋摆脱贫苦，吃饱穿暖，上学读书，这使他对党和政府产生了强烈的感激之情，对新中国产生了强烈的归属感，正是这样的感情促使他不断积极上进，回报社会。所以说，产生"感恩之情"是雷锋精神产生的原始起点。在这种强烈的感情驱使下，雷锋自觉接受马克思主义理论的指导，刻苦学习《毛泽东选集》等理论著作并学以致用，在伟大的社会主义实践中加以检验，言行一致、德才统一。因此，倡导学生学雷锋，也要从学生的日常学习、生活中挖掘这样的"原始起点"，使学生体悟到"感恩之情"。思政课"实践教学"是开展学雷锋德育的有效途径。建桥思政课实践教学由感恩教育、志愿服务、社会调研三

---

① 李南君：《雷锋精神对构建社会主义核心价值体系的作用》，吉林大学，2013 年。

个环节组成。感恩教育旨在使学生体悟父母的养育之恩，认识自己肩负的家庭责任。新生入学后第四周，经历了军训与独立生活的第一个月，容易产生别样的感慨。思政课教师抓住这一心理特点，将 "暴走妈妈" 等社会案例与学生高考、离家求学等人生经历结合，在课堂中开展感恩教育，要求学生写 "感恩信"，将手稿寄给父母，将电子稿作为作业上交。通过引导，学生意识到：入学前，自己长期处于高考压力下，在家庭生活中往往以自我为中心，忽视父母的辛劳付出，甚至与之产生矛盾。通过书信，学生反思了过去的幼稚和任性，第一次对父母说出 "我爱你们"，在感激父母抚育的同时畅谈人生规划，对未来做出承诺。志愿服务旨在加深学生对社会的认识，使他们将家庭责任感上升为社会责任感。在感恩父母基础上，学生到养老院、福利院、残障人士养护院等机构服务，记录心得，将接受感恩教育、撰写 "感恩信" 过程中体会到的爱传递给弱势群体，树立关怀他人、回报社会的责任意识。社会调研内容包括重大革命历史事件、国际关系、改革开放建设成果、非物质文化遗产保护与传承、社会公德建设、社会主义生态文明建设、大学生就业创业情况等方面，旨在让学生运用课堂中学到的理论知识，对国家发展的各个层面展开调查研究，深入了解新中国成立以来的建设成就，认同社会主义核心价值体系。"感恩教育——志愿服务——社会调研" 这样的教学过程，以学生对父母感恩、对家庭负责为起点，逐渐延伸到对社会、国家的关怀，暗合了雷锋精神产生、发展的心理过程；可将对雷锋精神的弘扬融入这一过程，把学生对父母家庭的感恩作为培养学生认识、践行雷锋精神的起点，在每个环节进行有意识的引导，促使学生将自己正在经历的情感体验、正在进行的实践活动与雷锋的精力、生平联系起来，强化他们对雷锋精神的认同。

3.2 "入心——践行" 阶段

引导学生学习雷锋的 "钉子精神"，刻苦学习，提升自己的职业素养、专业能力；同时聚焦新时代雷锋精神的践行，弘扬服务人民、助人为乐的奉献精神。这一阶段，雷锋奖章及各类奖项评选是有效的激励措施。2005 年起，建桥设立金、银、铜质 "雷锋奖章"，鼓励学生在见义勇为、义务献血、帮困助学、服务社会等方面做出成绩，目前已有 5700 余人获奖。今后，可适当调整评奖标准，在一定时间范围内，考察同学们的学习成绩、专业能力取得何种程度的进步，他们凭借专业能力为校内外提供了多少服务等。长效化、常态化的学雷锋机制是平台。2005 年以来，建桥先后打造上海科技馆、上海博物馆、临港养护院、紫罗兰小学、轨道交通 2 号线等 30 多个志愿服务基地，年平均志愿服务 5000 人次左右；2016 年，学校共有 5297 名志愿者，总服务时长达到 146388 小时，人均 27.6 小时。今后，可进一步将志愿活动专业化，使学生既帮助别人的同时提升自己的专业能力，并与"入行——传播"阶段无缝对接。

3.3 "入行——传播"阶段

把毕业生的培养与学校人才培养目标、新时代雷锋精神内涵结合，精准对接专业，行业需求，弘扬雷锋"干一行、爱一行、专一行、精一行"的敬业精神，锐意进取、自强不息的创业精神，艰苦奋斗、勤俭节约的创业精神，最终内化为学生的自觉行动，通过自身的言行继续传播、弘扬雷锋精神，引领社会风气。这一阶段，各个专业可设置专门的实训周来锻炼学生，通过校企合作、邀请行业领军人物开班讲座、学生直接对接企业实习等措施提高广大学生的职业素质、专业技能，内化为促进就业成才软实力，培养具有踏实勤勉、敬业爱岗、职业道德、工匠精神、创业精神的雷锋式毕业生；同时做好对毕业生的跟踪、调研工作，将他们在工作中对雷锋精神的践行、对周围环境的影响记录下来，不断凝练新时期弘扬雷锋精神实践成果，并通过座谈、交流、研究等活动向社会各界传播。

雷锋精神来自人民，还要回归人民，它只有深入人心、深入生活、深入实践，才能发挥精神的力量。雷锋精神是实践的产物，是崇高精神在实践中的升华，因此，它的价值只有在实践中才能够凸现出来，才能被继承和继续升华。弘扬雷锋精神，不仅要通过课堂教学、参观雷锋馆等活动，使学生了解雷锋、认知雷锋精神，更要把实践放在第一位，"内化于心，外化于行"，知行统一。

深化学雷锋活动与师德师风建设

施荣瑜①

我校坚持以学雷锋活动作为育人重要载体，着力把深化学雷锋与践行校训及应用型人才培养目标相结合，用雷锋精神哺育新时代青年学生，培养有时代特点和建桥特色的新一代大学生，作为贯彻落实中央加强高校政治思想工作的重要举措，为履行办学职能、引领社会文明新风、担当建设先进文化社会责任做出贡献。

1. 教师要做学雷锋的指导者

1.1　传道者自己首先要明道、信道

开展学雷锋，首先是引导知雷锋、爱雷锋，这个任务必须落到教师身上；学雷锋是学习榜样，这个榜样首先是教师的为人师表。学习雷锋不等同于一般的志愿者服务，雷锋不仅为人民做好事，雷锋身上体现出的忠于党，忠于人民的崇高理想、刻苦学习的"钉子精神"、奉献他人的无私精神、"干一行爱一行、专一行精一行"的敬业精神、艰苦奋斗、勤俭节约的创业精神，内涵很丰富，需要我们由浅入深，从实践到理论，从现象到本质，把握雷锋精神的核心。教师的责任是用自己的学识、阅历、经验启迪学生，以言导行，以身示范，以情育人，敬业修德。传道者自己首先要明道、信道，如此才能更好担起学生健康成长指导者和引路人的责任。我校葛洪波老师说得好：凡要求学生做到的，自己首先应该做到；凡要求学生不做的，自己坚决不做。因此，要求学生学习雷锋，首先是教师带头学习雷锋，并用雷锋精神塑造高尚师德，把以学生为中心贯穿于育人全过程，言传身教。

---

① 施荣瑜，男，1952年5月出生，校党委组织部副部长，硕士，副教授，主要研究方向：高校党建实践与研究。

1.2　指导学生对雷锋精神内涵的认知和价值意义的理解

雷锋精神产生于 20 世纪 60 年代初期。雷锋这个经历旧社会苦大仇深的少年，是党领导的社会主义制度把他从苦海中解救出来的。在新中国的红旗下，他成长成才。他由衷感恩党和毛主席，把爱党、爱人民、爱解放军、爱社会主义的一腔热情转换成无私服务国家和人民的具体行动上，表现在他的日常岗位上。在雷锋短暂而光辉的一生中，他以自己的实际行动，"把有限的生命投入到无限的为人民服务之中去"，正确解决了"怎样做人，为谁活着"这一根本问题，他那种"助人为乐、无私奉献、毫不利己、专门利人"的精神，代表了一个民族、一个时代的本色、形象和风貌。他那刻苦学习的"钉子精神"鼓励一代又一代年轻人努力成才。雷锋精神源于时代，但其意义影响超越了时代。当前，要传承雷锋精神，首先是建设一支知雷锋、爱雷锋、学雷锋的教职工队伍，诠释雷锋精神内涵和交流学习感悟，帮助学生加深对雷锋精神内涵的认知和价值意义的理解，做学生学雷锋的指导者。

2. 雷锋事迹承载着社会主流道德的价值取向

2.1　力避学雷锋活动的狭隘化

上海建桥学院学雷锋已有十多年了，矗立在校园的雷锋雕像及学雷锋活动激励了一届又一届建桥学生刻苦学习，服务社会和他人；学雷锋活动也随着学生毕业走上了社会，伴随着校友成长发扬光大。但站在雷锋精神的高度上，回顾总结建桥学雷锋活动，还只是局限于共青团、学生会的社团活动，大学生助人为乐志愿者服务活动，一定程度上存在学雷锋的狭隘化。

雷锋精神包含着对社会主义坚定理想信念和爱国、爱党、感恩、助人、敬业、勤奋、节俭等诸多中华民族的传统美德。但长期以来，较多却只以"助人"的形式体现在社会民众中，雷锋精神在一些社会成员中成为艰苦朴素、助人为乐的代名词。

2.2　准确把握雷锋精神的核心

有人说雷锋是个"傻子"，在雷锋看来，当这样的"傻子"是光荣的。他说："我要做一个有利于人民、有利于国家的人。如果说这是'傻子'，那我是甘心愿意做这样的'傻子'的。革命需要这样的'傻子'。建设也需要这样的'傻子'。[①]"雷锋的这种"傻子"精神，充分体现了一位伟大共产主义战士的博大胸怀和为人民服务的执着追求。这是雷锋精神最核心的内容之一，也是雷锋

---

①　雷锋:《雷锋日记》，解放军文艺出版社 1963 年版。

精神最值得学习的灵魂所在。雷锋，一个普通的士兵，他以 22 岁的短暂生命，感动了一个时代。他那平凡而伟大的品格，成为民族精神的组成部分。50 多年来，我国社会发生了很大变化，每一次社会转折都会引起人们对雷锋精神的重新审视，但每一次新的检验都坚定了社会主体弘扬雷锋精神的信念，每一次新的审视都促进了学习雷锋活动的深入发展。雷锋从未离开过我们，他一直行进在时代的行列中。学雷锋活动虽然有波折，但雷锋精神从来没有褪色，历经时光淘洗而熠熠生辉，光芒四射。

2.3　雷锋事迹承载着社会主流道德的价值取向

当前，在市场经济发展的背景下，市场关系无孔不入，追求物质财富成为一些人生活的第一、甚至是唯一的目标。但党领导的中国特色社会主义道路的新的征程上，正在积极探索增强市场活力和民主、集中、效率结合的思想文化建设，高举社会主义核心价值观教育的大旗，倡导一批走在时代前列、超越时代的先进人物引领，雷锋事迹承载着社会主流道德的价值取向。

3.　从雷锋成长历程中总结和吸取的育人经验和智慧

英雄人物都有时代痕迹，雷锋精神是我国社会主义建设初期一个时代精神的反映，是当时整个社会风气的真实写照，既是一个时代的产物，又是我们中华民族历史中的一个宝贵精神财富。

3.1　雷锋的成才是与党的培养关心分不开的

我是 1963 年读小学四年级起，开始听雷锋故事、唱雷锋歌的。在以后很多年里，每到毛泽东为学雷锋题词纪念日，我都要参加学雷锋纪念活动。当时，感受较深的是雷锋血泪伴童年的苦难岁月，旧制度压迫夺去他父母和兄妹的生命，使他成为孤儿，当牛作马。这种倍受压榨和欺侮的生活与新中国成立后当家做主、得到关怀的生活形成鲜明对照，促使雷锋在小小年纪就对共产党、解放军产生由衷的崇敬，对革命者全心全意为人民服务的宗旨发生了真诚的认同。党的教育，毛泽东思想的哺育，使他从朴素的感恩上升为自觉投入全人类幸福的奋斗中去，从对时代的感恩到对社会的热爱，从无限热爱再到无私的奉献，再到成为中国共产党党员、伟大的共产主义战士，这种思想成长过程，很值得我们研究。当然，我们不可能让学生用重复苦难经历来培养精神，但是我们可以通过生动的历史事实和现实教育来培养学生。在我的印象中，新中国成立初期的教育注重带领学生参加义务劳动，服务工农业生产，访贫问苦，参观各种纪念馆，这些活动促使雷锋形成以实际行动服务社会的信念。而且，那时全国掀起学习毛泽东思想的高潮，他如饥似渴地学习毛泽东著作，注重理论联系实际，成为全军学习毛泽东思想先进分子，并从学习中获得力量。这是我们学雷锋要重点总结和吸取的经验和智慧。

3.2 把学雷锋融入思想政治工作和党史、国情教育中

习近平强调，我国高等教育发展方向要同我国发展的现实目标和未来方向紧密联系在一起，为人民服务，为中国共产党治国理政服务，为巩固和发展中国特色社会主义制度服务，为改革开放和社会主义现代化建设服务。因此，学习雷锋，不仅不过时，而且永远闪耀着时代光辉，完全可以融入到思想政治工作和党史、国情教育中去。我们应当让雷锋的故事和格言进课堂，通过举办学习雷锋模范报告会、创作传唱雷锋歌曲、开设雷锋精神讲坛、创办雷锋网站、宣传雷锋微博等多种形式，使雷锋精神进学生的头脑、心灵，让人人都知道雷锋其人其事，人人能唱雷锋歌曲，从而激发师生弘扬雷锋精神、践行社会主义核心价值体系的自觉性。

4. 建设好我们的精神家园，坚持道路自信、理论自信、制度自信和文化自信

4.1 建设强大国家需要强大精神支柱

2016年是中国工农红军长征胜利80周年，我们要发扬长征精神，继续新的长征。我从歌唱长征组歌中感悟到，长征精神的力量就是官兵一致同甘苦，革命理想高于天。我们学习雷锋、长征精神，就是要在新形势下建设我们安身立命的精神家园。新中国成立前一百多年里的衰败，对外战争中打了140多场败仗，抗日战争中也出现了很多投降派和汉奸，问题在于国家一盘散沙，缺少一种先进思想文化引领，毫无战斗精神，即使有再好的武器也无法发挥应有的作用，这是制度的失败，也是精神文化的失败。用马列主义、毛泽东思想武装的中国共产党及其军队，取得了对外战争的彻底胜利，这也证明了毛泽东的论断，武器是重要因素，但关键在于人，在于用什么精神武装的人。不管长征精神、延安精神、雷锋精神，都是马克思主义与中国传统文化结合的产物，给了我们强大精神支柱，引领我们从一个胜利走向另一个胜利。

4.2 精神文化落后也会陷入落后挨打的命运

甲午战争中，北洋水师正式成军，拥有军舰25艘，官兵4000余人，其中"定远""镇远"号铁甲舰，排水量达7335吨，各装12英寸大炮4门，时至今日也是大吨位的舰船，日方叹其为"东洋巨擘"。然而，就是这样一支貌似强大的军事力量和颇具实力的国防基础却在甲午战争中一败涂地、全军覆没，令人痛惜，发人深思。1886年，北洋舰队访问日本长崎，官兵上岸在妓馆闹事，引

起事端，致数十人伤亡。事后李鸿章不但不处理，还开脱说"武人好淫，自古而然"。有资料介绍，有的舰队上当兵的，战争一开，就化装成妇女跑掉了。我们的革命先辈在探索救国图存的道路上，把中国衰弱归于文化落后，他们不仅要反对愚昧、专制封建文化和制度，甚至有的极端地提出要去除中医、废除汉字，照搬西方文化和制度，购买西方武器，但都没有找到解决中国问题的药方，照样打败仗，根本问题是思想文化落后于时代发展。

我们的先辈创造了五千多年的文明历史，为世界文明发展做出了很重要的贡献，但在西方工业革命滚滚浪潮带动下的科学技术和文化发展面前，我们的思想文化落后了，没有跟上世界历史潮流，与经历了资产阶级革命洗礼的蒸蒸日上的欧美强国形成强烈反差，尤其是面对帝国主义的侵略，我们不堪一击，惨遭失败，陷入落后挨打的命运。

4.3　马克思主义是立足于西方又致力于超越西方的思想体系

中国古代历史上也曾遭受多次外来入侵，也有山河破碎、风雨飘摇之时，为什么以儒家为核心的中国文化还能维持主导地位，而西方文明入侵中国，中国精神文化就不行了呢？主要原因是中国原来在东亚世界居老大，尽管遭受匈奴、突厥、契丹等北方游牧民族的侵扰，但他们文化程度较低，虽然利用中原内乱把政权夺过去，但很快被中原文化所同化，或者很快被中原文化所击败。自1840年鸦片战争开始，在中国登场的西方列强才是中国所遇到的前所未有的强大对手，再用原来那一套精神文化应付这样的强敌，就有点捉襟见肘了。与儒家思想不同，马克思主义既追求现代性的实现又试图扬弃资本主义现代性，克服资本主义现代性弊端，揭示资本主义的局限，创立科学社会主义理论。用马列主义武装起来的中国共产党，依靠先进思想，打赢抗日战争、解放战争、朝鲜战争，这是思想文化的胜利。

4.4　雷锋精神是我们的宝贵精神财富

回顾中国共产党的发展历史，很重要的是重视思想建党，用先进理论把农民改造成无产阶级先锋战士，建立起一支用先进思想武装的战无不胜的人民军队，取得革命胜利。在社会主义建设和改革开放时期，党和国家都面临严峻考验，包括思想文化领域方面的考验及对外开放的考验。雷锋同志是马列主义、毛泽东思想武装起来的伟大共产主义战士，非常严格要求自己，爱憎分明，经常从党员标准、从岗位职责上对照检查自己的问题，找出自己学习不够、工作努力不够的原因，不断对症下药，自我净化，自我提高，是先进思想武装优秀的代表，雷锋精神是我们党和国家的宝贵精神财富。

改革开放30多年来，中国特色社会主义道路越走越宽广，充分显示出中国共产党领导和社会主义制度的优越性，我们应当更加坚定这条强国之路。然而，树欲静而风不止，敌对势力不甘心失败，寄希望于通过什么颜色革命颠覆国家。有的腐败分子，经受不了金钱、美色等糖衣炮弹袭击而败阵了。因而，思想形态领域的斗争、反腐败斗争不能放松。雷锋是在中国共产党培养教育和社会主义旗帜下成长的，学习雷锋，就是用雷锋精神培养社会主义事业接班人，引导我们青年学生，坚定理想信念，建设好我们的精神家园。

5. 把学雷锋融入师德师风建设中去

5.1 努力打造一支有仁爱之心的优秀教师队伍

习近平说：要加强师德师风建设，坚持教书和育人相统一，坚持言传和身教相统一，坚持潜心问道和关注社会相统一，坚持学术自由和学术规范相统一，引导广大教师以德立身、以德立学、以德施教。我们要以学雷锋为平台，大力加强师德师风建设，围绕立德树人根本任务，努力造就一支有理想信念、有道德情操、有扎实学识、有仁爱之心的优秀教师队伍。

5.2 教育工作需要大爱的力量

学校的中心工作是立德树人，学校政治思想工作重点也是围绕学生学习态度问题，即学风问题展开的。学风问题有学生个人思想问题，同时也有教风问题，教学方法和教育工作者的责任心问题。常听说有一些小学老师，把学生学习不好的责任全部转嫁到家长和孩子身上。家长会就是家长挨骂，受训斥，以致一些家长很恐惧参加家长会，这不是好的教育的方法，是简单化的、粗暴的、没有责任心的做法。当然，学生的情况千差万别，确实有一些学生不想学习，很难做转化工作，但教师应当以"一个不能少"的责任目标去努力，不断改进方法，因材施教，提高水平。学雷锋，就是学习他对人民群众的无限热爱、对工作的火热般的热情，把有限生命投入到无限为人民服务中去。雷锋在部队时曾经担任驻军附近学校的校外辅导员，把对人民的爱投入对学生、对教育中去。

5.3 积极挖掘和宣传雷锋式的好教师

我校外国语学院李雷老师在学雷锋活动中，以充满对学生的爱，组织建桥学英语"2111"工程志愿者活动，组织20位英语老师，挑选并指导英语系和非英语系100位英语语音语调较好且责任心较强的同学，通过这100位再指导1000位建桥英语基础不好的同学（可以跨院系找成绩不好的同学，每个优秀学生带10个）。我校号召建桥每个师生每年为学校捐赠一本英语名著读物（10000本），从开口朗读英语开始，让第二课堂——英语课外阅读名著的氛围在校园里无处不在，从而带动更多的同学去图书馆借书阅读。李雷老师认为，我们学校每年要在中西部地区招大量的学生，这些学生的英语成绩和学习是令人担忧的。他在多年的英语教学中，发现许多成绩不好的同学最后大学英语四级或专业四级（指英语专业）成绩或我们学校英语考试成绩之所以不及格，这同我们的中学和大学的英语衔接教学脱节（包括没有实行分级教学）是有关的。李雷老师说，现在我们党中央要求精准扶贫，实际上在我们建桥学院也存在英语学习上的"精准扶贫"（或"精准帮差"）任务。信息技术学院以雷锋站为平台，致力于打造一支大学生"学业引领人、思想导航人、行为示范人"的党员教师队伍，谷伟等党员教师除了完成教学任务外，还积极主动承担学生的班级导师、第二课堂的辅导教师、专业社团和竞赛的指导教师，利用各个育人平台培养学生的动手能力、提高学习兴趣和就业能力，深化师生学雷锋活动。每个教师要秉承立德树人的教育理念，践行"爱的教育"，学以看齐，做以尽责。"以情育人，热爱学生；以言导行，诲人不倦；以才育人，亲切关心；以身示范，尊重信任"，以实际行动诠释了师德的内涵，躬耕教育，爱满天下。期待我们建桥学院在深化学习雷锋活动中涌现更多李雷式、谷伟式的好教师。在教好书同时，热心于培育学生健康的人格、美好的心灵，让学生拥有终身学习和成长所需的知识和能力。

5.4　解决学风问题，重在改进教风

学风问题的核心是教风，如教学中没有赢得学生的学习热情，老师与学生有效性交流不够，因材施教不到位，教学要求不严格，教学态度不认真，教学方法落后，教学内容不能为学生所吸收等。建桥学院校园蠡立着背着书包的雷锋雕像，彰显雷锋的刻苦学习精神。教师引导学生学习雷锋，要把这种"钉子精神"体现在教学岗位上，体现在对学生的教育引导上。鼓励学生像雷锋一样在学习上永不满足，永不懈怠，大力发扬"钉子精神"，以这样一种钻劲和挤劲，抓紧学习，追求新知。优良的学风是一种潜移默化的巨大而无形的精神力量，激励学生奋发努力，成长成才。家长把自己的孩子交给学校，孩子把自己的前途交给我们。我们要坚持"以学生为中心"，自始至终都要想到学生，整合思想政治理论教学与专业教学，贯通思想政治课堂教学与党团建设、校园文化建设、社会实践等育人环节，开展形式多样、丰富多彩的教育教学活动，因而需要教师更多的投入，更深入的教学方法的研究。包括热心投入第二课堂、第三课堂服务活动，充分发挥第二课堂的作用，推动学生在了解国情、社情和民情中正确认识时代责任和历史使命，教育引导学生深刻认识中国特色社会主义的时代特征，激励刻苦学习，树立道路自信、理论自信、制度自信和文化自信，自觉把个人的理想追求融入国家和民族的事业中。

5.5 加强师风师德宣传，健全师德考核机制

把师德表彰与推动教师学雷锋活动结合，彰显师德正能量。加大师德典型的表彰和宣传力度，树立师风师德标杆，设立多等次的教师荣誉，完善教师表彰制度，规范师德楷模的评选标准，向一线教师倾斜。利用新媒体，倡扬名师为人为学为师的大爱师魂。确立师德至上原则，职称评定、评优评奖，优先考虑师德优秀教师。加强对师风师德工作的监督，坚持学术研究无禁区、课堂讲授有纪律，引导教师恪守职业道德，自觉为人师表。完善师德考核机制，健全教师入职师德考察标准和把关机制，提高教师准入门槛：一是把理想信念教育放在首位，明确教师职业道德底线，守护教师的职业良心，引导广大教师以德立身、以德立学、以德施教；二是弘扬"学为人师，行为世范"的校训精神，充实师德培训内容，创新师德培训形式，将中华传统师德融入培训和履职的全过程，注重典型案例教育；三是关注青年教师培养与发展，尤其是他们的思想动态，引导他们坚定政治方向，牢记国家使命，强化社会责任，坚持以人为本，树立良好教风和学风。

浅谈雷锋精神与大学学风建设

李雷①

引言

学风是大学精神的集中体现，是教书育人的本质要求，是高等学校的立校之本、发展之魂。优良学风是提高教育教学质量的根本保证。能否营造一个优良学风环境，关系到高等教育的科学发展和教育事业的兴衰成败，切实加强和改进高校学风建设工作已经刻不容缓。"学风"，最早源于《礼记·中庸》，即"广泛地加以学习，详细地加以求教，谨慎地加以思考，踏实地加以实践"。在教育部颁布的《普通高等学校本科教学工作随机性水平评价方案》评估指标体系中，学风被作为重要的一级指标，包含三个二级指标：教师风范、学习风气、学术文化氛围，其中学习风气为重要指标。赵沁平在全国高校学风建设研讨会上指出，学风有广义的学风和狭义的学风之分。从狭义上讲，学风特指学生的学习风气；从广义上讲，学风包括学习风气、治学风气和学术风气。本文涉及的是狭义上的学风，特指学生的学习风气，也就是我们一般意义上所讲的学风，即学生在长期的学习过程中形成的一种相对稳定的学习风气与学习氛围，它是学生总体学习质量和学习面貌的主要标志，也是全体学生群体心理和行为在治学上的综合表现。学风建设是学校生存的核心，发展的立足点，好的学风需要大家共同建设，本文旨在浅谈在当代如何用雷锋精神来引导学风建设。

2. 学风的构成要素

学风归根到底是学生对待学习这个问题上的思想态度和行为表现，它通过

---

① 李雷，男，1962年8月生，大学英语教研室主任，硕士学历，讲师，主要研究方向：英语语言学、英语教学。

学习目标、学习态度、学习纪律、学习方法、学习兴趣、学习效果等具体地反映出来。这就在不同层次上构成了学风的要素。

2.1 学习目标

大学生学习，首先应该有一个明确的目标，即确实知道自己究竟需要什么，应该往哪个方向努力，需要引发动机，动机推动行为，这是学风建设的基础。

2.2 学习态度

学生的学习态度主要体现于对学习重要性的认同、对学习目标的追求、对学习知识的兴趣和情感的浓厚程度、正确的学习态度是学风建设的前提。

2.3 学习纪律

这是促使良好学风形成的外部因素，它强调的是学生学习行为的始终一贯性。严明的学习纪律，有利于学生自觉维护正常的学习环境和学习秩序，对优良学风的形成起到强有力的保证作用。

2.4 学习方法

科学的学习方法是形成良好学风的关键。一个人学习方法得当，会少走很多弯路，容易产生较强的成就感，并易形成对学风的趋同意识。

2.5 学习兴趣

兴趣是对事物带有积极情绪色彩的认识活动倾向。学生的学习相当程度上依赖于对知识的兴趣，只有在充满学习兴趣的气氛中，才能真正形成良好的学风，这是学生学习的内在动力。

2.6 学习效果

这是判断学风好坏的终极标准，也是学风内涵的最高层次要求，与人才的培养质量直接相连，是衡量人才质量优劣的重要标志，对学风的纠正和重塑起着反馈和调控作用。

3. 当前学风建设存在的主要问题

高中学生进入大学后，大多数学生的人生观、价值观和世界观尚未完全形成，一部分学生缺乏为中华民族伟大复兴而刻苦学习的远大理想，他们缺乏对共产主义的信仰，其学习态度和学习动机存在较为严重的问题。近年来，相当一部分大学生在学习方面缺乏明确的目标，没有强有力的学习动机。据调查数据显示，41.1%的大学生从高中过渡到大学之后缺乏学习动力与热情，学习一直处于高中学习的被动状态，"六十分万岁"成为流行风尚。一部分学生认为，大学学习只是为了混一张文凭，以便将来找份好工作，而在大学里真正能学到的有用的东西却很少；不少学生存在"混日子"的心理，满足于现状、得过且过，他们不在乎老师的评价和学校的纪律，许多学生热衷于谈恋爱，始终对校纪校规抱着一种无所谓的态度，另外，他们不珍惜父母给他们的学费，上课不认真、玩手机，平时不抓紧，考试靠"突击"，甚至沉溺于网络世界，最突出的、最集中的问题是学习纪律问题，如逃课、旷课、旷考、上课不专心、作业论文抄袭、考试舞弊、补考缺席等，缺乏科学精神，无视学术道德，如此等等。在空闲的业余时间中，提出"爱情第一，学习第二"的人生价值观，而如今校园网络设施的便捷也给那些缺乏自控能力的学生提供了沉迷网络的便利条件，值得学校领导引起重视，进行规范化管理。

4. 弘扬雷锋精神是解决学风问题的重要路径和抓手

20 世纪 60 年代，以毛泽东为首的老一辈革命家号召向雷锋同志学习。雷锋精神，是以雷锋的名字命名的。周恩来总理把雷锋精神全面而精辟地概括为"爱憎分明的阶级立场、言行一致的革命精神、公而忘私的共产主义风格、奋不顾身的无产阶级斗志"。习近平总书记曾说过：雷锋精神是永恒的，是社会主义核心价值观的生动体现。其重点就在于"生动"二字。新中国历代领导都非常重视雷锋精神，因为雷锋精神体现着优秀的传统文化、革命文化和社会主义先进文化，这三种文化是社会主义核心价值观相辅相成的部分。对雷锋精神，我们可以做很多方面的解读。随着时代发展，必须要进一步深化研讨它那更加精准的时代内涵，并与高校教育结合起来。

雷锋精神就狭义而言，是对雷锋的言行和事迹所表现出来的先进思想、道德观念和崇高品质的理论概括和总结；就广义而言，已升华为以雷锋的名字命名的、以雷锋的崇高品质为基本内涵的、在实践中不断丰富和发展着的、为人们所敬仰和追求的精神文化。那么，在改革开放深入推进、市场经济快速发展、物质生活日益丰富、价值取向趋于多元的今天，雷锋精神是否过时了呢？答案是否定的。雷锋精神永远不会过时，因为它与中华民族的传统美德和伟大的民族精神是联系在一起的。在新时代，我们可以用雷锋精神来引导大学的学风建设。

雷锋精神概括起来主要体现四个方面："螺丝钉精神"、"钉子精神"、艰苦奋斗精神、奉献精神。笔者认为雷锋精神在新时代大学的学风建设上能够引领大学生学风建设不断向好向上的方面发展，具体阐述如下：

4.1 在学风建设上，要发扬"挤"和"钻"的"钉子精神"

在大学的学习中，大学生应遵循雷锋提倡的"钉子精神"，在学习上"向上"，发扬刻苦钻研的"钉子精神"。雷锋说："有些人说工作忙，没有时间学习。要学习时间是有的，问题是善不善于挤，愿不愿意钻。一块好的木板，上面一个眼都没有，但钉子为什么能钉进去呢？一个是挤劲，一个是钻劲。"一名大学生应该学习雷锋同志"挤"和"钻"的"钉子精神"，努力学习中国特色社会主义理论，刻苦钻研各门课程，认真思考和规划自己的职业生涯，不浪费青春美好的光阴，要加强自主学习和创新思考；其次，在学习上要深入钻研，不流于肤浅的学习，要举一反三，对于知识的追求要如饥如渴、要有大量的正能量的阅读量、大量的输入，平时要唱好学习中的"预习——听课——复习"三部曲，要有"钉子精神"，在专业学习上要主动去钻研、去请教。如上海建桥学院开展的"读名著·学英语"第二课堂活动，该校某英语老师坚持学雷锋，他自愿捐出一部分费用为学生购买英语简易读物，倡导每年每位学生和老师为学校捐一本英语简易读物，在他的带领下，从书记到老师再到学生，形成了为学校捐书读书的好风气，促进了学风；另外，这位老师还坚持带领老师和学生开展晨读活动，很多学生都大声朗读，晨读效果非常好。该校还持续开展学雷锋文明修身活动，学生们通过有效的组织自觉地清扫校园，文明修身。

我们的党提出，要建设全面学习、终身学习的学习型社会。笔者认为，我们应该像雷锋那样，发扬"学而不厌，锲而不舍"的"钉子精神"，紧跟时代步伐，发奋学习，永不懈怠，努力提升学风建设，为将来攀登学术的高峰、为成为社会主义的合格建设者和接班人打下坚实的专业基础。笔者工作的上海建桥学院给学生提出了八项能力的要求：自主学习、表达沟通、专业能力、尽责抗压、协同创新、信息应用、服务关爱、国际视野，以上理念的提出契合了新时代的学风建设，它是雷锋精神的时代化。

4.2 在学风建设中发扬"螺丝钉精神"

每个学生要为营造良好的学习氛围做出贡献，除了追求自己的独立人格和处事原则外，更多的是要注重发扬集体主义精神。学生在自己大学的求学生涯中，除了打下坚实的学业和学术基础之外，还要逐步建立"干一行、爱一行、专一行"的职业素养。在工作上"向上"，发扬忠于职守的敬业精神。雷锋说："一个人的作用，对于革命事业来说，就如一架机器上的一颗螺丝钉，螺丝钉虽小，其作用是不可估量的。我愿永远做一个螺丝钉。"不怕苦、不怕累，干一行、爱一行、钻一行的"螺丝钉精神"，是雷锋精神在事业上的具体体现，其核心是服从组织分配、热爱本职工作、忠于职守、敬业奉献。学风建设好比一部大型的机器，每一名大学生是这部庞大机器内的一颗小小的"螺丝钉"，要使自己不生锈，就应该不断地磨砺自己，无论在班级还是在学校的活动中时刻牢记自己是这部运转的大机器里的一颗螺丝钉，心中要时刻装着集体，在追求自身个人成长和个性的同时时刻想着宿舍、班级和整个学校这个大家庭，在集体活动中加强沟通交流。每个学生要合理地定位自己的成长道路，在横向和纵向的比较中找到自身合理的坐标和定位。在平时的学习和生活中，大学生们要学会掌握自身的命运，不断总结自己一点一滴的进步和收获，建立学习的信心，激发学习兴趣。在如今的市场经济条件下，个人自主选择性更强，但并不意味着带有服从性的"螺丝钉精神"已经过时。今天的"螺丝钉精神"体现着服从性与选择性的统一，一个人只有将个体选择与集体、国家和人民的需要结合起来，才能实现自我价值与社会价值的统一。所以，每个大学生都应该像雷锋同志所说的那样做一颗永不生锈的螺丝钉，以高度的责任感和使命感对待自己的大学学习和未来的工作，将来不管身居要职还是工作在平凡岗位上，都应像社会主义核心价值观所要求的那样爱岗敬业，脚踏实地，求真务实，努力做好本职工作，自觉抵制不良风气的腐蚀，为国家和社会发展多做贡献，在集体这样的一部大机器中，鼓励自身培养终身学习的兴趣，发挥好每一颗螺丝钉的作用。

4.3 在学风建设中发扬艰苦奋斗的精神

雷锋同志出身贫苦，在旧社会，他的哥哥、弟弟都因受伤、饥饿病死了，他自己也走近了死亡的边缘。他深知生活的艰辛，因而他工作中和生活中的一言一行都体现了中华民族勤俭节约、艰苦奋斗的传统美德。雷锋说："在工作上，要向积极性最高的同志看齐；在生活上，要向水平最低的同志看齐。①"勤俭节约、艰苦奋斗是雷锋精神在生活作风上的本质体现。雷锋非常节俭，他的每件衣服、每双袜子，都补了又补。他曾说："我们的国家还穷。穿破了的衣服补好了再穿，省下衣服交给国家，这样既减少国家开支，又发扬了艰苦奋斗、勤俭节约的优良作风。②"雷锋的这种艰苦朴素的作风，虽是在当时经济不发达、国力贫穷、物质匮乏的大环境下形成的，但对今天来说仍有深刻的教育和指导意义。在学风建设中，当代大学生更应该注重学习雷锋的艰苦奋斗精神，在平时的生活中不乱花钱、不攀比、不浪费，注重文明修身，体贴家长，为国分忧；大学生应科学合理地消费，共同营造积极进取、奋发图强的良好校园氛围，发扬艰苦奋斗的创业精神。在建桥学院，学校长期以来开展文明修身清扫校园活动、在学生中提倡刻苦求学，许多建桥学子常常凌晨时还在图书馆的通宵阅览室认真学习，有些学生一大早就开始晨读。磨难是笔财富，学生们应通

---

① 雷锋：《雷锋日记》，解放军文艺出版社 1963 年版。
② 雷锋：《雷锋日记》，解放军文艺出版社 1963 年版。

过自强改善家境，依靠自己触摸梦想，通过刻苦学习来赢得奖学金，利用空余时间来做兼职赚取生活费，通过各类比赛奖金来补贴家用……用实际行动来诠释"天道酬勤"，从而体现艰苦奋斗的雷锋精神。

4.4　在学风建设中发扬"大爱无疆"的奉献精神

雷锋说："一滴水只有融进大海才不会干涸，一个人只有把有限的生命投入到无限的为人民服务之中去才能充分体现自身价值。①"雷锋精神的核心就是全心全意地为人民服务，也是雷锋精神能够保持旺盛生命力和持久活力的源泉。雷锋有句名言："活着就是为了使别人生活得更美好。②"雷锋的一生做了数不清的好事，他可以在任何时间、任何地点，帮助一切有困难的人。雷锋这种"做好人好事不留名，舍己为人不求回报，互助合作不计报酬"的"傻子"精神，正是当前构建社会主义和谐社会的"亲和剂"。在学风建设中，我们要提倡奉献精神，成绩好的学生带动成绩差的一起学习、一起成长；成绩好的学生不应歧视成绩差的同学，建桥学院的培养学生八项能力中有一项是"服务关爱"，它倡导在学生中开展互帮互学、发扬助人为乐、"大手牵小手"、建立互助小组的合作精神。在市场经济高度发达的今天，我们更多地要以"感恩、回报、爱心、责任"之情怀去帮助他人，在学风建设中倡导"你快乐，所以我快乐""赠人玫瑰，手有余香"的理念，为自己将来进入社会做好充分的思想准备，在学风建设中，"只要我们从身边的事做起，这些都不难做到"。那么，何不从现在就去做呢？

结语

在大学学风建设中，雷锋精神同样可以在莘莘学子的求学路上绽放出绚丽的色彩。进入新时代，雷锋精神没有过时。通过与社会主义核心价值观的有机融合，雷锋精神更能为学风建设带来一股清风。在当代大学学风建设中，我们更要学习和弘扬雷锋热爱党、热爱祖国、热爱社会主义的崇高理想和坚定信念。雷锋精神的第一位是对党、对国家、对社会主义的热爱；在学风建设中，我们要学习和弘扬雷锋服务他人、助人为乐的奉献精神；干一行爱一行、专一行精一行的敬业精神；锐意进取、自强不息的创新精神；艰苦奋斗、勤俭节约、吃苦耐劳的创业精神，把雷锋精神和学风建设有机地融合起来，让雷锋精神不断地引领学风朝着向"上"、向"善"的方向发展，真正领悟习近平总书记在全

---

① 雷锋：《雷锋日记》，解放军文艺出版社1963年版。
② 雷锋：《雷锋日记》，解放军文艺出版社1963年版。

国高校思想政治工作中提出的"培养什么样的人、如何培养人以及为谁培养人"这个根本问题的实质内涵，努力做到立德树人，培养出一流人才和合格的建设者，办好人民满意的大学。

论雷锋精神的时代性彰显

潘明芸①

　　"所谓雷锋精神，就狭义而言，是对雷锋的言行和事迹所表现出来的先进思想、道德观念和崇高品质的理论概括和总结；就广义而言，它已经升华为以雷锋的名字命名的、以雷锋的崇高品质为基本内涵的精神价值。"探讨雷锋精神的时代内涵，对树立道德榜样，加强社会主义核心价值体系建设具有现实意义。

1. 雷锋精神的产生背景以及本质内涵

　　雷锋精神起源于 20 世纪 60 年代初期。它的产生，具有一定的历史必然性。雷锋，生于一个贫苦的普通家庭，成长在党和国家的关怀下。参加工作后，雷锋积极投身多项社会主义建设，他身上透露出来多种可供我们学习的优秀品质。入伍后，雷锋时刻不忘学习，设法为国家多做贡献，他信仰坚定、乐于助人、敬业乐业。虽然他的一生只有二十多个年头，但是他把有限的生命投入到无限的为人民服务中去。毛主席在 1963 年初写下了这样的题词："向雷锋同志学习！"随后，全国开展大规模的学习雷锋的活动。雷锋精神虽以雷锋的名字命名，但全心全意为人民服务是其本质。雷锋是社会主义建设时期的道德榜样，其产生的政治、经济、文化背景都具有社会主义时代的新风貌。新中国成立以后的人民当家做主的新政治制度和以计划经济为特点的新经济制度极大地影响了当时社会的道德价值追求和精神风貌。

2. 雷锋精神的时代内涵与特征

　　每年的 3 月 5 日是学习雷锋日。雷锋精神经过不断地被认识和提倡，已经成为我国社会主义公民道德建设的重要组成部分。雷锋精神不断被时代赋予新

---

　　①　潘明芸，女，1985 年 6 月生，商学院学工办主任，硕士学历，讲师，主要研究方向：高校思想政治教育。

内涵，从 20 世纪 60 年代的"真、善、美"到 70 年代的"爱憎分明"，从 80 年代的"钉子精神"到当代的"爱国精神、奉献精神、诚信精神、友善精神"。雷锋精神固守本质内涵的同时也在不断地被赋予新时期所需的时代内涵，具有新的特征。新时期，社会主义核心价值体系建设从国家、社会、公民三个层面做出了最新的概括。其中对于公民个人倡导"爱国、敬业、诚信、友善"，这与雷锋精神的本质内涵有高度的关联性和契合性。

2.1　热爱中国特色社会主义的爱国精神

由于对党和国家饱含着强烈的理想信念，雷锋愿意为社会主义建设奉献终身，并时刻准备着为党和国家的最高利益而牺牲自己的生命。《中庸》提出"修身齐家治国平天下"，历来有志之士都把报效国家作为人生志向。乐于报效国家的前提是对国家饱含热烈情感，愿意把贡献自己的力量作为人一生最重要、最高级别的追求。正是因为有这样强烈的爱国理想和道德追求，雷锋成就了他伟大的一生。

2.2　立足平凡岗位、甘做螺丝钉的敬业精神

雷锋立足平凡岗位，做出不平凡的业绩，一生从事基层工作，当过通讯员、推土机手、汽车兵等。不管从事任何岗位，他都兢兢业业，"螺丝钉精神"在他身上永放光芒。中国有 13 亿人口，如果每个人都奉献一份自己的力量，那就是 13 亿的能量，这些能量聚集在一起，方能干大事。因此，雷锋的敬业精神呼吁每一位公民立足自己的岗位，勤勤恳恳，一分耕耘一分收获，积极投身中国需要的地方去工作，创造自己的人生价值，展现自己的人生风采。

2.3　言行一致、说到做到的诚信精神

雷锋从来都是表里如一、说到做到，不欺骗百姓和国家的诚者。凡事他必身体力行，用自己的实际行动来说明一切。不做作不浮夸，不撒谎不自夸，对国家诚信做事、对百姓诚信做人，是一个不折不扣的实干家。在社会主义市场经济条件下，特别是当今这个食品安全问题、数据不实、制假售假不断显现的时代，不诚信的行为已经成为影响市场经济健康发展的关键一环。在这样的时代背景下，学习雷锋的"诚实"精神具有重要的现实意义。

2.4　助人为乐、和谐友爱的友善精神

作为人们心中的道德榜样，雷锋已经成为社会上"助人为乐、帮扶他人，奉献自我"的一张名片。只要是人民所需要的，他都竭尽全力。为人民服务也是雷锋精神的核心内涵所在。正是因为这种助人为乐的精神，营造了和谐的社会关系，成了友善的代名词。雷锋的"傻子精神"，他的真诚友善展示着一个人内心深处的道德品行，流传至今，是一种值得向往的美好品质。

3. 新时期推进雷锋精神践行活动的常态化

雷锋精神永不过时。新形势下，学习和弘扬雷锋精神，必须创新学习载体，将雷锋精神的践行活动常态化。运用班杜拉的社会学习理论，将雷锋精神践行活动常态化，意义深远。班杜拉认为："观察学习包括四个部分：注意过程、保持过程、动作再生过程以及强化和动机过程。"首先强调榜样在人的社会化过程中的重要性；然后根据观察者选择榜样的类型，学习并模仿；最后在心中固化榜样形象并自觉向榜样学习。

3.1　加强多元化的榜样宣传方式，营造雷锋精神的学习氛围，引发对榜样的注意和保持过程

要想在全社会增进人们对雷锋精神的认同感，形成内化于心、外化于行的社会风尚，需要多渠道多元化的加强雷锋精神的宣传与报道。将雷锋精神与社会主义核心价值观以及"中国梦"相结合，重点宣传雷锋精神，扩大雷锋精神的影响力。同时，可以以雷锋馆为载体，构建红色教育学习基地载体，正面宣传和倡导雷锋精神。其中，上海建桥学院的"雷锋纪念馆"就是一个很好的教育宣传载体，让学习个体可以近距离地接触雷锋，并受之熏陶和感染；同时，通过与雷锋老班长的面对面近距离交谈，可以更加加深观察者对榜样的认知和吸引，并自觉从自身做起，从身边的小事做起，养成争做学雷锋好榜样的优秀品质。弘扬中华民族的优秀品质，促进社会的和谐共生。

3.2　加强对榜样行为的模仿过程，自觉践行雷锋精神，引导对榜样的动作再现过程

班杜拉认为："这种保持过程是先将榜样行为转换成记忆表象，然后记忆表象再转换为言语编码（形成动作观念），表象和言语编码同时贮存在头脑中，对学习者以后的行为起指导作用。"① 根据心理学过程体现，对某样事物的认识过程之后将会是意志注意和模范过程，在对雷锋精神践行的过程实际上就是对榜样行为模仿的过程。每个榜样学习个体都应该像雷锋一样，立足身边小事，在平凡生活中发挥自己的道德责任，践行道德实践，提升自己，温暖他人。雷锋精神的生命力在实践，通过建立弘扬"雷锋精神的实践基地"，广泛开展社会志愿服务活动，在实践中践行雷锋精神，将雷锋精神真正由外化实现内化。在上海建桥学院学习雷锋的一系列活动中，通过"西部志愿计划""科技馆志愿者""养老院自愿服务"等活动，让学生在实践过程中真正践行雷锋精神，从而引发

---

① 王正斌：《榜样效应浅探》，载《咸宁师专学报》，1995 年第 11 期。

对榜样行为的再现过程，让"感恩、回报、爱心、责任"的校训真正烙印到大学生的心坎里，形成人人争做雷锋的新时代好青年风潮。

班杜拉提出："指通过观察别人受强化，在观察者身上间接引起的强化作用，因看到榜样受强化而受到的强化。"公民接受了榜样教育后，还需要强化学习动机，用学到的榜样进行自我激励，成为下一个"榜样"，也就是下一个雷锋。同时通过替代性强化，将榜样自身的感染扩散到一个群体或者一所学校，在全校形成"人人都争做雷锋"的校风，让对雷锋的榜样学习，真正落地生根在学生的心坎上、行为上，将"心动与行动"结合起来，让雷锋之风刮遍整个社会。在上海建桥学院，每年会有"雷锋金质奖章""雷锋银质奖章""雷锋铜质奖章"颁发给大学生，激励他们成为同辈中的榜样，形成榜样的自我建构，在全校形成"你就是下一个雷锋"的学习雷锋氛围。通过奖章的引导和激励，赋予获奖者新的角色含义，使他们在自己践行雷锋精神的同时，深深吸引和带动其他同学，通过朋辈教育的影响，在整个校园形成学习雷锋的好风尚。将学习雷锋固化为一种内心的向往，形成一种传统，在上海建桥学院传承下去！

雷锋，是社会历史的产物；雷锋精神，是当今时代的产物。自觉践行雷锋精神，形成全民皆做雷锋的好风尚，新型的社会关系和和谐社会的形成与优化将近在咫尺，"中国梦"的实现也将指日可待！

雷锋精神嵌入高校思想政治教育的实践探索

王慧①

雷锋是新中国成立以来影响力最为深远的道德楷模，是高校思政教育中德育价值实现的重要载体。雷锋及其雷锋精神是大学生德育工作的重要德育资源。如何让雷锋精神重焕光彩，激活雷锋精神在当代大学生之中的道德影响力，使雷锋精神成为当代大学生可学能学、可用能用，并能够活学活用的德育资源，并且在学和用之后内化成对自身道德行为的要求，是摆在高校思想政治教育工作者面前的重大课题。

1. 雷锋精神的历史进程以及新时代雷锋精神

1962 年 8 月 15 日，雷锋同志不幸因公殉职。1963 年 3 月 5 日，毛泽东同志发出了"向雷锋同志学习"的伟大号召。周恩来同志把雷锋精神概括为"憎爱分明的阶级立场、言行一致的革命精神、公而忘私的共产主义风格、奋不顾身的无产阶级斗志"。全党全国掀起学雷锋的浪潮。此后，雷锋及雷锋精神伴随着当代中国社会生活的巨大变迁，影响、塑造着一代又一代中国人的心灵世界，成为指引中华儿女在实现中华民族伟大复兴路上不断坚定理想信念的精神丰碑。

雷锋精神并不是一种僵化的道德教条，它伴随着时代的发展，在实践中不断得到丰富和升华。20 世纪 60 年代雷锋精神的主要内容是"真善美"；70 年代雷锋精神的主要内容是爱憎分明；80 年代雷锋精神的主要内容是刻苦学习的"钉子精神"；90 年代雷锋精神的主要内容是爱岗敬业。随着时代的变迁和进步，雷锋精神始终传承，其具有的时代气息也愈发鲜明。2012 年 3 月，《中共中央办公厅关于深入开展学雷锋活动的意见》将雷锋精神的时代内涵概括为：热爱党、热爱祖国、热爱社会主义的崇高理想和坚定信念，服务人民、助人为乐

---

① 王慧，1984 年 11 月生，校学生处干事，硕士学历，助教，主要研究方向：思想政治教育。

的奉献精神，干一行爱一行、专一行精一行的敬业精神，锐意进取、自强不息的创新精神，艰苦奋斗、勤俭节约的创业精神。这些内涵是一种值得追求的崇高精神境，是塑造当代大学生核心价值观的重要资源。

2. 雷锋精神对新形势下高校思想政治工作的意义

学者檀传宝在《德育原理》中指出，学校德育内容应包括四个层次：基本的文明习惯和行为规范教育、基本道德品质教育、公民道德或政治道德品质的教育、较高层次的信仰道德教育。而且把现代德育内容的基本层次归纳为四个方面：文明习惯、基本道德、公民道德、信仰道德。[1] 根据上述理论来分析归纳雷锋精神的内涵，即文明习惯对应道德修养方法、基本道德对应道德观念、公民道德对应道德理想、信仰道德对应道德悟性。[2] 而西方著名的道德教育"价值澄清"模式认为，"我们没有办法确定什么价值，或什么生活最适合任何一个人。但我们确实知道有哪些历程对于价值的获得最为有效"[3]。对于"价值澄清"模式，我国学者鲁洁认为，这类道德教育是"失去灵魂"的教育。她认为"道德教育就其本质而言必是一种价值教育，但这类道德充其量只可谓是一种知性教育，它触及不到学生融知情意为一体的内在的心灵和灵魂，是没有道德的道德教育"[4]。她强调，道德教育是最有魅力的教育，它着重的是人——人心——人的善心。德育课程要向生活世界回归，从生活出发，并回到生活中去，使它在与生活的其他方面不断发生动态联系和作用中真正融入生活世界，成为其中的一个活性因子，去改善大学生的生活和生活方式，促使大学生去学会过一种有道德的社会生活。[5] 学者张福昌则指出，在对大学生进行雷锋精神培育的过程中，要做到七个坚持。即坚持把学习雷锋活动与对学生开展理想信念教育结合起来，坚持与对学生进行爱国主义教育、民族精神教育和社会主义荣辱观教育结合起来，坚持与学风建设结合起来，坚持与社会实践结合起来，坚持与校园文化结合起来，坚持与新生入学教育和毕业生教育结合起来。[6]

---

① 檀传宝：《德育原理》，北京师范大学出版社 2006 年版。
② 檀传宝：《德育原理》，北京师范大学出版社 2006 年版。
③ R. H. Hersh 等：《德育模式》，刘秋木、吕正雄译，五南图书出版公司 1993 年版。
④ 鲁洁：《道德教育的当代论域》，人民出版社 2005 年版。
⑤ 鲁洁：《道德教育的当代论域》，人民出版社 2005 年版。
⑥ 张福昌：《让雷锋精神永驻大学校园》，载《光明日报》，2006 年 9 月 20 日。

3. 上海建桥学院把雷锋精神融入育人全过程的实践探索

上海建桥学院在长期的办学实践中，始终坚持立德树人，积极探索在新时期新形势下学校德育工作的新内容、新形式、新途径，努力培育富有特色、成效显著的以"雷锋精神"作为标识符号的校园文化环境，结合不同年级学生的不同发展状况，分别设计不同的学雷锋实践内容。以学雷锋活动为载体，将新时代雷锋精神融入校风建设、文明创建、思政课教学改革、职业发展规划和就业指导，使雷锋精神在当代大学生中入脑、入心，逐步转化为自觉行动。

依据大学生成长的基本规律，把学雷锋实践活动划分为针对大一新生的雷锋精神的认知培育、针对在校生打造践行雷锋精神活动平台和创造条件鼓励毕业生服务社会等三个不同阶段，实现学雷锋实践活动的阶段性和递进性的有机统一。

第一阶段：入学新生的认知培育

对象：一年级新生

目标：雷锋精神的认知培育

措施平台：

聚焦新生入学教育，通过参观雷锋馆、雷锋像，读《雷锋日记》，开展学雷锋主体班会课等主题教育，使新生尽快融入雷锋校园文化。邀请雷锋生前所在班的老班长、研究和弘扬雷锋精神的专家学者开展专题讲座等形式，全方位地向新生宣传雷锋精神，同时通过在学校网站上开设专栏，利用网络平台传播建桥雷锋奖获得者的感人事迹。通过持续不断地感受式教育，使新生在入学之初就对我校学雷锋的传统和弘扬雷锋精神的校风有明晰的认知。

结合思政课，将我校设立雷锋奖十一年来获金银铜奖表彰的学生先进事迹编写成《思想道德修养与法律基础》课程的教学案例，推出"平凡善者，从我做起"校本德育教材，使一年级学生感知新时代雷锋精神的内涵。以历届雷锋奖获得者事迹为素材拍摄微电影，在思政课上进行播放，并通过课堂讨论、设计实践项目等形式引导一年级学生思考如何在新时期弘扬雷锋精神，如何把弘扬雷锋精神与我校人才培养的八个方面结合起来。

同时，在一年级学生中开展以清扫校园为形式的"文明修身"活动。通过文明修身课程，在一年级学生中倡导从身边的小事做起，让每一位学生感受服务他人的快乐与价值。通过广泛持续并深入的文明修身活动，我校大力培育奉献友爱的志愿服务精神。通过文明修身活动，我校扩大了雷锋精神在学生中的影响，提高了学雷锋活动的吸引力和声望，使学生感受了新时代的雷锋精神。

第二阶段：在校生新时代雷锋精神的自觉践行

对象：二三年级校生

目标：在校生新时代雷锋精神的自觉践行

措施平台：

建设好校园学雷锋平台，通过校园化、社会化、品牌化这三个不同层次的学雷锋平台递进式的推动雷锋精神的践行。

（1）校园化的学雷锋活动。打造如辅导员助理、文明修身学导、教学助理、"守护神计划"等学雷锋平台，推动学雷锋活动校园化。通过建设校园学雷锋平台，使学雷锋活动的校园化，推动雷锋精神内化为大学生的共同价值观、精神追求和行为准则，成为引领大学生团结奋进的精神旗帜。引导优秀学生参与辅导员助理、文明修身学导、教学助理工作，用自己的特长服务广大同学。

（2）社会化的学雷锋活动。如福利院敬老院志愿服务，关爱农民工子弟、希望小学烛光小学等。广泛扩大学雷锋活动的参与范围和影响范围，在活动中充分发挥学生的主体作用，加强引导、搭建平台、创造条件，着力扩大学雷锋活动的社会认同，把学雷锋活动扩大到扶贫助学、慈善捐款、关爱农民工子弟等领域，不断拓展学雷锋活动的深度和广度，把学雷锋活动开展到公园、广场、商场、车站等公共场所，辐射延伸到周边社区。

（3）品牌化的学雷锋活动。如上海科技馆志愿者团队。自2005年首次参加服务至今，我校参与科技馆志愿服务达1.3万多人次。学雷锋活动的品牌化，充分提升了学雷锋活动的吸引力和凝聚力。学校引导广大同学参加校内二十余支雷锋志愿者服务队、上海科技馆等校内外三十余家志愿者服务基地。通过品牌化的学雷锋平台，广泛扩大在校生学雷锋活动的参与范围和影响范围。

学校将学雷锋志愿服务列入大学生素质拓展学分体系。根据我校《大学生素质拓展学分实施办法》的规定，每位学生志愿服务必须满30个小时才能获得2个学分。学校将雷锋志愿服务列入大学生素质拓展学分体系，以此引导全校学生投身学雷锋志愿者活动中去，从制度上确保雷锋志愿服务常态化。同时，学校设立金、银、铜质雷锋奖章，在每年3月5日前后向学生颁授，表彰践行雷锋精神的优秀学生。并通过展示获雷锋奖章优秀学生的事迹，激励在校生。建校以来，共有5078人获得雷锋奖章。

在此之外，学校大力开发、培育学生第二课堂和创新创业平台，将雷锋精神中的锐意进取、艰苦奋斗的精神层次与我校人才培养方案结合，建设不同于传统志愿者活动的学雷锋项目平台。我校近年着重进行学生社团的建设，精简文艺类社团，大力培植科技类社团，同时出台规章制度，对教师指导科技类社团、带领学生参与科技类竞赛进行制度保障。同时，每年在学生中摸排有创业意愿、创业项目的学生，开辟专区，专人指导，对创新创业项目进行扶植培育。

学校在"雷锋奖"之外，还设立"清云奖"对弘扬雷锋精神的优秀学子进行表彰。"清云奖"包括"感动建桥十大学子""建桥十大学习标兵""建桥十大创新创业之星"三个方面。这些奖项的设立，都是对雷锋精神中艰苦奋斗、自强不息、锐意进取、助人为乐等维度的弘扬，主旨是进一步使学生认识到学习雷锋不仅仅存在于志愿者活动中，雷锋精神是多层次、多维度的，是常学常新的，雷锋精神是人人可学的。鼓励学生持续不断地在日常的学习生活中自觉践行雷锋精神，把雷锋精神内化为自己对学习对生活的要求和目标，把学雷锋活动落到实处。

第三阶段：服务社会

对象：毕业生

目标：培养雷锋式毕业生，更好服务社会

措施平台：

鼓励毕业生通过服务西部计划、毕业生入伍参军等途径服务社会。通过服务西部计划、毕业生入伍参军等服务社会，向部队输送优秀兵源，既是爱国爱校的表现，又是在以行动践行社会主义核心价值观，践行校训。从而使大学生认识到，学雷锋就是要不断修正自己的人生观与价值观，尽好自己的义务，将个人发展融入国家需要中。

把毕业生的培养与我校应用型人才培养目标相结合，对接专业要求、行业发展趋势精心设计培养方案，不仅注重学生的理论知识的培养，更加注重学生实际操作能力、独立处理问题能力的培养。每个专业每学期，我校都专门设置实训周来锻炼学生，通过校企合作、邀请行业领军人物开班讲座、学生直接对接企业实习等措施提高广大学生的职业素质、专业技能，内化为促进就业成才软实力，培养具有踏实勤勉、敬业爱岗、职业道德、工匠精神、创业精神的雷锋式毕业生。

在《大学生职业生涯规划与就业指导》课程里，加入我校雷锋奖中创新创业优秀学生代表案例，融入"雷锋精神"的敬业、创新、创业的新时代内涵。并制作《建桥雷锋奖十年·十人》视频，聚焦10位已毕业的雷锋奖章获得者，讲述他们在工作岗位上继续发扬雷锋精神、敬业奉献的事迹，对毕业生进行毕业最后一课的教育。

上海建桥学院把学习雷锋精神融入人才培养全过程，把思想政治教育从理论说教中摆脱出来，变一阵风的运动式学习雷锋精神活动为每年都有学雷锋的新举措、每年都涌现出一批学雷锋标兵，砥砺前行，不断把学雷锋活动深化。把雷锋精神与时代发展结合、与学生特点结合、与人才培养结合，以雷锋精神为指引和抓手，配合校内外各种学雷锋平台和项目，借助行动来强化理念，实现"认知—实践—再认知—再实践"的认知强化过程，推动大学生对雷锋精神认识不断深化，将德育培养真正落到实处。

雷锋精神与志愿者精神之比较

夏雨①

雷锋精神和中国志愿者精神是当代大学生最熟悉的两个词汇，它们有什么样的相似之处和差异？厘清两者之间的关系，对于正确理解、学习、弘扬雷锋精神和志愿者精神是十分必要的。

1. 雷锋精神和中国志愿者精神的形成是中国社会主义精神文明建设中的两座丰碑

1.1 雷锋精神在实践中形成和发展

1963年3月5日，《人民日报》发表了毛泽东同志"向雷锋同志学习"题词后，学雷锋活动在全国轰轰烈烈开展起来，雷锋精神以其巨大的辐射力，在全国人民特别是在青少年中产生了深远影响。成千上万的"红领巾""学雷锋小组"走向街头清扫街道，到养老院、五保户家庭慰问老人，帮老人们送菜、送粮、送煤、送医药并就一切与生活密切相关的项目提供方便。这些画面成为共和国历史上一段非常让人难以忘怀的记忆。②

1963年至1965年，我国对于雷锋精神的学习是比较全面的，在《毛泽东同志为雷锋题词经过》中介绍了在毛泽东同志题词时，为他准备了"学习雷锋同志全心全意为人民服务的思想""学习雷锋同志鲜明的阶级立场""学习雷锋同志大公无私的共产主义风格""学习雷锋同志艰苦朴素的作风""学习雷锋同志毫不利己、专门利人的优良品德""学习雷锋同志勤奋好学的革命精神"等题词内容，这一细节说明这些是当时的雷锋精神内涵的主要体现。毛泽东同志补充说，学雷锋不是学他哪一两件先进事迹，也不只是学他的某一方面的优点，而

① 夏雨，女，1970年7月生，校党委副书记、副校长，硕士，副教授，主要研究方向：高校学生思想政治教育和学生事务管理。
② 学雷锋活动与中国志愿服务活动的关系. 人民网。

是要学他的好思想、好作风、好品德；学习他长期一贯地做好事，而不做坏事；学习他一切从人民的利益出发，全心全意为人民服务的精神①。然而，在1968年以后，全面的雷锋精神逐渐被抽象化。如1973年的学习雷锋的报道集中在"忠于革命忠于党、爱憎分明的阶级立场"，借以批判刘少奇的"修正主义"；1977年的宣传中主要强调"雷锋精神是全心全意为人民服务"，雷锋的一生是"反修防修、在无产阶级专政下继续革命的一生"；党的十一届三中全会后，在"五讲、四美、三热爱"活动中，雷锋的道德光辉再次闪耀；在整个20世纪80年代直至90年代初，雷锋精神更多地被解读为反对资产阶级自由化思潮和反腐败的有力工具②。

雷锋精神在实践中不断丰富和发展。2012年，为深入贯彻落实党的十七届六中全会精神，中共中央办公厅发出《关于深入开展学雷锋活动的意见》，扎实推进教育系统深入开展学雷锋活动，2012年2月27日，教育部党组发出通知，印发《教育系统深入开展学雷锋活动实施方案》，把雷锋精神的当代要义归纳为五点：雷锋热爱党、热爱祖国、热爱社会主义的崇高理想和坚定信念，弘扬雷锋服务人民、助人为乐的奉献精神，干一行爱一行、专一行精一行的敬业精神，锐意进取、自强不息的创新精神，艰苦奋斗、勤俭节约的创业精神。

1.2 较晚起步的中国志愿者精神的形成和迅速发展

西方的志愿服务经历了近3个世纪的发展、沉淀、积累，已经形成完善的志愿服务管理体系和社会文化。西方学者一般认为，志愿精神起源于宗教慈善精神。2001年，联合国指出了志愿者服务的四个特征：自愿的、有组织的、不为自身经济目的、使他人得到利益和帮助。同时认为，志愿精神是"一种自愿的、不为报酬和收入而参与推动人类发展、促进社会进步和完善社区工作的精神③"。

本文主要讨论雷锋精神与中国志愿者精神，以下讨论的"志愿者""志愿者服务""志愿者精神"分别指"中国志愿者""中国志愿者服务""中国志愿者精神"。

相比西方，中国的志愿者服务起步较晚。1993年，北京大学学生成立了学生组织"爱心社"，标志着中国高校志愿者活动的兴起。1993年底至1994年初

---

① 林克：《毛泽东同志为雷锋题词经过》，载《人民日报》，1993年3月5日。

② 刘孜勤：《中国志愿者精神与雷锋精神的对比研究》，载《山西青年干部管理学院学报》，2008年第3期。

③ *Marca. Musick and John Wilson. Volunteers* [M]. Indiana University Press. 2008

春，全国 40 余万名大中专院校学生利用寒假时间，在春节前后铁路运输高峰时期工作人员严重不足的情况下，在全国主要铁路沿线和车站开展"志愿者新春热心行动"，这是第一次运用青年志愿者这个称号。1993 年 12 月，在共青团中央十三届二中全会正式通过的《在建设社会主义市场经济体制进程中我国青年工作战略发展规划》中提出了实施青年志愿者服务计划的跨世纪青年文明工程。

1994 年 12 月 5 日，中国青年志愿者协会在北京成立，同时通过并颁布了《中国青年志愿者协会章程》，明确了青年志愿者行动的宗旨、准则和任务。1995 年 5 月，团中央推出了《青年志愿者服务站实施方案》并试行。

2000 年，江泽民同志在杰出青年志愿者的来信上做出重要指示："青年志愿行动，是当代社会主义中国一项十分高尚的事业，体现了中华民族助人为乐和扶贫济困的传统美德，是大有希望的事业。努力进行好这些事业，有利于在全社会树立奉献、友爱、互助、进步的时代风貌。[①]"团中央和志愿者协会在坚持国际志愿服务精神的基础上，根据自己的实际，结合国家领导人的批示，把"奉献、友爱、互助、进步"作为中国青年志愿者精神，也是当前中国所有志愿服务的价值体现。2002 年开始，团中央与中国青年志愿者协会先后制订了《中国青年志愿者注册管理办法》（试行）、《中国注册志愿者管理办法》（2006年）、《中国注册志愿者管理办法》（2013 年修订），将"中国志愿者"定义为不以物质报酬为目的，利用自己的时间、技能等资源，自愿为国家、社会和他人提供服务的人；明确了实施志愿者注册登记制度和志愿服务时间储蓄制度。2013 年修订版明确了"奉献、友爱、互助、进步"八字中国志愿者精神。至此，中国志愿者服务的组织、精神归结、管理的框架体系基本完成。中国志愿者成为中国精神文明建设、和谐社会构建中的一支不可取代的力量。

2. 雷锋精神和志愿者精神具有不同内涵和产生社会阶段

2.1　相比以事业为载体的志愿者精神，以人物为载体的雷锋精神有更丰富的内涵

雷锋精神具有先进性、时代性等特征，其实质和核心是全心全意为人民服务，为了人民的事业无私奉献，它已经成为我们这个时代精神文明的同义语、先进文化的表征。从雷锋精神的发展过程和内涵解构来看，以人物为载体的雷锋精神至少包含三大内涵：一是旗帜鲜明的思想政治立场和坚定的理想信念，

---

① 《江泽民在杰出青年志愿者的来信上作出重要批示》，载《中国青年报》，2000 年 1 月 18 日。

对党忠诚、热爱祖国、热爱社会主义，爱憎分明。二是高尚的道德情操和人格素养，为人民服务、大公无私、奉献、助人为乐、诚实守信、艰苦奋斗、勤俭节约的精神。三是优秀的职业操守，有虚心学习、锐意进取、潜心钻研的"钉子精神"，同时又谦虚谨慎、爱岗敬业、忠于职守，甘愿做一颗"螺丝钉"。雷锋精神有意识形态上的内涵，体现了伟大的共产主义精神，同时也闪耀着感恩、善良、幸福的人性光芒。雷锋精神是人性、德行、党性的完美结合①。

以"活动和事业"为载体倡导的志愿者精神具有"服务社会，帮助他人，创造美好，共同进步"的内涵。把服务他人、服务社会的奉献精神与实现个人价值，促进自己和他人、社会共同发展和进步有机结合起来。志愿者精神的显著特征是实践性，通过社会化的实践产生了五方面的作用：一是实践主体的社会责任感和公民道德水平得到进一步的强化，二是实践主体有效融入社会的能力得到提升，三是志愿服务团队为大学生们提供了高质量的人力资源资源实践育人的社会平台，四是形成了"人人为我，我为人人"的社会道德环境和文化价值，五是促进社会公平和谐。

2.2　二者产生于不同的社会经济发展阶段

从产生的历史必然性来看，雷锋精神的树立符合新中国社会主义建设中政治经济发展的需求，也是中国特色核心价值导向和培育的开始。志愿者服务和志愿者精神是中国社会主义市场经济发展的产物。当计划经济的分配制度解决不了公共服务的社会需求时，志愿者服务在政府与有利益化倾向的市场部门之外，挖掘和整合了社会资源，为公共服务提供补充，缓解了社会矛盾。同时也符合党的十八届二中全会、第十二届全国人民代表大会第一次会议审议通过的《国务院机构改革和职能转变方案》，社会管理制度创新改革，政府职能转变，逐步会向"小政府、大社会"的模式转变。

综上可知，二者产生的政治经济发展阶段不同，雷锋精神的内涵和层次也更丰富，丰富之处的关键在于学习雷锋的政治要义要远远大于志愿服务的内涵。因此，不能一概而论地将雷锋精神等同于志愿者精神，二者不能简单地互相代替。

---

① 夏湘远：《人性、德行、党性的完美结合——雷锋精神的时代解读》，载《长沙大学学报》，2010 年第 4 期。

3. 雷锋精神和志愿者精神在实践中互相辉映，有机结合

3.1　雷锋精神和志愿者精神有相同的优秀传统文化渊源和共同的价值目标

雷锋精神和志愿者精神都是加强社会主义精神文明建设、推进青年成长进步的宝贵财富。二者相通之处在于：第一，雷锋精神和志愿者精神有相同的优秀传统文化渊源。中华民族历来就有先公后私、扶贫济困、助人为乐的传统美德，"老吾老以及人之老，幼吾幼以及人之幼""天下为公"等是社会千百年传承下来的道德传统。第二，"为人民服务""关爱""奉献""利他""助人为乐"等是雷锋精神和志愿者精神在社会道德和公民意识范畴的共同价值追求。志愿服务口号"我参与，我奉献，我快乐"，志愿者誓词"我愿意成为一名光荣的志愿者，我承诺：尽己所能，不计报酬，帮助他人，服务社会"，都道出了志愿者无私奉献和快乐付出的精神追求。可以看出，志愿者行动和精神是对雷锋精神的认知、认同、实践的结果。2003 年，时任团中央第一书记的周强同志在《弘扬雷锋精神，推进青年志愿服务》一文中明确指出："奉献、友爱、互助、进步的志愿精神和雷锋精神一脉相承，都是加强社会主义精神文明建设、推进青年成长进步的宝贵财富。"

3.2　共同的价值追求使学雷锋精神和志愿者精神有机结合

学雷锋活动在一定程度上促进了志愿者活动的发展。学界普遍认为，"向雷锋同志学习"发表后，激发了全国人民"为人民服务"的热忱，拉开了新中国成立以来志愿服务的历史序幕。从 20 世纪 60 年代到 90 年代初的学雷锋活动呈现了志愿者活动的雏形。

1993 年，时任团中央第一书记的李克强同志《在建立社会主义市场经济体制进程中我国青年工作战略发展规划》明确，"青年志愿者活动是社会主义市场经济条件下学雷锋活动的丰富和发展，是学雷锋活动经常化的一种有效形式"。1994 年 2 月 4 日，团中央发出《关于开展"青年志愿者学雷锋奉献日"活动的通知》，号召全社会青年志愿者学雷锋做奉献。2000 年，团中央将每年的 3 月 5 日"学雷锋日"定为"中国青年志愿者服务日"。至此，学雷锋活动和志愿者活动有机结合到一起，这也表示志愿者精神使雷锋精神更好地契合时代发展要求，让雷锋精神在新时代熠熠生辉。接下来，十七届六中全会提出志愿者服务和志愿者精神是"学雷锋活动常态化"的重要载体。2013 年，中共中央办公厅印发的《关于培育和践行社会主义核心价值观的意见》也明确指出"要深化学雷锋志愿服务活动。要大力弘扬雷锋精神，采取措施推动学雷锋活动常态化。把学雷锋和志愿服务结合起来"。并明确了新时代学雷锋志愿服务内容在"扶贫济困、应急救援、大型活动、环境保护"等方面，对象主要围绕"空巢老人、

留守妇女儿童、困难职工、残疾人"等群体，目的是"形成我为人人、人人为我的社会风气"。

4. 雷锋精神和志愿者精神必将融入和促进社会主义核心价值体系的培育和践行

4.1 雷锋精神和志愿者精神是社会主义核心价值观的具体体现

24 字社会主义核心价值观为"富强、民主、文明、和谐，自由、平等、公正、法治，爱国、敬业、诚信、友善"。社会主义核心价值体系的总结和凝练无疑是在当前社会主义经济、政治、文化发展阶段下，传承了中华民族优秀传统文化、传统美德并结合当代雷锋精神、志愿者精神等形成的。雷锋精神的树立既是有中国特色的核心价值导向和培育的开始，雷锋精神和志愿者精神又是社会主义核心价值观的具体体现。

4.2 雷锋精神和志愿者精神与社会主义核心价值观高度契合

首先是国家层面的价值观契合，国家层面的社会主义核心价值观"富强、民主、文明、和谐"在社会主义核心价值观中居于最高层次，对其他层次的价值理念具有统领作用。[1] 其中的"富强、文明"四字体现了国家最基础和最根本的核心价值取向，也是社会主义现代化国家的重要特征，又是社会进步和历史发展的终极目标。另一方面，雷锋精神的发扬和志愿者服务的兴盛程度也正是经济发展、社会文明和社会进步的重要标志，两者不谋而合。其次，雷锋精神和志愿者精神体现和促进了自由、平等、公正。不断完善的学雷锋志愿服务体系是一只看不见的手，触及社会不同收入人群、不同行业、不同地域等，重新整合和分配了社会资源，是保障社会公平的重要力量。在个人层面，雷锋精神和志愿者精神代表了社会主义国家公民的基本价值追求和道德准则要求，完全体现了爱国、敬业、诚信和友爱的价值取向。

4.3 雷锋精神和志愿者精神的发扬和实践成为培育和践行社会主义核心价值观的良好渠道、重要形式、最佳载体。

首先，雷锋精神和志愿者精神具备"神形兼备"的特点。不是容易坍塌的空中楼阁，不是纯粹的意识形态和空洞的说教，是有血有肉的生命、生活和人性的呈现，是鲜活的、有说服力和强大生命力的。比如，"心怀感恩"成就了"忠于党，为人民服务"的雷锋。从雷锋的生活环境和成长过程来看，雷锋一切行为和思想的逻辑起点是"人民养育了我，党培养了我"，"感恩"成为雷锋精

---

[1] 王波：《高校培育大学生社会主义核心价值观研究》，天津师范大学，2015 年。

神形成的原始动因。这一逻辑及其背后的雷锋学习工作生活细节是接地气的，能引起社会个体和广大学生的高度共鸣和接受效仿。又如，雷锋正确处理不可回避的四对人生矛盾：个人与集体、利己与利他、自律与他律、乐观与悲观，并最终做出集体主义、利他主义、自律主义与乐观主义的价值选择，这四者是紧密联系在一起的，信仰集体主义，就一定是利他主义者；坚持利他主义，就一定是自律主义者；而人要自律是很艰难的，有时甚至是很痛苦的事，做一个乐观主义的自律者，是人生的最高境界。雷锋就是具有这种乐观主义的自律者，他做的每一件事情特别是做的每一件好事，动机都很单纯，内心充满快乐，感觉十分幸福①。这一伦理价值分析正视了人本思想，同样体现了雷锋的可贵、可爱、可学之处，这就是雷锋精神具有强大生命力的源泉之所在。

其次，雷锋精神和志愿者精神具有"高度实践性"的特点。当服务给社会和他人带来影响的同时，也会使服务实践者切身体会、深刻认识自身与社会、他人的关系及自身的价值，所以服务活动是对社会主义核心价值观的认识、认同并转化为个人信仰、信念的过程。

雷锋精神和志愿者精神的这种"神形兼备和高度实践性"的特征，符合习近平总书记在谈到治国理政时指出的"一种价值观要真正发挥作用，必须融入社会生活，让人们在实践中感知它、领悟它。要注意把我们提倡的与人们日常生活紧密联系起来，在落细、落小、落实上下功夫"；也符合 2017 年 3 月中共中央和国务院下发《关于加强和改进新形势下高校思想政治工作的意见》提出的"要遵循思想政治工作、教书育人、遵循学生成长规律"的要求。因此，从培育和践行社会主义核心价值观的目的、内容、方法、路径来看，发扬和实践雷锋精神和志愿者精神是不二选择。

---

① 覃正爱：《雷锋精神的伦理价值探析》，载《马克思主义研究》，2013 年第 9 期。

04

第四篇

实践育人

学雷锋，学的是精神，见的是行动。十几年来，建桥人时时学雷锋、处处学雷锋，学雷锋已经潜移默化成为师生思想上的认同、心灵上的契合、价值上的追求，内化于心，外见于行。

在实践中不断学习、反思，在学习、反思中不断实践，这种理念已初步成为建桥学雷锋的特色。本篇中，我们将从第一课堂和第二课堂两个方面入手，展示近年来将雷锋精神融入学校工作各个环节的有益探索，总结实践经验，努力做思考的实践者，做实践的思考者。

民办高校学生价值观调查与思考

宋艳华①

当代大学生肩负着实现中华民族伟大复兴的历史重任，其价值观将直接影响我国社会主义现代化事业的兴衰成败。在中国实行社会主义市场经济体制之后，大学生价值观方面出现的变化是极为引人关注的。那么，大学生价值观在新时期究竟发生了怎样的变化？笔者立足于上海民办高校，对大学生价值观现状进行了深入的调查研究。之所以选择民办高校大学生作为研究对象，是因为民办高校大学生在当前社会竞争的大潮中，心理上处于天然的弱势，他们的生存状态更值得关注，他们的思想现状更令人担忧。再加上学校知名度不高、校园文化建设滞后等因素，或多或少都会影响民办高校大学生的价值观。为了清晰把握民办高校大学生价值观的现状，本课题组通过对上海市民办高校的大学生进行抽样调查，力图准确反映上海市民办高校大学生价值观的基本状况，为民办高校大学生价值观教育提供有益的参考和启示。

1. 调查的对象与方法

根据上海统计局发布的相关数据，截至 2010 年底，上海民办高校共 20 所，在校生 9.37 万人，占上海在校大学生总数的 18.2%②。本次调查运用随机抽样调查的方法，采取问卷调查的方式，根据总样本数（近 10 万人的规模），按照 7‰的比例在上海民办高校大学生中进行抽样调查。调查的对象为上海市 5 所民办高校和 2 所公办高校的在校学生。本次调查在上海民办高校发放问卷 660 份，回收 647 份，回收率为 98%；有效问卷 641 份，有效率为 99%。为与公办高校进行比较研究，本次调查在公办学校发放问卷 220 份，回收 215 份，回收率约为

---

① 宋艳华（1976－），女，通识教育学院院长，哲学硕士，副教授，研究方向：马克思主义中国化。

② 《上海统计年鉴（2011）》。

98%；有效问卷209份，有效率为97%。调查数据全部用社会科学统计软件包sps13.0进行统计分析。

价值观是关于价值和价值关系的一般观点和根本观点，是人们在处理各种价值问题时所持有的立场、观点和态度的总和。对于"三观"中的"价值观"的理解，在实际生活中较为流行的一种理解主要包括两个层面上的价值观：一是指对意识形态、政治制度和政治道路的总的态度，二是指对道德的基本原则和对人生道路的总的态度①。所以本次调查主要针对学生的人生价值观、道德价值观和政治价值观进行调查。同时，为了解学生对社会主义核心价值体系的认知与评价、对思政课在价值观教育中所发挥作用的评价、对影响学生价值观的主要因素的认识，本次调查也设置了相关问题进行调查。

2. 调查的结果与分析

通过对调查问卷进行认真的整理和分析，获得了较为准确的基本数据。这些调查结果比较全面地反映了上海市民办高校大学生价值观的现状，具体调查结果总结如下。

2.1　民办高校大学生价值观的现状分析

（1）民办高校学生的人生价值观现状：趋向功利化。调查数据显示，民办高校学生在"价值标准""奋斗原因""择业标准""希望就业单位性质"及"重要价值选择排序"这五个方面，在整体趋向上与公办高校学生的选择基本一致。比如，两类学校的大学生在回答"您想去哪种类型的组织机构就业"这一问题时，排在前三位的都是外资企业、国有企业和政府机关。在回答"您认为最重要的价值有哪些？"这一问题时，排在前三位的都是"舒适的生活"（富足的生活）、"成就感"（持续的贡献）和"家庭安全"（照顾自己所爱的人）。当然，就每个项目的具体分析对比来看，两类学校的学生又表现出明显的差异性。如，当问到"您判断人生价值的标准是"时，68.5%的民办高校学生选择了"自我价值实现程度"这一标准，而公办高校学生选择这一选项的比例则高达76.1%。相反，在"金钱的多少"与"社会地位高低"这两个选项中，民办高校学生的选择比率比公办高校的学生高9%。又如，在回答"激励您奋斗的主要原因是什么？"这一问题时，选择"赚大钱"的民办高校学生人数比例高达18.4%，高出公办高校的7.7%近11个百分点。再如，在回答"您选择工作时所依据的标准"这一问题时，民办高校学生选择"经济收入"的占48.3%，高

---

①　石海兵：《青年价值观教育研究》，安徽人民出版社2007年版。

出公办高校学生（37.5%）11个百分点。

通过上述对比分析可以发现，民办高校有相当部分学生的人生价值观过度趋向功利化，有待加强引导。

（2）民办高校学生的道德价值观现状：社会公德意识有待提高。调查数据显示，民办高校学生的日常道德意识与公办高校学生相比要差一些。如在对"您是否认为作弊是不道德的行为？"这一问题的回答上，47.9%的民办高校学生明确回答"是不道德"的，比公办高校低6个百分点，38.6%的民办高校学生认为要"视情况而定"，这说明有必要加强对大学生的诚信教育；在对"看到宿舍中长流水、长明灯现象时，您是否会主动去关掉？"这一问题的回答上，79.9%的民办高校学生做出了肯定的回答，比公办高校学生低近10个百分点；在对"您是否会牺牲精力和时间来为他人服务？"这一问题的回答上，30.5%的民办高校学生做出了肯定的回答，41.1%的公办高校的学生做出了肯定回答；在对"您认为自己的'七不'规范（不随地吐痰　不乱扔垃圾　不损害公物　不破坏绿地　不乱穿马路　不在公共场所吸烟　不说粗话脏话）做得如何？"这一问题的回答上，37.1%的民办高校学生认为自己"做得很好"，41.1%的公办高校的学生认为自己"做得很好"，两类高校在这方面有一定差距；在对"你感觉在孝敬父母方面做得如何？"这一问题的回答上，34.1%的民办高校学生和35.3%的公办高校学生认为自己"很孝敬"，认为自己做得"很不好"的比率为分别为5.0%和6.2%。

纵观这些统计数据，我们发现民办高校学生在道德价值观中的社会公德方面的意识与公办高校差距较大，而在家庭道德方面与公办高校虽有一定差距，但差距不是很明显。因此，如何提高民办高校学生的社会公德意识成为当前迫切需要解决的问题。

（3）民办高校学生政治价值观现状：积极与消极并存，积极是主流。政治价值观方面，主要就学生的政治态度、对主流政治价值观认知、获得政治认知的基本途径和政治参与、政治目的等方面进行了调查。调查发现，目前大学生对政治的态度总体比较冷淡，无论就政治热点问题的关注度，还是政治热情都比较低。如对一年一度的国家重大政治会议"两会"的关注度，表示"相当关注"和"关注"的只有25%。如学生在"党政书籍阅读意向"方面的反映可以看出，对党政类书籍不感兴趣的比重较高，在这方面公办高校和民办高校的整体差别不大。

而在主流政治价值观的认知方面，六成以上的学生都比较认同主流政治价值观，认同中国特色社会主义共同理想，认同中国共产党，这从学生"对党和政府处理 2008 年重大事件的评价"上可以看出，近八成的学生认为党和政府在处理 2008 年我国发生的重大事件上"表现很好"。此外，学生对共产主义和集体主义的认同度偏低，民办高校学生与公办高校学生在这方面没有明显的差异。在"是否认同中国特色社会主义伟大旗帜?"这一问题上，两类学校都有 25% 左右的学生选择"说不清"这一选项，在对"对迷信方术的态度"这一问题上两类学校都有五成多的学生选择"说不清"，一成左右的学生竟然认为"可信"，这说明大学生的科学意识还有待提升。对于这些问题，思政课教师应该高度重视，并在具体的教学实践中寻求解决之策。

民办高校学生的政治认知水平比公办高校学生要低，在对相关重大政治事件和制度的认知和评价方面，还表现出理论和知识上的差距。如在对"东欧剧变"后西方学者的错误言论明确表示不同意的，公办高校学生为 41.1%，而民办高校学生 27.8%，表示"非常同意"和"基本同意"的学生民办高校为 19.6%，而公办高校则为 10%，这些都需要民办高校的思政课教师对学生进行正确引导。

在"最关注国家政治问题"这一问题上，民办高校学生和公办高校学生相比较发现，两类学校的学生都非常关注两岸关系和外交关系，但是民办高校的学生更加关注两岸关系（36.5%），公办高校的学生更加关注外交关系（30.6%）。在"最不满意的社会现象"问题上，民办高校学生对此回答排在前三位的分别是腐败（27.8%）、贫富差距（21.1%）和就业（18.1%），公办高校学生对此回答排在前三位的分别是腐败（30.6%）、贫富差距（20.6%）和教育（19.1%），这与中国民众最关注的社会问题基本上是相吻合的。思政课教师必须通过思政课这一思想政治教育的主渠道对学生感到困惑的问题做出回应。此外，民办高校的有关部门也应该积极解决学生非常关心的就业问题，通过多种途径来提高民办高校学生的就业竞争力。

调查数据亦显示，学生参与政治的功利目的较强。比如对提交入党申请书的学生中，入党动机方面选择"为了就业"和"为了荣耀和满足"占到 27.2%，比公办高校多出近 8 个百分点。选择"信仰共产主义"的占 12.9%，比公办高校低 2 个百分点。这一方面反映出民办高校学生就业确实比较艰难，希望通过入党为自己的就业增加筹码，但另一方面反映出民办高校学生政治参与的功利性比较强。

2.2　学生对社会主义核心价值体系及思政课的评价

从调查数据看，大多数民办高校学生对核心价值体系在塑造大学生价值观上的作用持肯定态度，占到总数的 77.4%，但是持完全肯定态度的却只有

17.7%。这方面与公办高校的情况差别不大。此外，78.6%的学生支持学校加强社会主义核心价值体系教育。与公办高校学生相比，这方面的差别不是很明显。

在接受核心价值体系教育的途径选择方面，学生选择最多的是"讲座""活动"和"电视广播等传媒宣传"，对传统的"讲课"方式的支持度较低。这说明学生对传统上思政课只通过"讲课"这种单一的模式进行宣传教育是不满意的，希望有多元化的接受教育途径，这对思政课教学模式和方法的变革也提出了更高的要求。与公办高校相比，这方面的差别也不是很明显。

调查发现，78.8%的民办高校学生对思政课在社会主义核心价值体系上的教育效果表示肯定，不过认为"效果显著"的却只占8.3%。

2.3　影响学生价值观的主要因素

课题组在设计问卷时预设，社会道德状况和学校教育是影响学生价值观的主要因素，政治面貌是中共党员的学生的价值观应明显高于非党员的学生，但是调查结果与预设存在较大差异。

（1）主观因素对价值观的影响。调查显示，学生自认为对价值观影响比较大的因素角度主要集中在"自身素质""生活阅历和理想""父母的素质和家庭氛围"与"社会道德状况"四个方面。其中，前两者主要反映的是学生自身的主观因素，也即内因；后两者主要反映的是客观环境因素，一个是家庭环境，一个是社会道德环境，也即外因。由此可见，学生还是比较客观地看待了影响价值观因素的主客观两个方面，并认为主观方面是最主要的方面。而民办高校学生认为主观因素对价值观影响较大的比率要比公办高校高。

（2）政治面貌对价值观的影响。根据"学生自我认知"的调查结果，笔者有选择地对相关关联影响因素（性别、政治面貌、家庭氛围等）作了进一步分析，所得结果如下：

就"政治面貌"与价值观的关联性分析发现，学生中的"中共党员"在"人生价值观"和"道德价值观"方面的表现情况与非党员的学生差别不是很明显，虽然在个别项目方面略好于其他类型的学生，但在一些项目上反而不如非党员的同学。如在"人生价值标准"的选择上，分别有11.8%的"中共党员"选择了"对社会贡献的大小"，而非党员的学生则高达83.3%。再如"遵守七不规范"方面的表现，"中共党员"的表现也不是很理想。这是一个很值得重视的问题，这说明目前学生党员的道德素质有待提升。

另外，在"政治价值观"方面，学生中的"中共党员"的表现在多方面要好于其他类型的学生。如在对"两会态度"方面76.5%的"中共党员"学生都选择了关注，这明显好于其他类型的学生。再如，在对待"反华、辱华"方面，94.1%的"中共党员"学生都选择了"愤怒，但克制，不要过激，交给政府解决"，这说明党员同学在基本政治立场上还是保持了非常良好的素质。在与公办高校学生的对比中，发现公办高校学生的价值观与"政治面貌"关联性比民办高校的更强。

3. 建议与思考

调查显示，民办高校学生的价值观总体是积极向上的，但也存在功利化、过分关注自我、缺乏社会责任感等问题，所以在民办高校进行价值观教育必须对学生在价值观上的不良倾向进行矫正。

3.1　以"感恩教育"为突破口，着重培养学生的社会责任感

笔者认为，在民办高校对大学生进行价值观教育可以将"感恩教育"作为突破口，原因有两个：一是由于感恩教育适合民办高校大学生的特点，能够培养学生对他人、对社会的责任感。当前，民办高校大学生多属独生子女，普遍以自我为中心，缺乏服务他人、团队合作与集体意识，这一特点在调查中也得到充分证明。若要纠正学生在价值观上的功利化倾向，首先要转变他们的观念与习惯，使他们能够从自我的小世界跳出来，转而关心他人和社会。感恩教育就是一种能使学生正确对待人与人、人与家庭、人与社会关系的有效途径。因为这种教育方式是从人性最柔软的地方入手，让学生学会知恩、感恩，因感恩而去回报父母、社会和国家，所以更容易被学生接纳和认可。二是由于感恩教育符合社会对大学生的基本要求。在新时期，高校承担着人才培养和科学研究的功能，也应该担负起服务社会、传承文化的重任。高校理应成为道德高地，大学生的道德水平理应引领社会道德风尚。在中华民族实现伟大复兴的征程中，需要每一个中国人尤其是大学生肩负起民族复兴和国家崛起的重任，这就要求大学生不能只关心自我的小世界，还应具备高度的社会责任感，关心国家和社会的大发展。感恩教育能够使大学生意识到父母、师长、朋友、社会、国家乃至整个地球都应该是感恩的对象，从而使大学生摒弃一切以自我为中心的观念，增强对他人以及社会的责任意识。

3.2　以社会主义核心价值体系为主要内容，载体应该多样化

调查发现，在民办高校学生中，有一部分人接受了个人主义、实用主义等价值观，产生一些不容忽视的问题，如缺乏责任意识、公德意识、科学意识，对共产主义和集体主义的认同度偏低等。如果没有社会主义核心价值作为大学生的精神内核，学生的价值观就会出现危机，因此，有必要加强民办高校大学

生社会主义核心价值体系教育。

思想政治理论课是对学生进行社会主义核心价值观教育的主渠道，但不是唯一途径。调查显示，学生对传统思政课只通过"讲课"这种单一的模式进行宣传教育不满意，希望有多元化的价值观教育途径。民办高校应该结合自身的实际，不断探索价值观教育的新载体。比如在美国，价值观教育的载体就是多种多样的，既有课堂教学这一形式，还有校园活动、校外活动、校园设施和社会设施、大众传媒、校园文化、学校的管理与服务等形式。美国学校鼓励和支持学生参与、组织各种社团活动、志愿服务活动、社区工作，观看各种有关社会重大事件或具有价值导向意义的影视、报纸杂志等，参观各种具有思想政治教育意义的纪念馆、博物馆、雕塑等场馆，加强学生辅导人员对学生思想、心理、生活的辅导与服务，引导学生自我服务与自我管理，等等[1]。美国的价值观教育方式对于民办高校价值观教育载体的创设很有启示意义。

以上海建桥学院为例，该校将思想道德素质优（主要表现为公德水准高、富有爱心、社会责任感强）作为学生的培养目标之一。为此，学校开展了学习雷锋系列活动，并设立了文明修身德育践行课程。一方面将每月第一个周六定为"雷锋日"，引导全校学生结合自身特长和专业优势，深入敬老院、福利院、社区街道等场所，广泛开展敬老爱老、知识传播、环境保护等方面的活动，同时还组建了上海科技馆、"阳光之家"、上海博物馆三支学雷锋志愿者服务队，定期为社会公众服务。另一方面又推出文明修身德育践行课程，每天清晨、中午和傍晚，都会看到有几百名大学生胸佩文明修身上岗证，手持清洁工具，在认真地清扫校园的道路，清除校园里的白色污染物。该课程的实施不仅营造了整洁优美的校园环境，更重要的是使学生素质有了很大的提高，思想和行为有了明显的转变。

3.3　以学生为价值观教育的主体，增强价值观教育的实效性

一般来说，一种价值观的形成主要取决于两个因素，一是能不能接受，二是愿不愿意接受。其中"能不能"主要受制于主体的认知因素，而"愿不愿意"则主要受制于主体的情绪因素，也就是主体对价值观内容的情绪体验以及由此产生的需要。调查也显示，学生认为对价值观影响最大的因素还是主观因素，而不是客观因素。因此，实施价值观教育，让学生树立正确的价值观，不能只考虑教育内容方面的问题，还必须承认学生是价值观教育过程中的主体，

---

[1]　梁永艺：《美国学校价值观教育及其对我国青年学生社会主义核心价值观教育的启示》，载《河池学院学报》，2010 年第 2 期。

充分考虑学生的接受能力和接受意向。

首先，教师必须关注学生的需求。通过对上海民办高校部分学生的个别访谈和问卷调查发现，学生感觉比较困惑的问题集中在学习、恋爱、就业等几个方面。虽然民办高校的大学生比较关注小我，但不应该为此过于苛求学生，关键是如何从学生的需求入手，通过解决学生的困惑、满足学生的需求使学生从情感上愿意接受社会主义核心价值观教育。

其次，教师应该采用能充分发挥学生主体作用的教学方法。对话教学法就是一种能够激发学生兴趣的教学方法。对话教学理论认为教学的本质就是交往，在教学中，交往是一个有目的的活动过程，是师生之间、生生之间为了某一共同目的而进行的沟通、对话和理解等活动。对学生进行价值观教育，更适合用沟通、实践、自我反思的方式来进行。对话教学的呈现方式主要有：第一，学生与学生的对话。即鼓励学生间相互交流，畅所欲言，各抒己见，通过学生个体之间、学生个体和群体之间的思维碰撞与情感交融，锻炼语言表达能力和人际交往能力。第二，教师与学生的对话。即在民主的气氛中，师生互相倾听，在对话中分享对人生的感悟，分享领略精神的愉悦。在这个过程中，教师要善于引导学生的思想走上符合主流意识形态的轨道①。第三，学生与社会的对话。即让学生组成团队走进社会对特定问题进行深入调查的对话教学方式，这种方式可以使学生更多地了解国情、市情和民情，增强学生的社会责任感。

---

① 宋艳华：《论对话教学的运用》，载《石油教育》，2007年第3期。

雷锋精神融入高校思想政治理论课路径研究

胡银平①

雷锋在中国家喻户晓，是中国人民高度认可的具有共产主义高尚人格的道德楷模和符号。雷锋精神是"一面永不褪色的旗帜，一座永放光芒的灯塔"②，但现阶段经济全球化和文化、价值观的多元化在很大程度上影响了大学生的思想观念和政治认同。探索雷锋精神如何融入高校思想政治理论的路径，既丰富了思想政治理论课的内容和载体，同时也契合了习近平总书记 2016 年 12 月在全国高校思想政治工作会议上的讲话精神，"要用好课堂教学这个主渠道，思想政治理论课要坚持在改进中加强，提升思想政治教育亲和力和针对性"③。

1. 雷锋精神融入思想政治理论课的必要性和意义

当前，全面建成小康社会已进入关键时期，外部势力加大了对我国的干扰和渗透，各种社会思潮特别是历史虚无主义千方百计诋毁包括雷锋在内的英雄人物形象和事迹，认为雷锋精神在市场经济下已经过时，不符合时代精神。社会上一些单位组织的"学雷锋"活动往往形式化、表演化严重，"雷锋同志没户口，三月来四月走"，这种现象容易让大学对雷锋精神的实质和内涵缺乏正面了解。这些想法和认识对于弘扬雷锋精神都是有害的，必然会削弱和消解雷锋精神的内涵，对大学生思想政治工作产生负面影响。

综合上述背景，将雷锋精神融入思想政治理论课，利用课堂教学主渠道，系统梳理雷锋精神发展脉络、内涵、意义、当代价值，使之与思想政治理论课

---

① 胡银平，男，1978 年 8 月生，思政部教师，博士学历，讲师，主要研究方向：大学生思想政治教育。

② 周英峰：《纪念毛泽东等老一辈革命家为雷锋同志题词五十周年座谈会在京召开——刘云山出席并讲话》，载《光明日报》，2013 年 3 月 1 日。

③ 《习近平在全国高校思想政治工作会议上强调：把思想政治工作贯穿教育教学全过程 开创我国高等教育事业发展新局面》，载《人民日报》，2016 年 12 月 9 日。

相融合，有利于帮助大学生准确把握雷锋精神的实质和内涵，避免对雷锋精神产生各种错误认知，使雷锋精神得到真正弘扬，达到提高思想政治理论课实效性和亲和性的最终目标。在新时期，将雷锋精神融入《思想道德修养与法律基础》课，其重要性和意义主要体现在以下方面：

1.1 帮助大学生坚定理想信念，成为合格建设者和可靠接班人

十八大报告对现阶段高校思想政治工作进行了高度凝练："坚持教育为社会主义现代化建设服务、为人民服务，把立德树人作为教育的根本任务，培养德智体美全面发展的社会主义建设者和接班人。"① 雷锋精神的重要内容包含雷锋对共产主义理想的坚定信念和对党和人民的深厚感情。将雷锋精神融入思想政治理论课，通过课堂教学可以帮助大学生坚定理想信念，认同中国特色社会主义道路和共同理想，使大学生自觉成为社会主义事业的合格建设者和可靠接班人。

1.2 增强大学生对社会主义核心价值观的理解和认同

"雷锋精神是永恒的，是社会主义核心价值观的生动体现"②，雷锋精神中蕴含的中华民族传统道德文化与"爱国、敬业、诚信、友善"为代表的社会主义核心价值观在内容和内涵上高度契合。新形势下，大学生价值观面临多元化的挑战，社会主义核心价值观必须要有合适的载体和平台。在高校推进社会主义核心价值观建设，是推进中国特色社会主义伟大事业的战略任务。雷锋作为时代榜样已经产生极好的示范效应，在实践中弘扬新时代的雷锋精神，是引导大学生自觉培育社会主义核心价值观的有效途径。只有将社会主义核心价值观融入大学生的日常学习和生活，才能为实现伟大的"中国梦"提供精神动力和思想支撑。

1.3 有助于全社会形成和谐的社会人际关系

雷锋精神和无私奉献的崇高品德是一脉相承的，雷锋精神的实质就是全心全意为人民服务的精神，这是不求回报的利他精神。发扬雷锋的无私奉献精神，是当下建设全面小康社会所需要的。事实证明，雷锋的无私奉献精神，对于建立良好的社会人际关系，缓解社会矛盾，促进社会和谐，有着极大促进作用。雷锋精神其他方面的丰富内涵，对于构建和谐社会也大有益处，如爱岗敬业、艰苦奋斗、合作创新等精神。雷锋精神中蕴含了多种有利于构建和谐社会的美

---

① 胡锦涛：《坚定不移沿着中国特色社会主义道路前进为全面建成小康社会而奋斗——在中国共产党第十八次全国代表大会上的报告》，载《人民日报》，2012年11月18日。
② 习近平．把雷锋精神广播在祖国大地．新华网。

德，发扬雷锋精神有利于促进人与人之间关系的融洽，进而推动人与经济、社会的和谐发展。

2. 雷锋精神融入思想政治理论课的路径

路径，是指到达目的地的必经道路。将雷锋精神融入思想政治理论课的路径，是指为实现新时期大学生雷锋精神教育目标所需要遵循的理论、方法、实践、制度、文化氛围等。将雷锋精神融入思想政治理论课，首先要梳理雷锋精神与思想政治理论课教学目标和教学内容的共通性；其次要抓住雷锋精神本身具有实践性的本质，重视理论到实践再到理论的认识论规律；最后要加强弘扬雷锋精神的校园文化建设并完善相关制度。

2.1　将雷锋精神融入思想政治理论课教学内容和目标

雷锋精神是社会主义核心价值观的生动体现，社会主义核心价值观是雷锋精神的内在灵魂，雷锋精神与思想政治理论课育人目标具有内在统一性。雷锋精神的内涵十分丰富，其具体内容与高等教育出版社 2015 年版《思想道德修养与法律基础》课的内容和教学目标特别密切，两者在内容和内涵上均高度契合。雷锋精神融入《思想道德修养与法律基础》课程，必须将雷锋精神列为该课程的重要教学内容和教学目标，只有这样才能找到其理论归属和实施载体，两者共通的教学内容和目标，主要如下：

（1）爱国主义教育与全心全意为人民服务的宗旨

"爱国主义是千百年来固定下来的对自己祖国的一种最深厚的感情"①，是一个人对国家、人民、文化、历史等的深厚感情。高校思想政治教育工作的内容包罗万象，但爱国主义永远是大学生思想政治教育的重中之重。雷锋同志的所作所为，其实都是爱国主义的表现，只有发自内心热爱祖国和人民的人，才能够发自肺腑地全心全意为人民服务。因此，宣传雷锋精神能够培养大学生的爱国主义情感。在《雷锋日记》中，"党""祖国""社会主义"等词语用得很多，这些词语体现了雷锋对社会主义和共产主义的坚定信念，也是爱国主义情感的流露。"雷锋精神的实质，是全心全意为人民服务，为了人民的事业无私奉献。②"雷锋在日记中写道："我觉得一个革命者就应该把革命利益放在第一位，

---

① 《列宁选集》第 3 卷，人民出版社 1995 年版。
② 中共中央政策研究室：《江泽民论社会主义精神文明建设》，中央文献出版社 1999 年版。

为党的事业贡献出自己的一切，这才是最幸福的。①"通过对《雷锋日记》的解读，可以激发大学生的爱国主义情感，树立为全心全意为人民服务的自觉意识。

（2）集体主义

集体主义价值观强调集体利益与个人利益的辩证统一；强调集体利益高于个人利益，在两者发生矛盾时，个人利益服从集体利益，实质上，集体主义价值观以维护广大人民群众的根本利益为宗旨。在全球化、信息化和多元化的社会背景下，雷锋精神中蕴含的集体主义价值观，是引导和激励大学生积极参与建设中国特色社会主义的重要精神力量。

雷锋的"螺丝钉精神"，主要体现了个人价值与社会价值之间的辩证关系，我们要重视个人价值，但个人的价值只有在集体中才能发挥作用。大学生在处理个人与集体关系时，往往崇尚个性，张扬和强调个人利益，这有利于发挥个人的才能和创造性，但如果凡事仅仅考虑自己而没有团队意识和合作精神，对其个人成长和社会发展都是不利的。

（3）奉献敬业的高尚情操

雷锋精神是敬业奉献精神的生动体现，雷锋做好事特别执着，服务中透露着敬业精神。雷锋不管从事何种工作都能够立足本职，兢兢业业，锐意进取，无私奉献。雷锋在日记中说："如果你是一滴水，你是否滋润了一寸土地？如果你是一线阳光，你是否照亮了一分黑暗？如果你是一颗粮食，你是否哺育了有用的生命？如果你是一颗最小的螺丝钉，你是否永远守在你生活的岗位上？"②结合雷锋的奉献精神特别是敬业精神，对大学生进行雷锋精神教育时，可以结合职业道德和职业要求，让大学生将学雷锋的主观意愿转化为个人的自觉行动，在今后的工作中做到干一行、爱一行、钻一行，为国家和社会贡献自己的聪明才智。

（4）艰苦奋斗的优良作风

艰苦奋斗是中华民族的优良品德，是不怕艰难困苦、艰苦创业，为国家和人民利益甘于奉献的精神，而不仅指经济上节俭。雷锋的身上充分体现了中华民族勤俭节约的传统美德和艰苦奋斗的精神品质。雷锋在工作上高标准，在生活上低要求，自己穿的衣服和袜子补了又补，节省下来的钱都用于国家建设和捐献给最需要的人。正因为雷锋养成了艰苦奋斗的优良作风，他才能处处为国家利益、集体利益着想，面对各种困难和困境始终保持乐观心态。

---

① 总政治部：《雷锋日记》，解放军文艺出版社2012年版。
② 总政治部：《雷锋日记》，解放军文艺出版社2012年版。

（5）传统文化和革命精神

雷锋精神中的担当、责任、善良等品质都是中华文明的优秀基因，中华民族的传统文化和革命精神为雷锋精神的培育和形成提供了良好的精神食粮和营养，雷锋精神是对中华民族高尚品德和优秀文化的继承与发展。中国古人的"先天下之忧而忧，后天下之乐而乐"、近代孙中山的"天下为公"、中国共产党的"全心全意为人民服务"等思想，都是雷锋精神赖以成长的精神土壤。周恩来总理将雷锋精神概括为："憎爱分明的阶级立场、言行一致的革命精神、公而忘私的共产主义风格、奋不顾身的无产阶级斗志。"可见，雷锋精神中涵盖了中国革命精神，弘扬雷锋精神与弘扬中国传统文化和革命精神是辩证统一的。

（6）感恩回报的反哺品质

雷锋在旧社会是受尽苦难和折磨的苦孩子，是党和新社会给了他新的生命和光明前途。雷锋做好事的最初动机是出于人类感恩回报的本能，雷锋回忆："回顾十多年前，我还是一个穷苦的孤儿，吃不饱，穿不暖，过着饥寒交迫的苦日子。自从来了伟大的共产党和英明的毛主席，我才脱离苦海见青天。伟大的党啊——我慈祥的母亲，是您把我从虎口中拯救出来，抚育我成长。是您，给了我无产阶级的思想。是您，给我指出了前进的方向。是您，给了我前进的动力。是您，给了我的一切，敬爱的党——我慈祥的母亲，我只有以实际行动来感恩。"①《思想道德修养与法律基础》教学中，要坚持把弘扬雷锋精神与上海建桥学院"感恩、回报、爱心、责任"的校训结合起来，在宣传、阐释雷锋精神的同时对大学生进行感恩教育，激励学生常怀感恩之心，善待他人，反哺家庭与社会。

2.2　将雷锋精神融入思想政治理论课实践教育

实践性是雷锋精神的核心特征，《思想道德修养与法律基础》第四章要求大学生积极投身崇德向善的道德实践："大学生参加志愿服务活动，弘扬和传承雷锋精神，有利于大学生更好地深入社会、体察民情、关注民意、改善民生，牢固树立为人民服务的思想观念，在实践活动中更好地锤炼道德品质，提升个人能力……为营造'人人为我，我为人人'的社会氛围做出贡献，努力传播文明、引领风尚、营造和谐的时代先锋。"②上海建桥学院弘扬雷锋精神并将其融入思政理论课实践教育中已经做出初步探索，主要载体包括：

---

① 总政治部：《雷锋日记》，解放军文艺出版社2012年版。

② 《思想道德修养与法律基础》，高等教育出版社2015年修订版。

（1）志愿者活动

弘扬雷锋精神的关键在于切身实践，只有将雷锋精神真正转化为大学生的自觉行动，才能深刻理解雷锋精神的内涵，感受雷锋精神的魅力，弘扬雷锋精神的精髓。实践雷锋精神的重要途径是积极参加校内外各类志愿者组织或活动，"奉献他人，提升自己"的志愿服务精神与雷锋精神是一致的。

上海建桥学院将学雷锋志愿活动纳入大学生素质拓展学分，学生利用课余时间参与尊老爱幼、义务家教、法律援助、环保行动、扶贫帮困等志愿服务活动，服务累计满30小时，可获得2个学分。学校和各二级学院分别成立雷锋志愿者服务队，与上海科技馆、龙阳路地铁站、紫罗兰希望小学等30多家社会单位合作，建立志愿者服务基地。服务过程中，志愿者统一着装，用实际行动向接受服务人群传递雷锋精神。

（2）文明修身活动

文明修身是上海建桥学院大学生素质拓展课程中一门0学分必修课，主要内容包括清扫校园和打扫教室，文明修身的根本目的是帮助大学生"外树形象，内铸素质"，培养大学生服务他人的奉献精神和勤俭节约、艰苦朴素的生活作风。把弘扬雷锋精神与学校开展的文明修身活动结合起来，使弘扬雷锋精神真正做到生活化和日常化。

（3）雷锋馆系列活动

上海建桥学院是全国第一家在大学校园建立雷锋纪念馆的高校，纪念馆占地约400平方米，展示了雷锋的生平和成长经历；社会各界学雷锋的情况；上海建桥学院开展学雷锋活动的缘起和成就。思政理论部教学计划中要求学生至少要参观一次雷锋馆，雷锋馆讲解员全部由学生志愿者担任。以思政理论教学部和思政教师为主导对学生进行专门培训，学生讲解志愿者给参观者介绍雷锋生平和先进事迹的同时，自身也受到雷锋精神的再教育。通过参观雷锋馆，大学生对雷锋精神的认知从模糊变得清晰，这样，促进大学生发自内心的认同并践行雷锋精神。

2.3　加强思想政治理论课教学改革，完善课程考核模式

思想政治理论课教师要加强对雷锋精神的理论研究，要结合校党委江彦桥书记领衔的上海高校思想政治理论课教学改革试点项目"社会主义核心价值观融入思想政治理论课的教学模式研究——以弘扬'雷锋精神'为突破口"，不断探索新时期雷锋精神的新内涵，为雷锋精神融入思想政治理论课提供强有力的理论支撑。

将雷锋精神融入思想政治理论课，要改变教师主讲学生被动听课的局面，

必须进行教学改革并完善考核模式。课堂教学可以利用视频音像和其他电子教学设施，通过播放《建桥雷锋奖十年·十人》等音像，提高大学生学习雷锋精神的热情。完善思想政治理论课考核方式，不只要通过试卷考试或考查，还要考查大学生的日常表现，要求每个学生在校期间至少要读一篇雷锋日记，参观一次雷锋纪念馆，把"知"与"行"结合起来，真正做到全面评定学生的学习效果。《思想道德修养与法律基础》期末成绩中的20%，由辅导员老师根据学生的平时行为实践度和表现给予，学生参加志愿者服务活动或做好人好事都可以加分，充分调动了大学生弘扬雷锋精神的积极性。

2.4 编写弘扬雷锋精神校本教材，利用网络进行师生互动

上海建桥学院"学雷锋做好事，服务社会，提升自我"的理念已在广大师生中得到高度认同和自觉践行，涌现出许多感人事迹，受到社会各界好评。如胡及孝同学援疆支教事迹入选上海城市精神形象片等。用人单位对建桥学院毕业生的普遍评价是有爱心、有责任心，乐于从小事做起、从基层做起，踏实勤勉，敬业奉献。学校思想政治理论教学部已推出"平凡善者，从我做起"弘扬雷锋精神校本教材《上海建桥学院弘扬雷锋精神案例集》，教材中的素材和内容都来自于学生的真实案例和先进事迹。《大学生思修道德修养与法律基础》教学计划，将弘扬雷锋精神与感恩教育作为该课程的第一课，雷锋精神融入思想政治理论课已经成为上海建桥学院思想政治教育工作的重要特色。课堂教学中，思政课教师还邀请弘扬雷锋精神金奖获得者给班级同学作微讲座，讲述自己学习雷锋精神的感受和收获。通过朋辈教育，雷锋精神更易被学生接受和认可。

雷锋精神融入思想政治理论课还借助互联网，从课堂向网络延伸，建设网上雷锋馆和思想政治理论课课程网站，不定期上传雷锋精神相关文字资料和音像视频，教师在课后通过易班、微信、QQ群等与学生及时沟通，实现与学生的全方位互动交流

2.5 营造弘扬雷锋精神的校园文化氛围

上海建桥学院在学校中心树立雷锋像，采取身背书包、阔步向前的"大学生"雷锋形象，其手持书本的封面上刻有"为人民服务"五字，寓意：学雷锋贵在行动；学校不断深入推进弘扬雷锋精神，面向全校师生设立雷锋奖章，建校以来共有211人获金奖，1207人获银奖，3660人获铜奖，激励全校师生向上向善。学校已建成面积约400平方米的雷锋馆，各种服务师生的志愿者组织纷纷成立。学校全方位宣传雷锋精神，在官网上开设了雷锋专栏，利用网络平台传播建桥雷锋奖获得者的感人事迹。如拍摄《建桥雷锋奖十年·十人》视频，聚焦10位曾经获得弘扬雷锋精神金质奖章的优秀毕业生，讲述他们在工作岗位

上继续发扬雷锋精神、敬业奉献的先进事迹。通过营造弘扬雷锋精神的校园文化，为思想政治理论课的教学提供了载体和平台。

2.6 对弘扬雷锋精神进行顶层设计

上海建桥学院对弘扬雷锋精神做了顶层设计，将深入弘扬雷锋精神写入学校"十三五"发展规划，成立了由党委书记任组长的推进小组，力求把弘扬雷锋精神与践行社会主义核心价值观紧密结合，并从生源特点、办学定位与实际出发，探索民办高校立德树人、文化建设的新路。比如，学校将学生八项核心能力培养目标（表达沟通、自主学习、专业能力、尽责抗压、协同创新、信息应用、服务关爱、国际视野）与雷锋精神的八方面重要内涵（爱心、好学、钻研、尽责、合作、团结、奉献、自强）紧密结合，不断促进学生的品德养成、学业进修，提升学生的专业技能和职业素养。

学校计划将雷锋铜像、雷锋广场、雷锋馆、雷锋林等校园公共设施与校本德育资源相整合，构建大学生"一二三四五"学雷锋体系化机制，即围绕"一中心"：社会主义核心价值观；弘扬"两种精神"：新时代雷锋精神、建桥校训精神；实现"三个目标"：认知，践行，传播；完成"四个一"：参观一次雷锋馆，读一篇雷锋日记，做一次雷锋志愿者；打造五个平台：志愿者服务基地平台、爱国主义教育实践平台、"三位一体"服务平台（辅导员助理）、文明修身（学导）服务平台、学习支持中心（教学助理）服务平台。

上述顶层设计，将为雷锋精神融入思想政治理论提供制度、文化、物质等全方位的保障，具有建桥特色的弘扬雷锋精神教育模式初见端倪。

3. 结语

习近平总书记在全国高校思想政治工作会议上强调："高校思想政治工作关系高校培养什么样的人、如何培养人以及为谁培养人这个根本问题。要坚持把立德树人作为中心环节，把思想政治工作贯穿教育教学全过程，实现全程育人、全方位育人，努力开创我国高等教育事业发展新局面。"[①] 抓住培养人的根本问题，围绕立德树人的中心环节，把思想政治工作贯穿教育教学全过程，是高校思想政治工作在新形势下应当遵循的指导方针与教育理念，是增强高校思想政治工作影响力与实效性的根本保证。

将雷锋精神融入思想政治理论课，可以加强和改进高校思想政治理论课的

---

① 《习近平在全国高校思想政治工作会议上强调：把思想政治工作贯穿教育教学全过程开创我国高等教育事业发展新局面》，载《人民日报》，2016年12月9日。

教学模式和效果，是对大学生进行社会主义核心价值观教育的有效载体。将雷锋精神融入思想政治理论课，发挥课堂教学主渠道作用时，一定要讲好雷锋故事，用活雷锋"品牌"。将雷锋精神融入思想政治理论课，不仅需要理论上的阐释和建构，而要将制度设立与校园文化建设相结合。只有如此，才能探寻到弘扬雷锋精神的科学路径，不断增强雷锋精神的感召力和影响力。

雷锋精神融入工科专业教育全过程路径研究

刘立华①

　　制造业是我国的优势产业，已有 200 多种工业产品的产量居世界第一。然而，由于自主创新能力不强，产品质量问题突出，高端产品生产能力较差，我国虽是制造大国却并不是制造强国。同时，制造业产能过剩、人口红利减退、用工成本上升、技术缺乏竞争力等问题困扰着大部分企业，制造业的转型升级迫在眉睫。李克强总理在政府工作报告中提出要实施"中国制造 2025"，要坚持创新驱动、智能转型、强化基础、绿色发展，加快从制造大国转向制造强国。无论是传统制造业的升级、先进制造业的兴起，还是中国智造下的新兴产业发展以及企业竞争力的提升，归根结底都是人才队伍的问题。在当下产业结构调整、经济转型升级的关键时期，要推动中国制造业从"低端"向"高端"跨越，推动中国从"制造业大国"走向"制造业强国"，离不开高端制造业技能型人才。我校旨在培养生产、管理、服务第一线应用型人才，该类型人才要求具有卓越的职业素养。职业素养涵盖职业技能、职业精神、职业态度、职业理想等方面内容。目前，高校比较重视职业技能的培养，而往往忽略职业素养其他方面的培养。高端制造业人才更需要精益求精的工匠精神、锐意进取的创新精神，这与当代雷锋精神高度一致。什么是当代雷锋精神，雷锋精神如何融入专业教育，值得我们深入思考和研究。本文在分析当代雷锋精神基本内涵的基础上，讨论雷锋精神融入人才培养全过程的必要性，同时结合上海建桥学院机械设计制造及其自动化专业探讨雷锋雷锋精神融入工科专业教育全过程、塑造卓越职业素养的实践路径。

---

　　①　刘立华，男，1983 年 10 月生，机电学院机械系级主任，博士学历，讲师，主要研究方向：机械设计制造及自动化。

1. 当代雷锋精神与工科人才职业素养的内涵

应用型本科所培养的一线人才的职业素养在思想层面指的是爱岗敬业、无私奉献，甘为孺子牛的精神；在行动层面表现为勇于创新、持续专注、注重细节。一线技能型工科人才需要在传承传统工艺的基础上，不断钻研、创新，在点滴的积累中实现技术提高和工艺创新，这是一种对工作的执着，对产品、对技术精益求精、精雕细琢的精神。只有这样的职业素养才是中国制造业从"低端"向"高端"跨越的动力源泉。

雷锋精神作为宝贵的精神财富激励着一代又一代人，在社会发展的不同阶段，被赋予了不同的时代内涵，最终成为中华民族的道德基因。① 在新的历史时期，对雷锋精神的较为完整的概括是："热爱党、热爱祖国、热爱社会主义的崇高理想和坚定信念，服务人民、助人为乐的奉献精神，干一行爱一行、专一行精一行的敬业精神，锐意进取、自强不息的创新精神，艰苦奋斗、勤俭节约的创业精神。"② "热爱党、热爱祖国、热爱社会主义的崇高理想和坚定信念"是高校培养人才的基本目标。"服务人民、助人为乐的奉献精神"是优秀公民的内在要求。"干一行爱一行、专一行精一行的敬业精神，锐意进取、自强不息的创新精神，艰苦奋斗、勤俭节约的创业精神"是卓越职业素养的高度概括。因此可以说，当代雷锋精神和应用型本科人才职业素养需求是联通的，卓越的职业素养是雷锋精神的表现。

2. 雷锋精神融入工科专业教育的必要性

2.1　社会发展需要雷锋精神

伴随着我国市场经济的快速发展，在一定程度上形成了以追求利益最大化为目的的社会风气。人们的意识形态、价值观在这样的社会风气下逐渐发生变化。这样的市场驱动机制与社会风气对雷锋精神的践行带来巨大的挑战。教育工作者应该清醒地认识到，一个大国强国应该有与之匹配的社会风貌、公民意识。雷锋精神是培养中国特色社会主义可靠接班人的需要，也是促进中国特色社会主义社会和谐、可持续发展的需要。此外，作为制造业大国，要使"中国

---

① 吕梁山、韩晓阳：《论雷锋精神的初始内涵及其现实价值》，载《党政干部学刊》，2015年第2期。

② 黄中平：《雷锋精神时代化与学雷锋活动常态化——2012年"雷锋精神论坛"综述》，载《求是》，2012年第11期。

制造"在国际上具有持久的竞争力，完成向制造强国的转变，我们需要更多的雷锋式的一线劳动者。

2.2　企业生存发展需要雷锋精神

德国制造、日本制造一直是高端制造、高品质制造的代名词。这些国家拥有大量"百年老店"，其成功的秘密在于企业员工具有卓越的职业素养，一直把产品质量放在首位，强化精益求精的"工匠精神"，并将其融入人才培养过程中。[①] 企业若想要打造民族品牌，成为百年老店，就必须拥有大量具有雷锋精神的员工。这些员工像钉子一般在企业中勤于钻研、艰苦奋斗。

2.3　学生的个人发展需要雷锋精神

学生作为未来的职业人，职业素养的培养与专业知识的学习同样重要，甚至更为重要。职业素养是其面向社会、立足社会的重要保障。"有德有才，破格重用；有德无才，培养使用；有才无德，限制录用；无德无才，坚决不用。"这是企业家牛根生的著名观点。这说明一个具备雷锋精神的求职者将会受到企业的充分认可，未来的发展空间也将更为广阔。因此，雷锋精神是构建大学生个体精神家园的需要，也是个体可持续发展的需要。

3. 雷锋精神指导下工科学生职业素养培养路径

3.1　思想品德教育立德树人

思想品德教育作为高校意识形态传播的主阵地，必须高度重视"雷锋精神"的培育。要提高新时期思想政治教育实效，需要在传承和使用原有的有效方法和路径的基础上，归纳、创新和构建适于新时代、新时期大学生和雷锋精神教育特点的新方法和新路径。雷锋精神教育可以采用社会调查、观察体验等认识方法，以及理论教育、实践教育、疏导教育、典型教育、自我教育等实施方法。针对当代大学生特点，应采用直接教育与间接教育相结合，教育与自我教育相结合，显性教育与隐性教育相结合的方法。[②]

3.2　专业课程教学纳入雷锋精神

将雷锋精神渗透到具体的专业教育中，使学生认识到雷锋精神的作用，在逐步提升自身专业能力的同时提高职业素养。在专业教育中雷锋精神应纳入教学目标、教学内容和教学考核中。工科类专业课程理论性与实践性均很强，此

---

① 韩仲旭：《新时代雷锋精神对当代大学生德育教育的研究》，载《教育现代化》，2016年第6期。

② 张锦高：《新时期大学生雷锋精神教育研究》，中国地质大学，2014年。

类课程的教学目标往往包括对学生刻苦钻研、锐意进取、开拓创新精神的培养，要求学生动手实践精益求精。例如机械制图、机械设计、金工实习、电工电子等课程既需要学生掌握理论，又需要学生以认真的态度完成实践以强化理论知识，此类课程应将"干一行精一行"的敬业精神作为基本要求进行育人，应增加学生学习态度、制作作品态度的考评比例。通过树立优秀作品榜样、鼓励追求完美，潜移默化地培养学生的敬业精神、钻研精神。

3.3　实践教学培养雷锋精神

仅仅通过理论教学中教师讲授雷锋精神的重要性，难以使学生印象深刻。实践教学主要包括实习、实训等，动手制作环节较多，是理论知识的综合应用。通过对实践项目、实践成果高标准、严要求让学生亲身体会雷锋精益求精的价值和意义，并逐渐将之作为自身的职业追求。这要求教师能够躬身力行，以严谨的态度参与实践，以营造学生的体悟氛围。德国的学徒制度就是在真实的工作任务中，将师傅严谨专注、精益求精的工匠精神传授给学生，达到养成教育的目的。实践教学是践行雷锋精神、培育卓越职业素养的最佳环节。

3.4　第二课堂践行雷锋精神

建桥学院机械工程系第二课堂以学生专业社团、专业比赛竞赛、创新创业教育为核心内容。学生凭兴趣参加专业技术社团，社团自我组织技能培训，成员共同钻研专业技术，为参加比赛进行准备，这个过程中，始终将钻研精神与创新精神作为学生培养的重点。同时，鼓励学生利用专业技能服务社会，培养学生服务人民、助人为乐的奉献精神。例如3D打印社团为周边中小学免费开设创新制作课程；电子产品维修社团为广大师生以及周边社区提供手机、电脑等电子设备的维修服务。以专业技能为基础，以践行雷锋精神为手段培养"又红又专"的新时代大学生。

3.5　校园文化熏陶雷锋精神

通过演讲、展览、海报、主题活动等形式宣传雷锋精神，建设富有雷锋精神的校园文化。我校多年持续深入开展学雷锋活动，宣传和践行雷锋精神，营造雷锋精神"人人学、时时学、处处学"的浓厚氛围，创建雷锋行动微博，举办雷锋主题物征询活动，评选"弘扬雷锋精神优秀学生"和"优秀雷锋志愿者服务队"，并建立高校雷锋馆，常态化宣传雷锋事迹，营造"雷锋在身边，雷锋在建桥"的氛围，潜移默化熏陶学生学习雷锋精神，提高人生素养。

4. 小结与思考

永远的雷锋，永恒的雷锋精神。雷锋精神与时俱进，不断凝聚着社会进步的正能量。将雷锋精神融入工科人才培育全过程，从而塑造卓越职业素养，为"中国制造2025"的实现，为制造大国向制造强国转变的实现提供优秀人才是应用型工科教育者肩负的重任。为了重塑雷锋精神，让雷锋精神融入大学生的血液，高校教师要走出忽视职业素养教育的误区，从德育、专业课程、实践教育、第二课堂等方面入手，营造校园文化，积极传播践行雷锋精神。最终达到培养德才兼备的社会主义人才的目的。

雷锋精神融入高校校园文化建设的路径研究

陈伟①

党的十八大报告提出，要"推动学雷锋活动、学习宣传道德模范常态化"②。习近平总书记也就学习弘扬雷锋精神多次做出重要指示，"雷锋是我们'民族的脊梁'""雷锋精神是永恒的，是社会主义核心价值观的生动体现""让雷锋精神落地生根"……并强调"要让雷锋精神在全社会蔚然成风，世世代代弘扬下去"③。在新时期，把雷锋精神融入高校校园文化建设，成为一所大学的精神脊梁，这不仅对一所高校的健康发展，而且在培育广大师生的崇高人格上，都具有十分重要的意义。

1. 雷锋精神与高校校园文化建设的内在联系

1.1 概念

自 1963 年 3 月 5 日，毛泽东同志亲笔题词"向雷锋同志学习"以来，雷锋这个响亮的名字就深深地植根于所有中国人心中，引领一代又一代中国人为建设中国特色社会主义事业和构建和谐文明的社会不断奋勇前进。雷锋精神的内涵十分丰富，它是一种艰苦奋斗、积极向上的进取精神；是一种"爱憎分明不忘本"具有坚定意志和昂扬斗志的精神；是一种忠于人民忠于党的精神；是一种对人民充满友爱、互相帮助的精神；是一种公而忘私、全心全意为人民服务的精神。④

---

① 陈伟，女，1979 年 8 月生，校长助理，硕士学历，副教授，主要研究方向：思想政治教育。
② 杨义芹：《推动学雷锋活动常态化培育和践行社会主义核心价值观》，载《天津日报》，2013 年 3 月 4 日。
③ 蒋晓侠：《雷锋精神的历史考察》，首都师范大学，2014 年 5 月 26 日。
④ 王俊富、李森、宋兆珺：《让雷锋精神成为一种信仰》，载《科技信息》，2014 年第 3 期。

伴随着时代的变迁，雷锋精神的内涵也得到创新。在当代中国，雷锋精神又可以解读为：热爱党、热爱人民、热爱社会主义的爱国主义精神；服务人民、助人为乐的奉献精神；干一行爱一行、专一行精一行的敬业精神；锐意进取、自强不息的创新精神，艰苦奋斗、勤俭节约的创业精神。①

校园文化，是学校发展过程中长期形成的物质财富和精神财富的总称，是一个学校通过人为创造的所有有形建筑与无形价值的总和。它是在校园这样一个特定的环境下产生的，包含一所学校的全部上层建筑与意识形态，是校园环境、人文特色、精神面貌的全面体现，其核心是学校师生所共有的价值观、价值判断和取向，代表了一所学校的办学灵魂，是影响学校生活的精神与物质的统一的一种力量。

一所学校能区别于他校的最本质的东西莫过于校园文化，它又集中展示了学校办学的特色与特质。一个学校是否具有旺盛的生命力和可持续的发展潜力，在很大程度上取决于其是否具备优良的校园文化。

1.2　两者的内在联系

2005 年中共中央国务院 16 号文、2016 年中共中央 31 号文中明确指出，高校是培养社会主义合格建设者和可靠接班人的重要阵地。合格建设者和可靠接班人，不仅要具备较好的知识、技能、身体素质，还要有良好的道德品质与情操。而雷锋精神中不仅倡导勤奋刻苦、自强不息的钻研精神，还大力弘扬高度的社会责任感、高尚的道德人格等精神实质，正是我们当前培养大学生应有之意。

因而，校园文化建设的基本要求、主要内容和建设目标与雷锋精神具有内在的一致性。高校校园文化的本质，就应是引导大学生树立正确的世界观、人生观、价值观，构建与社会主义市场经济相适应的思想道德体系，从而形成良好的社会风尚。②

2. 雷锋精神及其文化在高校校园文化建设中的功能作用

自 1963 年至今，雷锋精神经历了全国人民 50 余年的实践，已经从简单的精神层面积淀、发展、提升为一种文化——雷锋文化。在当今社会，"雷锋"，已

---

① 蔡忠民：《新时代如何理解雷锋精神的价值和体现》，载《许昌日报》，2014 年 3 月 6 日。

② 黄冬霞、杨启金：《雷锋精神融入高校校园文化建设的路径》，载《中共山西省委党校学报》，2012 年第 10 期。

经成为一种文化现象，深深植根于亿万中国人的生活和思想当中，得到普遍认同。这种文化，实际上就是中国先进文化与崇高革命思想的融合，是传统美德与时代精神的统一。在高校的校园文化建设中植入雷锋精神及其文化，就是要让其成为校园的新风尚，成为师生的自信与自觉。这不仅是对雷锋精神更好的传承和弘扬，在当前，还有其独特的功能作用

一是凝心聚力功能。在校园文化建设中植入雷锋文化，不仅能让师生对学校产生强烈的认同感、归属感和自豪感，自觉地投入学校建设的方方面面，而且有利于用雷锋精神陶冶师生情操，在教学、科研等各项工作中主动融入育人要求，形成互相学习、互相帮助、共同进步的积极氛围，让我们的师生得以健康成长，使大学校园充满勃勃生机与活力。

二是渗透引领功能。众所周知，一种积极向上的校园文化一旦形成、传播并在校园中广泛流行，就会深深地渗透进师生的学习和生活中，滋润人们的心灵，并很快成为影响学校办学的精神力量、道德力量。有什么样的校园文化，就会培养出什么样的学生。而雷锋精神正是在潜移默化中陶冶人的思想，完善人的品格，提升人的素质和境界，不仅能激发师生蓬勃向上的精神，还能体现民族精神与时代精神。雷锋文化具有引领学生爱国爱校、自主学习、独立思考、探索创新、敬业奉献的功能，营造崇尚真知、追求真理、创新发展的氛围，为推动校风、学风建设发挥积极的作用。

三是实践参与功能。学校倡导践行雷锋精神入细、入小、入微，师生人人、时时、处处学雷锋，并用这种践行促进校园雷锋文化的形成与发展。以学雷锋为主线的校园文化活动，提高了校园文化品位，让广大师生在日常学习、生活当中自觉融入雷锋精神，成为整体育人的有效载体。

3. 雷锋精神融入校园文化建设的路径思考——以上海建桥学院为例

把雷锋精神融入高校校园文化建设应从校园文化及其建设发展的要素着手①。具体地说，就是通过塑造大学精神提升文化品位、加强主体建设提供组织保障、优化环境设施布局雷锋校园、完善制度设计鼓励行为示范、创新教育载体增强育人实效等路径来实现。

3.1　塑造大学精神，提升文化品位

自毛泽东 1963 年 3 月 5 日题词"向雷锋同志学习"以来，雷锋精神早已跨

---

① 谢艳、陈红：《高校校园文化建设与学雷锋活动的互动关系》，载《传播与版权》，2016年第 6 期。

越了时间和空间的局限，成为全社会的共识和追求。它源于中华传统美德，成为其中的一大亮点，又随着社会的变革和进步而不断与时俱进地丰富自己的内涵。在大学校园文化建设中充分融入雷锋精神，首先要在学校有形的文化活动中加以提炼，提升为一种精神。这种精神是在优良传统的基础上的，它不仅反映我们所处的这个时代的要求，而且要富有学校独特的元素。因此，这就要求我们通过悉心培养，将校园文化的载体塑造成一种大学精神。大学精神是大学的灵魂和本质，是大学存在和发展的基石。校园文化建设归根结底就是大学精神的体现。

以雷锋精神塑造大学精神，还要高扬社会主义核心价值观的主旋律，为青年学生树立正确的世界观、人生观、价值观创造条件。上海建桥学院在长期的办学实践中，始终坚持立德树人的办学方向和育人目标，在校训"感恩、回报、爱心、责任"中体现新时代的雷锋精神，引领师生爱党爱国、向上向善。

以雷锋精神塑造大学精神，就要秉承以人为本的核心理念，要把培养优秀学生作为一切工作的重点。十几年来，上海建桥学院秉承"为学生建成才之桥，为教师建立业之桥，为社会建育人之桥"的办学宗旨，把"培养雷锋式的毕业生"作为人才培养的核心目标，专业知识与人文素养是个充分融合的有机体。我们的培养目标，就是要让我们的学生成为既有良好的专业基础，又有深厚的人文知识的优秀青年。

创造知识、创新技术、创建文化，推动创新与创造是大学的根本使命。雷锋"钉子精神"中的钻劲和挤劲，就当前的人才培养工作视角来看，就是要求我们的青年学生具备追求新知、不断充实提升自我、超越自我的创新意识。从这个意义上看，雷锋精神体现着一种锐意进取的创新精神。

3.2 加强主体建设，提供组织保障

校园文化建设中体现着学校教书育人、管理育人、服务育人的方方面面，因此，把雷锋精神融入高校校园文化建设涵盖了学校育人的全部工作，这是一项复杂的系统工程。

以上海建桥学院做法为例，把雷锋精神融入校园文化建设，各育人工作的角色定位、职责范围、目标达成等在一开始就得以明确。在工作中，学校倡导全体教职工发挥岗位优势，合力推进整体育人，形成强大的氛围。

首先，加强师资队伍建设，在教书育人中融入雷锋精神。学校要求，教师在讲台上向学生传授知识的同时，还要融入与专业相关的思政内容，即"把专业课上出思政味"。而教师在讲授的过程中，其言行举止必然会反映出自身的世界观、人生观与世界观；学生在获得知识的同时，也是在学习一种精神内涵，对事物的理解与判断方法。可见，教师的教学过程，不仅仅是简单的知识传授的过程，在思想意识层面，教学的过程更是师生思想、情感的交流过程，其中蕴含和体现着思想道德教育的重要功能。

上海建桥学院十分重视老师队伍的道德建设，培养"雷锋式的毕业生"首先要有一支"雷锋式"教师队伍，爱党爱国、敬业爱生、追求真理。学校各项活动要求全体教师身体力行，带头践行雷锋精神：坚持爱岗敬业，树立崇高职业理想，弘扬科学精神，积极推进学校创新人才培养；坚持教书育人，为人师表，做学生的良师益友，以高尚师德和学识风范教育感染学生，成为深受学生尊敬的人。

其次，加强管理队伍建设，在管理育人中体现雷锋精神。高校管理干部是校园文化建设的设计者、指引者和领导核心，其一言一行都备受师生的关注。一方面，管理干部要树立"以学生为中心"的工作理念和良好的工作作风，把弘扬雷锋精神与构建和谐校园、创建文明单位、实施"卓越建桥计划"等紧密结合起来，大力弘扬学校精神，坚持育人为本、行为世范，倡导"首问责任制"，号召管理干部成为师生的公仆；另一方面，全校形成"职责明确、齐抓共管、覆盖全面"的工作网络体系，管理干部身体力行，率先成为雷锋精神的传播者和践行者，积极推进学校核心价值体系建设和校风教风学风建设。同时，要研究行之有效的途径和方式方法，以高度弘扬雷锋精神，将原本停留在"实践型"的文化建设打造成"实践—研究型"。

第三，加强后勤队伍的建设，在服务育人中弘扬雷锋精神。"为人民服务是雷锋精神的核心"，在日常服务工作中，要求食堂、安保、车队、维修班、医务室等部门的服务人员学习雷锋精神中蕴含的无私奉献的精神，在"一切为了学生，为了学生一切"服务理念的引领下，主动关注学生最需要解决的问题，在工作中保持极大的服务热情，让学生切实感受到雷锋精神就在身边。上海建桥学院有自己的后勤服务公司，坚持每月设立"雷锋服务日"，集中解决学生最关心的困难与问题；坚持热情奉献，真诚关爱学生，帮助和引导学生成长成才；坚持每年进行职工"一日捐"活动，成立基金会，奉献爱心，帮助贫困大学生渡过难关。

3.3 优化环境设施，布局雷锋校园

校园环境是校园显性文化之一，是看得见摸得着的实实在在的东西。校园中的建筑、绿植、雕塑等每一个实体，以及它们之间结构的关系，无不是在展现着学校的教育价值观。以上海建桥学院为例，学校在将雷锋精神融入校园文化建设的过程中，着力打造具有"雷锋"符号标识的环境元素。

一是在学校中心广场设立雷锋铜像。这尊铜像是 2010 年初十周年校庆之际，学校树立的。雷锋像不再是持枪的战士形象，而是身背书包、阔步向前的大学生雷锋形象，在"雷锋"手持书本的封面上刻着"为人民服务"五个字，寓意"为人民服务是一本历久弥新的大书，值得每个人认真研读"。雕像与"感恩、回报、爱心、责任"校训共同组成建桥学院弘扬雷锋精神的标志。该广场也被青年大学生亲切地命名为"雷锋广场"。

二是启动雷锋馆建设。学校专门建造 400 余平方米场馆，计划分"雷锋其人""雷锋精神""雷锋在建桥"三大版块，以多元化方式呈现生动鲜活的雷锋形象，通过回顾 50 多年来全国与上海学雷锋概况，凝聚建桥学雷锋活动经验成果，弘扬可学习的、融于日常生活的雷锋精神，促使学生从身边的小事做起，将志愿服务常态化。该馆也成为在全国高校中以雷锋为题材设立的第二个场馆。

三是筹备栽种雷锋林。学校还拟在雷锋铜像及"雷锋广场"周围栽种约 5000 棵树苗，命名为"雷锋林"，意喻大学生的"青葱岁月"要像雷锋同志那样充实高尚，又意喻雷锋精神在建桥日久常青，学雷锋活动长盛不衰。

通过打造这几个主题环境，既使之成为一个集休闲、娱乐、游览和爱国主义教育为一体的综合性场所，又使"雷锋"符号扑面而来，充满校园。

3.4　完善制度设计，鼓励行为示范

制度建设是高校校园文化建设中的重要内容，也是学校文化育人的重要保障。将雷锋精神融入制度文化建设中，以规范的校园制度约束师生的行为，这是学校各项工作得以有序运作的保障，也在很大程度上促进师生养成良好的行为习惯和高尚的道德情操。

首先，要建立健全教学管理、学生管理、行政后勤服务等规章制度[①]。在制度体系中要明确指出学习、践行雷锋精神的要求，在制度层面规范与引导师生的言行。其次，还要制定与完善系列激励机制，用机制来激励广大师生弘扬和实践雷锋精神的积极性。2004 年 10 月，中央发布《中共中央国务院关于进一步加强和改进大学生思想政治教育的意见》，上海建桥学院董事长周星增倡导，将雷锋精神与高校人才培养相衔接，在校内设立评选好人好事的奖项——雷锋奖。2005 年 3 月，学校开始面向全校学生设立雷锋金、银、铜质奖章，鼓励学生在见义勇为、义务献血、帮困助学、服务社会等方面做出的突出成绩。截至 2016 年，共有 5078 人获得雷锋奖章。

---

① 邵燕：《论雷锋精神与当代大学生核心价值观教育》，载《人民论坛》，2012 年第 5 期。

3.5 创新教育载体，增强育人实效

创新教育载体，这是新时期下，把雷锋精神融入校园文化建设的必然要求。通过不断创新平台，让其充分发挥价值观的引领和渗透作用。一种精神要获得强大的生命力，最高境界是内化于心，体现为进入文明的血液，外化于行，成为一种文化自觉。这不是一日之功，需要一个过程，还需要一定的载体。

青年大学生是教育载体的主体。要使育人实效得到增强，就要遵循大学生的身心发展规律，按照人的认知规律设计和创新教育载体。上海建桥学院依据大学生成长的基本规律，把学雷锋实践活动划分为针对大一新生的雷锋精神的认知培育、针对在校生践行雷锋精神和毕业学生的服务社会等三个不同阶段，实现学雷锋实践活动的阶段性和递进性的有机统一。

3.5.1 雷锋精神的认知教育

针对入校新生，聚焦雷锋精神的认知培育，使新生尽快融入建桥雷锋校园文化，感知校训内涵感恩，弘扬雷锋热爱党、热爱祖国的崇高理想和信念。

一是每年开学季定期邀请雷锋班老班长、老连长、《雷锋》杂志创刊、总编陶克少将等重量级人物来给新生做报告，全方位了解雷锋其人，解读雷锋精神。

二是组织学参观雷锋馆、雷锋像，读《雷锋日记》，开好学雷锋主体班会课，并采用微信新媒体滑屏方式向新生推送雷锋馆中将要呈现的雷锋故事、雷锋精神、我校坚持十一年学雷锋活动的载体、成果、对新生的倡议等。

三是通过上好军训课、鼓励新生入伍参军等途径，深化学生的国防观念和国家安全意识，弘扬雷锋热爱党、热爱祖国的崇高理想和信念。

四是编写《平凡善者，从我做起》校本德育教材，组织力量上好雷锋系列课程，通过案例研究、素材拍摄等方式引导一年级学生思考如何在新时期弘扬雷锋精神。

五是在一年级学生中开展以清扫校园为形式的"文明修身"活动，大力培育奉献、友爱、互助、进步的志愿服务精神，让每一位学生感受服务他人的快乐与价值。

3.5.2 新时代雷锋精神的践行

针对在校生，聚焦新时代雷锋精神的践行，通过校园学雷锋平台和品牌化志愿者服务基地，确保志愿服务常态化，从社会主义核心价值观落细落小落实入手，践行校训，弘扬雷锋服务人民、助人为乐的奉献精神。

一是营造"尊重知识、刻苦钻研、尊重技能"的学习风气和校园文化，弘扬雷锋刻苦钻研、干一行爱一行的"钉子精神"。

二是通过社会化、品牌化的学雷锋平台，不断扩大青年学生学雷锋活动的

参与度和影响度，充分发挥学生的主体作用，不断拓宽学雷锋活动的深度和广度。

三是引入大学生素质拓展学分体系。将学雷锋志愿服务列入大学生素质拓展学分体系，引导全校学生投身学雷锋志愿者活动，从制度上确保雷锋志愿服务常态化。

四是培育学生第二课堂和创新创业平台，将雷锋精神中的锐意进取、艰苦奋斗的精神层次与学校人才培养方案结合，建设不同于传统志愿者活动的学雷锋项目平台。

3.5.3　培养爱岗敬业的雷锋式毕业生

针对毕业阶段学生，把毕业生的培养与学校应用型人才培养目标、新时代雷锋精神的内涵相结合，精准对接专业，行业需求，弘扬雷锋"干一行爱一行、专一行精一行"的敬业精神，锐意进取、自强不息的创业精神，艰苦奋斗、勤俭节约的创业精神。

一是通过校企深度合作，邀请行业领军人物开班讲座、学生直接对接企业实习等措施提高广大学生的职业素质、专业技能，内化为促进就业成才软实力，培养具有踏实勤勉、敬业爱岗、职业道德、工匠精神、创业精神的雷锋式毕业生。

二是设置《大学生职业生涯规划与就业指导》课程，融入"雷锋精神"的敬业、创新、创业的新时代内涵，对毕业生进行毕业最后一课的教育。

三是针对毕业生的发展需求，培育创新创业平台，将创新创业教育贯穿人才培养全过程，建设不同于传统志愿者活动的学雷锋项目平台。

总之，校园文化不仅仅是提升青年学生的文学素养的载体，更是他们学以致用的场所。在校园文化建设中融入雷锋精神，在校园里掀起雷锋文化的主流价值热潮，使之成为青年学生的价值追求，才能真正实现我们培育"合格建设者与可靠接班人"的目标。

雷锋工匠精神在当代之浅析

沈树永①

雷锋虽是一个时代的符号，但雷锋精神却照耀至今。雷锋精神是中华民族的精神财富，也是世界人民的精神财富。雷锋精神中的许多方面不仅是人生追求的至高境界，同时也是促进我国经济发展的精神至宝。自 2016 年李克强总理在政府工作报告中首次提出要培养精益求精的工匠精神以来，工匠精神再次呈现在公众面前。工匠精神在政府工作报告中首次提出，不仅说明了现今时代对工匠精神的迫切需要，也一定因素上说明了我国产品发展出现的品质问题。如何重塑"工匠精神"、培育具有工匠精神的劳动者，实现中国制造 2025，我们每一个教育工作者都应对这些问题足够重视。本文在解读相关雷锋日记的基础上指出雷锋工匠精神内涵，分析雷锋工匠精神孕育中遇到的困境，提出培育雷锋工匠精神的设想，以图达到对当今高校人才培养的启示。

1. 雷锋工匠精神内涵解读

雷锋一生虽然只经历了 22 个春秋，但他的一言一行无不是闪光发亮的，他的模范事迹和高尚情操激励着一代又一代的中国人。他对理想信念的坚守和工作的热情，以及好学善思的创新精神无不是现今时代的呼唤，而雷锋工匠精神也正体现在此。

1.1 坚定的信念和一生的坚守

雷锋具有为实现共产主义而奋斗的崇高理想和坚定信念，为了实现这一目标，雷锋一直坚守着为人民服务。他说过："吃饭为了活着，可活着不是为了吃饭，我活着是为了全心全意为人民服务，是为人类的解放事业——共产主义而

---

① 沈树永，男，1976 年 7 月生，思政部副主任，硕士，讲师，主要研究方向：思想政治教育。

奋斗。"①

雷锋说到做到，短暂的一生无不践行着自己的诺言，以为人民服务为己任。他说："人的生命是有限的，可是，为人民服务是无限的。我要把有限的生命，投入到无限的为人民服务之中去。"② 从沈阳火车站为大嫂买车票到送老大娘去抚顺看儿子，从脱雨衣帮助过路妇女遮雨和抱送孩子到为车站打扫卫生和服务乘客等，无不体现出雷锋用一生的坚守，从小事一点点做起，实现着为人民服务的承诺。以至于当时人们流传着"雷锋出差一千里，好事做了一火车"的顺口溜。

1.2　勤勤恳恳的敬业精神

雷锋说："我是党的儿子，是人民的勤务员。我走到哪里，哪里就是我的家，我就在那里工作。"③ "一个人的作用，对于革命事业，就如一架机器上的一颗螺丝钉""螺丝钉虽小，其作用却是不可估量。我愿永远做一颗螺丝钉"④。雷锋当过汽车兵、做过推土机手，也做过通讯员，无论从事什么性质的工作，无论工作大与小，雷锋都脚踏实地、兢兢业业，力求做到最好。雷锋认为，只要你认真工作，无论你做什么，你都会发光发热；只要祖国需要你，你就应该做祖国的"螺丝钉"，"勤勤恳恳，踏踏实实，在平凡细小的工作当中，干出不平凡的业绩"⑤。雷锋用"像夏天一样火热"的激情，用自己的实际行动立足本职，忠于职守，精益求精。

1.3　锐意进取、自强不息的创新精神

"无论做什么，都不是轻而易举，要想把事情办好，一定要经过艰苦的努力，不怕失败，从失败中吸取教训，取得成功。"⑥ 从钻研驾驶技术到学习理发技术等诸多事情无不体现雷锋的锐意进取和自强不息的精神。雷锋深知"一块好好的木板，上面一个眼也没有，但钉子为什么能钉进去？就是靠压力硬挤进去，硬钻进去的。"⑦ 正是由于雷锋这种对待事情的工作态度和做事情的"挤"和"钻"的创新精神才有了工作上的精益求精。

---

① 《雷锋日记选》，解放军文艺社出版 1973 年版。
② 《雷锋日记选》，解放军文艺社出版 1973 年版。
③ 《雷锋日记选》，解放军文艺社出版 1973 年版。
④ 《雷锋全集》，华文出版社 2003 年版。
⑤ 《雷锋全集》，华文出版社 2003 年版。
⑥ 《雷锋日记选》，解放军文艺社出版 1973 年版。
⑦ 《雷锋全集》，华文出版社 2003 年版。

2. 雷锋工匠精神孕育的困境

雷锋短暂的一生执着地坚守着自己信念，他干一行、爱一行、坚韧不拔、一丝不苟，对所从事的工作锲而不舍，力求达到极致。但这一切需要内心的宁静为前提，在喧嚣浮躁的社会，人们受到诸多因素的影响，年轻人受其影响更甚，因而，工匠精神孕育过程中也会遇到多方面的干扰因素。

2.1 多元文化的冲击

随着改革的不断深入，处于转型期中的人们受到多元文化冲击的力度不断加大，人们的价值观念也呈现出多样化、多元化特点，人们原有的思想、价值观念受到严重的冲击。市场经济的局限性导致人们行为的逐利性、追求利益的最大化取向不断增强，在市场经济条件下一些人在追求个人利益时不择手段，制假造假、见利忘义，使得人们原有的无私奉献的思想观念受到了严重的挑战。随着国外资本主义思想的广泛传播，一些腐朽的思想也跟随而来，个人主义、享乐主义盛行，极大的影响着雷锋精神的弘扬和社会主义价值观的传播。

2.2 社会环境的影响

我国经济社会在近40年的改革开放中取得了飞速发展，这种飞速发展给许多人造成了一种模式化的印象，只有快速见效才是好产品，而耗时、耗力的产品不会迅速产生效益，因而得不到人们认可。在这种观念的指引下，一些粗制滥造的产品应运而生。如何改变这种状况，使中国制造业向着正常方向发展，实现中国制造2025的愿望，真正让中国制造业打入世界、引领世界，精益求精的工匠精神在中国迫在眉睫。

中国是个发展中国家，中国经济的快速发展一定程度上得益于追求速度的结果，而追求速度就容易造成对产品品质的忽视，一些企业为了追求短期的明显效益，他们不愿意把大量的时间和金钱投入到产品的研究、打磨上，社会和企业主快速见效的环境造成了工匠精神难以维系和发展。

工匠精神的本质特征是精益求精、追求卓越，但精益求精和追求卓越的实现需要时间和空间作为保障，而现实中的中国制造诸多领域却时常发生重数量、轻质量，"劣币驱逐良币"等现象。人员评价体系的复杂化也使一些工匠大师们很难得到认可。正如徐桂庭所言"许多不合理的制度正在一点点地将工匠精神销蚀、消解，那些不忘初心、锲而不舍、追求极致的工匠、大师们，则越来越被边缘化、被冷落"①。

3. 培育雷锋工匠精神的设想

多元文化的冲击致使人们思想多元、价值多元,少了那份信念的坚守,唯一追逐的就是利益,而使利益最大化就是不择手段。快速发展的浮躁又使得人们过于追求速度,缺少了工匠精神培育的时间、空间。如何在这样的背景下培养雷锋工匠精神,如何实现中国制造2025,必须经过多方努力。

3.1 思想教育是根本

任何一种观念或习惯的具备、养成都离不开思想教育,工匠精神的培育也不例外。一个真正的工匠必然会有坚定的信念,有不成功则成仁的毅力,坚定的信念是工匠精神培育的基础要素。如何对一些头脑已被功利主义思想所占据的年轻人进行坚定信念的思想教育在当下并不容易,需要研究当下年轻人的思想特点对症下药方能事半功倍。因而不能一味地理论教育,榜样教育和实践教育更应成为思想教育的主要手段。实践中,通过名师言传身教,让人们真正明白工匠精神的实质与内涵,认识其价值和意义,明白工匠的那份淡泊名利和对事业所具有的那份坚守。同时,名师成为名师的心理路程和榜样也为年轻人树立了学习的参照,年轻人具备了学习的动力。榜样的力量是无穷的,为年轻人成为工匠提供了可能。通过实践教育和榜样力量的不断渗透,使年轻人在职业观和择业观上有了正确的认识,从而有了正确的职业态度和职业素养,能更好地理解工匠精神,促进自身成长。

3.2 创设良好的社会人文环境

当下,一些年轻人受到西方功利主义和享乐主义思想的不断腐蚀,不愿成为工匠已是不争的事实。究其原因,主要是社会环境造成的结果,即便成了名副其实的工匠其岗位仍不具有吸引力(这里主要包括工资待遇、人文关怀和社会福利等方面),因而造成了一些年轻人不愿成为工匠的结果,在央视大片"大国工匠"中已有体现。要想改变年轻人对工匠精神的认识必须从环境入手。首先,国家创设培养工匠精神的大环境,提高工匠的待遇,给予更多的人文关怀,大力宣传真正的工匠,宣传他们的思想,用榜样的力量鼓舞年轻人、吸引年轻人。在工匠退休后国家也应给予较高的关怀,在医疗、养老等福利上提供保障,增强工匠岗位的吸引力。其次,企业也需为工匠培养提供好的环境,除了待遇

---

① 徐桂庭:《以工匠精神引领时代以工匠制度创造未来》,载《中国职业技术教育》,2016年第16期。

上给予关怀外，在职称晋升上也要开方便之门，从而把工匠的能动性发挥出来。通过国家和企业的多方联动，相信社会对工匠的认可度会大大提高，工匠岗位的吸引力必会得以显现。

3.3　高校在雷锋工匠精神培育中责任重大

高校在培育具备雷锋工匠精神人才方面有举足轻重的地位，进入企业成为工匠的人才绝大部分都经过高校培养。因而，高校设置的培养方案至关重要。如何在培养方案中融入工匠精神是需要认真考虑的问题。目前，一些高校虽然在专业教学中已经结合了行业特点和岗位的职业精神，并将其融入专业教学的目标、内容及考核之中，通过专业教学使学生具备爱岗敬业、诚实守信等专业岗位的基本职业素质[①]。但这仅仅是人应具备的基本素质的培养，并不能完全培养出具有工匠精神的匠人，工匠精神是一种人的精神追求，应该有更高的要求，思想教育应融入每门课程中，使每门课都达到思想教育的目标，这就需要我们广大教育工作者转变教育观念，树立课程思政的理念，把工匠精神不断地融入、渗透到课程中，达到润物细无声的目的，最终让学生理解和接受工匠精神。

除了课堂对学生的教育外，实践教育也是一种很好的教育方式，学生在实践学习中除了不断地检验自己所学的专业知识外，还有助于感受、领悟知识。因而，通过实践学习，学生能通过切身感受加深对知识的理解和掌握。同时，对自己的技艺也能起到磨炼作用，在实践中形成精益求精、严谨、专注的职业精神，高校应加大实践教育的力度。

校园文化对工匠精神的培养存在潜移默化的作用，高校的各种活动为学生营造了一种精神氛围，如各种社团活动、演讲活动、讲座活动等，对丰富学生的业余文化生活、拓展知识面、磨炼实践能力，以及职业精神的形成都起到积极的助推作用。校园文化活动可凭借其丰富的形式，寓教于各类活动中，以一种特殊的教育方式，使工匠精神得到进一步的传播与弘扬。因而，高校在弘扬校园文化方面应充分发挥作用。此外，高校还可以通过让学生到企业参观、采访，邀请优秀校友讲座等方式，发挥榜样力量，对工匠精神培育也能起到极大的示范和推动作用。

美国心理学家马斯洛在人类需求理论中曾提出，人类需求的最高层次是自我价值的实现，可见，人类追求的最高境界应是对尊严、身份和自我实现的追求，而不是仅仅停留在对物质的追求上。工匠精神即是一种精神追求，是一种

---

① 姜燕：《对高职生职业精神培养的探索》，载《职业时空》，2008年第8期。

对信念的坚守，是一种精益求精的高贵品格。而这种坚守和精益求精便是人类追求的至高境界，是人类自我价值实现的追求。

　　我们坚信，在全球化和网络迅速发展的时代，工匠精神一定会重放异彩，受到我们企业的青睐。一个拥有工匠精神、推崇工匠精神的国家和民族，必然会脚踏实地，创造出一流的优品、精品。

弘扬雷锋精神的实践探索

张巍①

2012 年是雷锋同志逝世 50 周年，也是毛泽东主席题词"向雷锋同志学习" 49 周年。每年的 3 月 5 日是全国"学雷锋纪念日"，从 1963 年直至今日，在 50 余年的时间里，雷锋精神早已深入人心，并且随着世事的变迁，雷锋精神将不断被注入新的内涵。

1. 志愿者精神——雷锋精神的延续和发展

1.1 志愿者精神与雷锋精神本质上的一致性

曾任毛主席秘书的林克先生在一篇这章里详细回忆了毛泽东为雷锋同志题词的全过程。主席在解释为何题词"向雷锋同志学习"时说过，学雷锋不是学他哪一两件先进事迹，也不是学他的某一方面的优点，而是要学他的好思想、好作风、好品德；学习他长期一贯地做好事，而不做坏事；学习他一切从人民利益出发，全心全意为人民服务的精神。当然，学雷锋要实事求是，扎扎实实，讲究实效，不搞形式主义。毛主席的这番话不仅指出了我们应当如何学习雷锋，而且指明了雷锋身上最本质的特点，特别是指出了从哪些方面学习雷锋。

时下出现的各项学雷锋活动，大多跟"志愿"一词联在一起，志愿者正在接力践行雷锋精神。现在的学雷锋为什么总要跟志愿者联系在一起？因为，雷锋精神与志愿服务的理念本质上是一致的。

联合国前秘书长科菲·安南在 2011 年"国际志愿者年"启动仪式卜的讲话中指出："志愿精神的核心是服务、团结的理想和共同使这个世界变得更加美好的信念。"这句话指出了志愿者精神的本质，表达了人民对志愿服务的由衷赞美。志愿服务的精神概括起来是：奉献、友爱、互助、进步，志愿服务是任何

---

① 张巍，男，1980 年 11 月生，校团委书记，硕士学历，副教授，主要研究方向：思想政治教育。

人自愿贡献时间和精力,在不为物质报酬前提下为推动人类发展、社会进步和社会福利事业而提供的服务。它包含着深刻的互助精神,它提倡"互相帮助、助人自助",以"互助"精神帮助人民走出困境,唤醒人民内心的仁爱与慈善。

2009年是中国的志愿服务元年,"5·12"汶川地震和北京奥运会是中国全民参与志愿服务时代来临的最好见证。团中央书记处书记、中华全国青年联合会副主席卢雍政在"中国2008国际志愿者日"庆祝活动上表示:"据不完全统计,累计有超过491.4万名志愿者以各种形式参加了'5·12'抗震救灾和灾后重建工作,170多万名志愿者直接服务于北京奥运会,近300万名志愿者参与了奥运主题活动。"

雷锋精神的内涵非常丰富,其中,最突出的就是助人为乐,全心全意为人民服务。志愿服务的本质是"奉献、友爱、互助、进步",提倡自愿自觉、不计报酬地为人民服务。"雷锋精神"本土生长于中国,"志愿精神"则源自于国外,两者虽称呼不同,但本质相同,都是人类社会自古至今所倡导的助人为乐的精神,它们在新时代里相重合。所有志愿者组织以及参与志愿服务者,虽未冠雷锋之名,却实实在在地体现了"学雷锋"的本质。

1.2 志愿者精神是雷锋精神的延续和发展

志愿者精神是雷锋精神的延续和发展。像雷锋一样乐于助人,尽到公民的责任,践行奉献的意义,这正是雷锋永恒的意义,也是志愿者精神永恒的意义。

2000年,共青团中央将"3月5日"定位为"青年志愿者服务日",这是对"学雷锋日"的有效拓展与内涵延伸,雷锋精神由此更具普世意义,更具时代性和现代性,一跃上升为现代社会公民精神与文明社会人文典范,对志愿者精神和义工精神作了有力的书写。正因如此,我们亦不妨说,雷锋生年仅22岁,但他是当之无愧的中国杰出青年的代表,也是广大志愿者和义工中最为典型、影响最为深远的榜样。不断壮大的志愿者队伍通过无时无处不在的志愿行动,一个个制度化、组织化的"雷锋"群体,时常围绕在我们的身边。中国青年志愿者和义工精神当以雷锋精神为表征,它就像一条静谧、温暖的精神河流,润物细无声地涤荡着一代代中国青年的精神家园。

2012年3月24日,著名评论家、北京大学张颐武教授在《北京青年报》发表了题为《志愿者精神是雷锋精神的延续和发展》的文章。在文章中他写道"在中国当下社会中,志愿者和志愿者精神的影响力越来越大"。不管是汶川大地震之后,还是北京奥运会与上海市世博会期间,"这些重大事件都让人们感受到了志愿者精神的普及,人们开始把志愿者精神和志愿者的努力视为社会走向前进的重要力量。这既是雷锋精神的延续,也是它在市场经济环境下的发展。

它既有中国传统美德的展现，也有当下社会新型关系中价值重构的意义"。

2. 校训——雷锋精神与志愿者精神的具体化

2.1　校训增强了雷锋精神的人性化宣传

"感恩、回报、爱心、责任"是上海建桥学院周星增董事长于 2010 年为师生题写的校训。校训将学习雷锋活动"常态化"，将雷锋精神寄望于大学生的学习、生活与未来发展。

校训使学雷锋不再是"三月来了四月走"，流于形式表面，而具备了更为深刻的思考。"感恩、回报、爱心、责任"这八个字使雷锋精神与当代志愿者精神、当代青年大学生融合，增强了雷锋精神的人性化宣传。雷锋作为时代的榜样，是旗帜、是标杆、是方向，但雷锋作为一名普通的战士，可以成为我们的战友、我们的同学、我们的知己。当雷锋作为一个真实的"人"，而不是一尊铜像融入我们这个广大的学生群体时，我们会发现千万个雷锋在成长，我们身边的同学、朋友都有可能成为雷锋。

只有让雷锋走下偶像的神坛，回归常人，同时采取更贴近年轻人审美和心理特点的宣传形式，才能提升雷锋事迹的可信度，才能增强雷锋精神的感染力。雷锋精神是属于和平时期的坚守，是属于日常生活的善意，是属于平凡日子的感动。学校竖立了雷锋像为师生树立榜样，而校训则是更加明确地提出了学习榜样的人性化的要求。校训使雷锋精神更加具体化，更具实践性，在提升校园内涵建设的同时，对学生的培养目标也有了更为清晰的认知。

2.2　校训使雷锋精神成为人格化塑造的必要

雷锋精神中，诸如公而忘私，助人为乐，尊老爱幼，尽职尽责，有理想，有抱负，既是中国传统文化的精髓，也是高校培养大学生的道德标尺，这一要求使得雷锋精神更贴近高校实际，更具有普适性，容易引发师生的共鸣。从这个意义上说，雷锋精神与校训内涵的融合，使雷锋成为跨时代的具有强大人格魅力的好人形象和楷模。按照我们今天对一名普通大学生的价值标准来衡量，雷锋对自身的准确定位，对于时代潮流的准确把握，称他为"职场达人"至少并不为过。而雷锋利用工作中的物质积累，热心社会公益，助人为乐，难道不是一种值得称道和赞赏的现代公民精神吗？试问，如果雷锋不能正确认识社会，体察自身，如果不能把握机遇，顺应潮流，如果不能勤俭节约，胸怀大爱，他能最终"立"起来，经受得住 50 余年来万千人心的检验吗？

学校雷锋铜像前"感恩、回报、爱心、责任"的校训，时刻在提醒在校师生学雷锋其实更应该成为一种价值认同，一种内在的精神自觉，一种当代社会的大学生素养，一种人之为人的文化观照。

3. 弘扬雷锋精神，树立先进榜样

我校将校训"感恩、回报、爱心、责任"与"雷锋精神"高度融合，设立了"雷锋奖章"，包括金质奖、银质奖与铜质奖。通过一年一度的评选与表彰活动，为全体同学树立先进榜样，以培养理想远大、品德高尚、成绩优良、学有专长、全面发展，富有爱心和社会责任感、具有创新精神和实践能力的优秀人才。

自 2006 年设立金、银、铜质雷锋奖章以来，6 年里全校共有 2237 名学生先后获得过雷锋奖章。其中，2012 年 3 月份表彰的 2011 年度"雷锋奖章"评选活动中，共产生金质奖 28 名、银质奖 120 名以及铜质奖 362 名，受表彰学生达510 人，为历年最高。（见表 1）

表 1　2011 年度各学院/社团"雷锋奖章"获得者人数统计

系部	学生总数	金质奖	银质奖	铜质奖	总计
		2‰	1 %	3 %	
商学院	3457	7	34	102	143
信息技术学院	1237	0	8	21	29
外国语学院	1555	4	15	46	65
艺术设计学院	1845	5	18	55	78
机电学院	1766	3	17	54	74
新闻传播学院	1277	3	13	38	54
护理系	130	0	1	4	5
校团学		2	4	16	22
社管中心		2	4	10	16
校卫队		2	4	16	22
图馆会		0	2	0	2
合计		28	120	362	510

如表 2 和图 3 所示，2009～2011 年期间，我校"雷锋奖章"获得者人数呈逐年攀升趋势。这一数据一方面得益于学校多年来的成功办学吸引了更多的生源，另一方面也表明，雷锋精神与雷锋奖章已经越来越深入学生内心，并且越来越多的学生已经开始用行动践行雷锋精神。

表2　2009～2011历年各学院/社团"雷锋奖章"获得者人数统计

系部	金质奖			银质奖			铜质奖		
	2010	2009	2008	2010	2009	2008	2010	2009	2008
信息技术学院	3	2	2	11	11	10	36	39	49
商学院	6	4	6	29	29	30	100	90	83
外国语学院	3	3	2	15	15	15	49	44	38
艺术设计学院	2	1	1	17	13	10	51	42	43
机电学院	2	3	2	10	10	7	48	43	27
新闻传播学院	2	2	2	11	10	8	34	29	33
校团委	2	1	1	5	3	2	10	5	5
社管中心	1	1	1	3	2	3	7	7	4
校卫队	2	1	1	2	3	2	12	10	6
合计	23	18	18	103	96	87	347	309	288

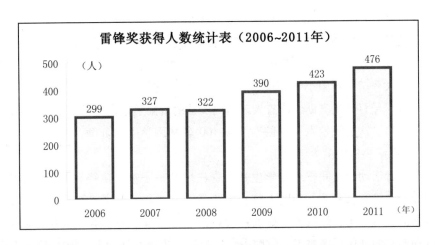

图3　2006～2011年我校雷锋奖获得人数统计

　　为使学雷锋活动常态化，学校将每月第一个周六确定为雷锋主题日。学校还组建了上海科技馆、"阳光之家"、上海博物馆3个雷锋志愿者服务队，各级团组织成立"雷锋学习小组"，提倡从小事做起、从我做起的"天天雷锋"行动，并广泛宣传身边的学雷锋好人好事。

4. 践行感恩回报，奉献爱心责任

　　上海建桥学院的校训是"感恩、回报、爱心、责任"，因此在对学生的培养

上，通过感恩教育，培养学生的爱心和社会责任感，回报父母、社会和国家的培养。

建设一百所希望小学是上海建桥学院董事会的一个目标。2011年，我校捐赠建设一所希望小学（甘肃省天祝县哈溪镇尖山小学）和一所教学楼（广西梧州市苍梧县新地镇同心民盟教学楼）。

支援祖国西部建设，是我校感恩教育，培养学生社会责任感的重要途径。我们在学生党员和骨干学生的培养中，注意加强这方面的教育，通过座谈会、支部会等方式让学生了解祖国西部建设的情况。在支部大会和入党志愿书上，我们的同学都郑重承诺：志愿支援祖国西部建设，到祖国最需要的地方去，为祖国的建设奉献自己的青春和年华。因此，不需动员，每年学生党员和入党积极分子都踊跃报名参加支援祖国西部建设。2011年，全校报名数300余人，名列上海市高校首位。最终，我校从300余名学生中，挑选优秀志愿者3人赴西部建设。

2011年，我校辅导员桑正老师赴云南服务一年。暑假，我校党委副书记夏雨和学生处处长张宁等领导一行前去看望慰问正在云南省鹤庆团县委挂职锻炼的桑正老师，并向鹤庆县捐助了12000余元现金及部分物资。其中，包括捐赠鹤庆团县委1台电脑，捐赠当地希望小学50台电脑。次日，校领导一行至鹤庆县辛屯镇大登携程希望小学开展"爱心校园行"志愿服务活动。我校师生从云南回来后，号召师生支助云南省大理州鹤庆县的贫困学生，所得捐款共计40000元汇往当地，这是我校六个学院对当地100名贫困学生的资助，每年每人资助400元，以解决他们的生活费用。

志愿者活动也是我校培养学生社会责任感的一个重要途径和方式。志愿者赴周浦敬老院和亲和源，为老人打扫卫生、清洗衣物，陪老人聊天，排解老人精神上的寂寞等等，取得了良好的社会效果。2011年，共200余人次赴周浦敬老院和亲和源社区做志愿者。皖廖小学是我校学生社会活动和志愿者服务基地。志愿者利用周末和暑假去学校为外来务工人员子女提供英语、计算机等其他方面的教学和服务。2011年暑假前，还把这些外来务工人员子女请到学校来，让他们与大学生有更多的接触，感受大学和大学生活。2011年，我校共有200余人次的志愿者到皖廖小学提供各方面的服务，皖廖小学有200多人次享受我校的志愿者服务。

在广大师生中倡导无偿献血，也是我校培养学生社会责任感的一种方式。每年春季、秋季两次献血，2011年完成献血1100余人。

我校主动配合上海市精神文明办、积极响应上海科技馆的志愿者服务工作。

2003 年至今，我校 7 次被评为上海志愿者活动先进集体，参与科技馆服务人次也已破万。

我校组织了 6 支敬老服务队，除此以外，我校的志愿者还为校内的同学们服务，校内志愿者活动主要包括：高雅艺术进校园、团学双代会、义务献血志愿者、迎新晚会、游园会、自主招生咨询会、毕业生招聘会、志愿者招募、迎新生志愿者等。在良好风气的带领下，今年我校志愿者积极参加了一级方程式赛车世界锦标赛，网球大师杯赛，世界游泳锦标赛，击剑、摔跤大赛，在上海美术馆、南汇烈士陵园、上海黄浦区团委城市站点、卢湾区城市站点、上海世博纪念馆、黄浦区豫园街道、"阳光之家"、浦东重残院、贝贝星幼儿园、好好幼儿园、紫叶幼儿园、仁济东院献血屋、川沙皖蓼小学等基地都留下了我校志愿者辛勤的汗水与欢笑。

我校共 34 个志愿者基地，服务人次已达 15000～20000 人次。学校连续七年评选、表彰了在见义勇为、乐于助人、义务献血、帮困助学、服务社会、志愿者活动等方面做出突出成绩的"弘扬雷锋精神优秀学生"共计 2747 名，其中，117 人获得金质奖章，625 人获银质奖章，2005 人获铜质奖章。今年又分别授予上海科技馆志愿者服务队、外国语学院"阳光之家"、商学院上海博物馆志愿者服务队"雷锋志愿者服务队"称号。

5. 结论

2010 年 10 月 20 日，北京人民大会堂召开了学习郭明义同志（郭明义同志是鞍钢集团矿业公司一名普通的公路管理员，他热心于公益事业，30 年如一日地帮助身边弱势困难群体，帮助化解矛盾，他资助了 180 多名特困中小学生，他无偿献血的总量相当于自身总血量的 10 倍）先进事迹座谈会。中共中央政治局委员、中央书记处书记、中宣部部长刘云山出席会议并讲话，强调"深入宣传郭明义同志先进事迹和崇高精神，广泛开展向郭明义同志学习活动，在新的历史条件下传承和弘扬雷锋精神。努力形成崇尚先进、追求崇高的浓厚氛围，形成奉献光荣、助人为乐的浓厚氛围，形成我为人人、人人为我的浓厚氛围，凝聚起促进改革开放和社会主义现代化建设的强大精神力量"。

同时，《中共中央关于构建社会主义和谐社会若干重大问题的决定》指出，"以相互关爱、服务社会为主体，深入开展城乡社会志愿者服务活动，建立于政府服务、市场服务相衔接的社会志愿服务体系，这是构建社会主义和谐社会的一项重大举措"。

实践表明，我校多年来积极响应并贯彻中央号召，坚持与时俱进的育人理念，将雷锋精神、志愿服务精神与当代大学生的实际学习、生活与未来发展相结合，使雷锋同志"助人为乐"的品质通过丰富多彩的志愿者活动不断向师生、向社会推广。在竖立雷锋同志铜像的同时，将无形的雷锋精神具体化为八字校训，并将其贯穿至学生智育、德育的全过程，进而内化为具有建桥特色的校园文化，致力于培养懂得感恩、充满爱心、奉献社会、勇担责任的新时代大学生。

高校感恩教育的路径研究

张莉①

1. 大学生感恩缺失现象聚焦

提到大学生，相对应的社会评价本应该是"高素质的知识分子""懂事的孩子""孝敬父母、尊师敬长、团结同学、回报社会"等等溢美之词，但是近些年来新闻报道、网络媒体等不断爆出一些有失"大学生身份"的现象，如：《辛酸父亲给儿子的一封信》、某高校学生用开水泼老师、某高校学生硫酸泼熊事件、某高校学生投毒事件等等，这与以往社会大众印象里的大学生形象严重不符，与高校思想政治工作的德育教育目标背道而驰，大学生感恩缺失的问题也越来越受到高校和社会的关注。大学生感恩缺失总结下来主要表现在以下方面：

1.1 家庭层面：淡漠亲情，不懂感恩

"小家"的和谐是保证国家和社会整个"大家"和谐的重要因素，不论是在校大学生还是走向社会的大学生都应该是维护这一和谐的主力军。作为有着悠久的"孝亲敬老"传统的中华民族来说，随着社会的发展和国民整体素质的提高，越来越多的人也接受了高等教育，特别是高校感恩教育，社会整体的孝亲敬养总体上呈现不断上升的趋势。但是在这总体和谐感恩的家庭氛围下，也出现一些不和谐的现象，突出表现在青年大学生淡漠亲情。曾有一项问卷调查②关于在校大学生什么情况下会和父母打电话，调查结果显示部分学生仅仅把父母当作"取款机"，对父母一味索取不懂感恩回报。虽说"每逢佳节倍思亲"，但每逢中国传统春节期间，学生本应回家与亲人团聚，然而，各类"春节

---

① 张莉，女，1986 年 8 月生，机电学院学工办主任，硕士学历，讲师，主要方向：大学生思想政治教育。
② 袁莉、刘先强、林敏、邵利梅、杨弦弦、钱敏、蒋成英、王月：《关于当代大学生亲情淡化的调查研究》，载《青春岁月》，2011 年第 10 期。

高校留守族"仍然频频出现，究其最终原因实际上也是淡漠亲情的一种表现。在通信手段四通八达的今天，亲情的沟通本该畅通无阻的，大学生的微信朋友圈、QQ空间、微博等各种公共平台时常能看到各种节日对父母家人等亲朋好友的"祝福"，往往也会引来一大片同学的围观、评论、祝福等，但实际上这些被祝福的父母家人往往被"蒙在鼓里"，不曾收到一个电话或者一条短信，这就导致有些大学生沉溺于网络，严重缺乏与家人真正的交流和谈心。①

1.2　学校层面：教育之恩，不懂珍惜

学校，尤其是高校作为一个教书育人，传播社会正能量的场所，为国家和社会源源不断的输送优秀人才，为学生建立了成才之桥，为社会建立了育人之桥，充分发挥了桥的重要作用。所以，绝大部分在校生对学校和老师充满敬意并能够把主要精力用到学习上来。当高校毕业生走向社会后更能够感受到母校的恩情，绝大部分学生都能感念学校和老师的教育之恩，并将其积极投入到学习中来。但受各种思想的影响，有一小部分学生不懂感恩，缺乏敬意，不懂得珍惜。

在高校里，上课随意缺课，不遵守课堂纪律，课堂"秀恩爱"、玩手机、睡觉；部分同学见到老师擦肩而过不打招呼，形同陌路；对于耐心解答问题的老师，连句"谢谢"都不说；更有甚者对老师的衣着、外貌等评头论足，随意讨论老师的隐私等等，完全体现不出学生的尊师重道。对于老师的批评教育理解为是故意找茬，以至于在网络上指责辱骂甚至于严重者出现人身伤害事件，华东政法大学教师遭学生泼开水事件便是鲜活的例子②。对于老师的传道授业解惑认为是理所应当的职责所在，完全不懂得珍惜教育之恩，足见学生对老师感恩心理的缺失。

1.3　社会层面

为了圆贫困学子的大学梦，国家、社会或个人都不同程度地提供各种支持和帮助，有些学生是靠国家各种助学贷款和助学金等各种资助形式完成了大学学业。然而在毕业后走上社会，却把还款和感恩回报的事情抛之脑后，甚至出现恶意拒绝还款的情况，相关资助机构每每通过学校各种途径联系还款都不能得到很顺利的解决，给国家和学校造成了很大的负担，更是严重破坏了助学贷

---

① 徐修文、赵凯迪、刘元芬：《网络对90后大学生亲情观影响的调查分析》，载《江苏科技信息》，2014年第7期。

② http://news.qq.com/a/20141114/006677.htm 华东政法大学遭学生泼开水教师：她还年轻。

款的信用体制。有些在校大学生利用各种家庭情况申请到的助学金、资助金等大肆挥霍、肆意攀比，在虚荣心的滋生下甚至有些严重者会发展成为"裸条借贷"。①

在校大学生面对社会以及走向社会的毕业生，并不是所有人都能够牢记初衷回报社会，甚至有些大学生的行为都不如小学生，清华学子刘海洋硫酸泼熊事件②、不少的英雄流血又流泪事件等③，这些行为再次反映了一部分大学生诚信的缺失，没有社会责任感，更突显了对感恩的淡漠心理。

1.4　人际关系上

再美不过同窗之谊，"上下铺的兄弟""海内存知己，天涯若比邻"往往作为描述同窗好友比较贴切的词语，"互帮互助、团结友爱""团结同学、尊敬师长"这是大家耳熟能详的评论学生人际关系的词语。但是和谐中总会有一丝丝躁动：云南大学"杀人狂"马加爵连杀4名室友案④、被称为"弹钢琴杀人法"的药家鑫案⑤、让绝大多数学生"感谢室友不杀之恩"的复旦投毒案⑥，等等，这都折射出大学生人际关系和社会关系中消极的一面。另外，高校里每学期因为寝室矛盾而调整寝室、因为同学矛盾而大打出手等案例，更是不胜枚举。

上述主要是感恩缺失的聚焦，折射出了大学生感恩教育背后的问题，部分学生感恩不足或缺位，部分学生感恩意识的扭曲等等，这都将大学感恩教育和其深层原因研究的必要性彰显出来。

2.　大学生感恩缺失的原因分析

2.1　社会环境的变化和影响

首先，随着经济的快速发展，生活和工作的节奏使得人与人之间更多关注于竞争，功利主义的盛行使得"优胜劣汰"的竞争模式无孔不入，加上人们规避不了的现代社会的各种生存焦虑：时间危机、自我空间危机、风险忧虑、判断和选择疲劳、自我认同危机、生存意义的迷失等⑦，都导致了社会这个大环境的道德缺位甚至断层。一些人就抱着功利主义的心态去工作和生活，所谓的

---

① 女记者卧底裸条借贷揭"裸条"借贷背后的真相：借1万到手6500元
② 清华学子刘海洋硫酸泼熊事件
③ 英雄流血又流泪的悲剧何以重演_网易新闻中心
④ 刑前遗书让人深思的大学生杀人犯马加爵
⑤ 药家鑫撞人刺死伤者案
⑥ 复旦投毒案校园里暗藏的心理毒药
⑦ 陈秀兰：《感恩的缺失与感恩教育的策略》，2007年5月。

"趋利避害",把过度的竞争当作"义不容辞""当仁不让",却把感恩和道德当作"事不关己高高挂起""傻子才做的事"。把学习雷锋做成文章,把雷锋的乐于助人当作过时的,勉强的学雷锋也仅仅存在于雷锋日,或者把雷锋同志们打造成为"流动人口"。其次,网络通信对社会和教育带来便利之外,也同时出现负面影响。根据 CNNIC 数据:2016 年第 38 次中国互联网络发展状况统计报告——网民结构显示,中国网民当中学生群体是占比重最高的,从年龄结构上来20 ~ 29 岁之间是最多的,从学历上来看可塑性最强的中学阶段的网民是最多的。但是网络上的信息,这些网民比重最多的人当中,无论从学历还是年龄来看,都是很容易受到不好的东西影响的,不能冷静理智地选择接收的信息,而且更容易将负面的信息接收的更快影响更大。久而久之,英雄流血又流泪等诸如此类的信息将会影响真善美的判断标准,感恩、回报、爱心和责任得不到应有的尊重和认可,这就模糊了这一阶段涉世不深的学生群体的价值判断,给本人和社会带来极大的负能量。

2.2 教育的缺失和不足

教育本来是包括德智体美全面发展的,但是各个阶段的教育呈现出不同程度的片面倾向。首先,在幼儿启蒙教育阶段,由于受到家庭成员学历、本身素质、所处小环境等各方面的影响,幼儿启蒙教育的效果本就参差不齐;再加上绝大多数家长在针对越来越多的独生子女家庭幼儿启蒙教育阶段侧重于幼儿的智力开发,全家人围绕着一个孩子照顾生活的方方面面,却往往容易忽视对独生子女综合素质尤其是德育的教育,导致孩子从幼儿阶段就开始以自我为中心。

其次,在中小学阶段,虽然德育教育占了整个教育阶段比较大的比重,但大的趋势导致学校、家庭和学生本人都比较侧重于升学率,一味地关注学习成绩而在一定程度上影响和削弱了德育教育尤其是感恩教育的效率。升入大学,在更多的关注于毕业率、升学率和就业率的情况下,德育教育又会被弱化。在更多的德育教育问题暴露出来后,专职的思想政治教育辅导员再进行枯燥的说教,"要珍惜父母的血汗钱,感恩父母养育之恩""感念师恩、尊师重道""团结同学、乐于助人""学习雷锋好榜样"等等,在这个青少年个性张扬以自我为中心的习惯形成和成绩压倒一切的思想固化模式下,高校传统的说教教育已经违背了德育的主体性和实践性的原则。

针对种种大学生感恩缺失的现象和探究其背后的原因,党和国家教育主管部门逐渐开始高度重视感恩教育在学生培养全过程的各个阶段,从提倡素质教育,到 2004 年 10 月中央发布《中共中央国务院关于进一步加强和改进大学生思想政治教育的意见》;从十八大报告提出践行社会主义核心价值观,再到 2016

年 12 月习近平总书记召开的全国高校思政工作会议提出"把思想政治教育贯穿于教育教学全过程，开创我国高等教育事业发展新局面"，更明确指出"高校立身之本在于立德树人"①。各高校也在逐步将德育教育纳入教育教学的过程中来，以各种形式开展感恩教育。

3. 高校感恩教育的路径研究

从教育培养人的规律来看，高校施行感恩教育从单纯的说教式的理念认知教育，还是远远不够的，在理念认知的过程中要有可以实践实施的平台，才能够让大学生们在认知的过程中亲身实践，同时在亲身实践的过程中进一步加深加强理念认知，两者相辅相成便能够更好地体现感恩教育的效果。

3.1 理念认知

在理念认知阶段，可以采用各种形式来丰富传统的德育教育方式。首先在思想政治辅导员层面，各高校逐渐开始选用一些高学历且专业对口、热爱学生工作的年轻辅导员来担任专职的思政教育工作者，利用年轻辅导员与学生年纪差别不大比较方便沟通的优势，而且又能够利用自己的学历和专业优势对部分学生提供学业和生活帮助的优势，进而拉进辅导员与学生的距离。为了取得更好的思政教育的效果，同时也让工作经验丰富的辅导员采取以老带新的方式来开展年轻学生的德育教育，优势互补，更能取得好的效果。

思想政治理论课教师利用课堂优势，要从认知层面将感恩教育融入整个教学全过程。根据课堂需要可采取一些充满正能量的感恩教育成功的案例来引导大学生，例如某高校思政课老师在新生入学第一个月后以作业的形式让学生给家长写一封感恩信并亲自邮寄给家人、让学生以访谈的形式采访老党员或身边一位让人感恩的人等等，逐渐将感恩教育纳入到思政课中，引导学生正确的感恩取向，形成正确的感恩观。

在高校的校园文化中，将感恩教育的理念融入其中。如上海某民办高校的校训是"感恩、回报、爱心、责任"，同时全校师生践行雷锋精神、设立雷锋奖章，同时以三座桥：为学生搭建成才之桥，为教师搭建立业之桥，为社会搭建育人之桥，培养学生乐于助人的优秀感恩品质。高校的校训和校园文化承载着一个学校整体思政教育的很重要的一方面，所以感恩教育以校园文化为载体能够起到"润物细无声"的教育作用。

---

① 习近平强调把思想政治教育贯穿于教育教学全过程，开创我国高等教育事业发展新局面

3.2　实践实施

高校学生已经是年满 18 周岁的成年人，但已经有了自己相对稳定的价值观，仅仅通过理念认知去灌输感恩教育，不一定能发挥好作用，反而可能会引起反感取得不好的效果。在理念认知的基础上，往往亲身实践更能取得意想不到的效果。

高校可依托社团活动等形式来开拓感恩教育的课堂，丰富感恩教育的形式。上述提到的上海某高校通过假期社会实践，组队让学生接触贫困山区的学生，带领学生亲自到大山深处贫困地区去提供资助，为贫困山区的孩子送温暖。有的通过社会实践到边远地区去支教、去到敬老院看望孤寡老人，听听这些弱势群体的声音，引导学生理解和尊重他人，通过"劳其筋骨、饿其体肤"的感受来体会父母生活的艰辛，懂得对父母和他人的感恩。学校还可以通过党课、团课的学习来组成"红色服务队"承担社会上和校园内的志愿者服务活动，定期开展宣传活动，引导更多的高校学生共同加入，在开展活动的过程中便将感恩教育很好地接受和领会。

有些高校将大学生素质拓展学分纳入学生手册，作为学生在校学习的一部分，将素质拓展学分作为毕业的条件之一，其中获取素质拓展学分的方法和途径便是完成一些志愿者活动和其他的好人好事之类的，主要都是围绕着德育教育来设定的。这样一来，学生在校学习期间要不间断地完成这些活动，四年的时间完成德育教育规定的动作，便是最好的养成教育的范例，久而久之学生走向工作岗位，也会将这种感恩教育的活动持续进行下去，继续在社会上做好人好事。

在高校学生资助工作和学生心理健康教育过程中，更应该纳入感恩教育的内容，使得这些受助学生心存感恩，日后能够以感恩之心回报社会。

又如上述提到的上海某高校，在新生入学教育第一堂思政课开始，便将"感恩、回报、爱心、责任"的校训告诉新生，新生进入校门便能看到高高矗立的雷锋像，雷锋手持写着"为人民服务"的书本阔步向前，学生手册上明确要求学生完成素质拓展学分需要做的感恩活动，并以三座桥的理念培养德智体美全面发展的学生；"高校立身之本在于立德树人"，学校要求全体教职工参与到学生德育教育的全过程，将感恩教育融入教育教学全过程，从校园文化到各种学生活动的平台，无不蕴含着感恩教育的理念，让学生在不知不觉中学会感恩，接受教育，为社会输送了一批又一批人才，受到好评。

4. 结语

高校教育不仅仅要教会学生学会学习和技能，更要教会学生心怀感恩，如何做人。在理解当今感恩缺失的原因之后，我们要充分利用学生培养和发展的规律，以各种形式的课堂和教育方法来增强学生感恩教育的理论认知。同时，在理论认知的基础上更要以学生乐于接受的活动形式为载体，利用学校社会实践和志愿者活动等为载体，搭建感恩教育实践的平台，让学生在亲身实践的活动中，触动心灵最深处的感恩之心，进而外化为学生本人的感恩行动。大学生只有树立正确的感恩价值观，并以实际的行动做一个服务他人、贡献社会的人，才能带动身边的人更好地践行社会主义核心价值观，更好地构建和谐社会。

大学生感恩教育创新路径探析

张楚成①

感恩教育是教育者运用一定的教育方法与手段、通过一定的感恩教育内容对受教育者实施的识恩、知恩、感恩、报恩和施恩的人文教育学。高校大学生的感恩教育对于大学生成长成才、高校的长远发展以及社会的和谐发展都有重要的意义。然而，虽然各大高校在大学的各个年级都有不同类型的感恩教育活动，但是高校大学生感恩缺失的现象屡见不鲜。因此，势必需要我们详细了解当代大学生也就是"90后"学生们的思想现状，对他们在亲情、师生情、友情、爱情中存在的问题进行针对性解决，从而更好地实施感恩教育。

1. 高校大学生现状

1.1 "90后"的成长环境

为了适应市场潮流，"90后"的父母们需要打破传统的工作思维模式，在事业中奔忙，使得"90后"的成长过程中缺少很多的陪伴，没有过多的情感交流加上父母们对于教育的迷茫，很容易使"90后"产生逆反心理，加上一些家庭拆散重组，部分"90后"学生心理情感上都受到了创伤，使得他们变得相对自私、冷漠。大部分的"90后"都是独生子女，每个家庭都是以孩子为中心的思想潜移默化中使得"90后"孩子们养成了以自我为中心，对于父母的付出会觉得理所应当。

在学习过程中，学习压力、升学压力、心理压力越来越大，"90后"在巨大的压力下缺乏平衡点，与父母老师间的代沟无法进行有效疏导，出现了很多"问题学生"，被冠以各样标签使得教育矛盾激化。而从小到大的各种感恩教育更使得他们对于感恩已经耳熟能详，缺乏知行合一。

---

① 张楚成，女，1993年3月生，机电学院辅导员、分团委书记，本科学历，助教，主要研究方向：大学生思想政治教育。

1.2 存在问题

从小到大优越的生活环境使得90后大学生以自我为中心，由于缺少理想和信仰、功利欲望心强烈、追求个性，也导致少年犯、追星族、网瘾、暴力叛逆。既没有形成正确的现代价值观，又没有把优秀的传统价值继承下来，导致"90后"一代中的小部分青少年处于一种精神匮乏的"悬空状态"，他们迫切需要孝心、爱心和感恩心的教育，学会平等、尊重和承担责任。少部分"90后"学生，思想分化严重，在学校和家里是一套语言和生活方式，在网上又是另一套语言。因此在与父母、老师以及同学的交流过程中很容易出现问题。在大学生群体中较明显的就是：家庭、学校、社会和人际关系四个方面。

2. 大学生感恩教育的必要性及意义

2.1 感恩是中华民族的传统美德

从小学教育开始，感恩教育一直融入教学管理中。感恩是一种生活态度，是一种美德，是社会上每个人应该有的基本道德准则，是做人的起码修养，也是人之常情。目前社会上一些腐朽落后的思潮和不良信息的传播，正逐步腐蚀着人们的心灵，一味地索取不知回报使得一些年轻人变得自私冷漠，道德水准滑坡。对广大青少年来说，感恩意识绝不是简单回报父母的养育之恩，它更是一种责任意识、自立意识、自尊意识和健全人格的体现。

某哲学家曾说道："世界上最大的悲剧或不幸，就是一个人大言不惭地说没有人给我任何东西。"对于学校的德育工作应该重视感恩教育，让孩子学会知恩、感恩，父母的养育之恩，老师的教育之恩，社会的关爱之恩，军队的保卫之恩，祖国的呵护之恩等。

因此传承中华美德，加强感恩教育是大学生综合能力培养的重要组成部分。

2.2 校训：感恩 回报 爱心 责任

提到感恩教育，不得不提到我们的校训。作为学校的精神支柱，校训给了学生们重要的精神指引，而我们校训第一个词就是感恩，强调了感恩的重要作用，一个学生首先要有一颗感恩之心，学会感恩才能体谅父母辛苦，刻苦读书；学会感恩才能感受学校老师的付出；学会感恩才能奉献社会做有用之才。提到感恩教育，也不得不提到雷锋，正是经历了苦难，才明白共产党是让他脱离苦海的大恩人，他才能够时刻为他人为社会奉献。而雷锋也正是我们校训的代表。

周国平曾在《苦难的精神代价》中说道：对意义和价值的追求是人的最基本的需要。苦难是具有精神价值的。即使处在最恶劣的境遇中，人仍然拥有一种不可剥夺的精神自由，即可以选择承受苦难的方式。一个人不放弃他的这种精神自由，以尊严的方式承受苦难，这种方式本身就是一种内在的成就。因为它显示的不只是一种个人品质，而且是整个人性的高贵和尊严，证明了这种尊严比任何苦难更有力，是世间任何力量都不能将它剥夺的。

雷锋不到七岁就成了孤儿，每天在地主家看猪，住猪棚，没饭时吃猪食，经历过自然灾害，没有被冻死饿死，顽强地活了下来，迎来了解放。十岁的雷锋踏入学堂，他天资聪颖，刻苦努力，成绩优秀。然而很多同学小学毕业升中学的时候，雷锋却选择了留在农村参加农业生产，他说到，我决定响应党的号召，留在农村广阔的天地里，去当一个新式农民。决心做个好农民，争取驾起拖拉机耕耘祖国的大地，建设社会主义新农村。将来，如果祖国需要，我就去做个好工人，为我国的社会主义工业化建设出把力。将来，如果祖国需要，我就去参军做个好战士，拿起枪用生命和鲜血保卫伟大的祖国。雷锋是这样说的，也是这样行动的。

2.3　感恩教育有助于大学生的全面发展

结合校训学会感恩，先要学会知恩，要理解父母的养育之恩，师长的教诲之恩，朋友的帮助之恩。只有常怀感恩之心的大学生，才能在家庭中体谅父母的辛苦，孝敬父母；在学校中感谢老师的付出，用功读书；在社会中为祖国建设贡献自己的力量。

3. 高校感恩教育的实施路径

3.1　理论认知实施

3.1.1　第一课堂主抓思想政治理论课

感恩教育对于大学生完善人格、健全情感、提高团队协作能力、促进大学生综合实力的全面提升起到重要的作用，是大学生思想政治教育的重要组成部分。目前大学生的感恩教育主要在思想道德修养与法律基础这门课中进行理论教育，但是在教学过程中学生们普遍存在"听时容易做事难"。以"感恩信"为例，通过感恩教学，同学们在课堂上感触颇深，课堂互动极为活跃，能够有很多表达对父母、学校、社会的想法，可是在收集到的信件作业中，往往存在很多同学抄袭网络文章的现象。加上学生们从小到大几乎时刻都接受着感恩教育，因此，对于大学的理论教育，需要做到以下几点：

一是明确感恩意义、区分感恩教育的三阶段：头脑认知，情感认同和实践外化。

必须让学生们具备完整的感恩教育体系，才能知行合一，而不会存在说一套做一套，今天践行明天荒废的现象。

二是课堂教学创新，加强感恩践行。

大学生是最有活力，最具有热心的一个群体，在感恩教育中，我们需要加入优秀学生案例的分享，课堂中对于同校同龄的优秀学生的案例分享，学生们的借鉴学习的动力往往是很大的。同时用不同的展现形式体现感恩主题，改变以往信件、座谈会、朗诵会等形式单一、载体单一的活动方式，借助新媒体，调动同学们的积极性与参与性，加强课堂知识的践行。

3.1.2　第二课堂围绕感恩教育

班会：在教育管理过程中，班级是同学们的行政单位，班级团组织是同学们的政治单位，在这些群体中通过定期组织感恩主题会议，通过同学们之间的思考交流，优秀学生的经验分享，不但能够让同生们在班级管理中强化感恩意识，更能加强班级的凝聚力。感恩教育，有助于班委关心班级同学，有助于班级同学和睦相处，也有利于班级寝室的和谐。

节日：春节、国庆、劳动节等传统的节日能够弘扬爱国主义精神，增强大学生的民族自豪感，同时可以培养学生们感恩父母、感恩国家、感恩社会。另外每年学校里的开学典礼、毕业典礼、校庆、教师节等节日都可以融入感恩教育。同时加强优秀学生事迹的宣传。

3.2　实践实施执行

3.2.1　暑假社会实践

社会实践是大学生接触社会、锻炼技能、服务社会最好的平台，同时也是进行感恩教育的途径。暑假前可以组织不同主题的社会实践项目，通过组织同区域的学生参加可以达到实践锻炼的目的。以关爱留守儿童的社会实践为例，可以让同一个地区的学生组成团队，通过感恩教育实践组织活动的开展，不仅能够培养学生们关爱弱势儿童，关爱社会，更能够引发深思，感恩自己的父母。

3.2.2　团学志愿者

每学期团委组织的志愿者活动也是对大学生进行感恩教育的主阵地。宣传社会公益、爱心奉献、义务献血、扶贫济困等活动，不仅能够营造团结互助的校园环境，更能够培养大学生感恩社会，奉献社会的荣誉感与责任感。

通过感恩实践教育，全员、全方位、全过程把感恩教育融入到大学生的学习生活中，让大学生在实践中用感恩的心贡献自己的力量。

第五篇 05

| 活动案例 |

　　雷锋精神是实践的产物，只有深入人心、深入生活、深入实践，才能发挥其力量，凸显其价值。

　　上海建桥学院持续弘扬雷锋精神，不仅通过思政课理论教学、参观雷锋馆等活动，使学生了解雷锋、认知雷锋精神，更把实践放在第一位，深入开展学雷锋志愿实践活动，用行动践行雷锋精神。通过文明修身、志愿服务、征兵拥军、"三位一体"育人体系构建等机制，把学雷锋德育实践融入校生学习生活的各个方面，"内化于心，外化于行"，知行合一。

　　本篇由桑正①老师收集整理。

---

① 桑正，男，1983年12月生，校党委宣传部副部长、校文明办主任，硕士学历，讲师，主要研究方向：思想政治教育。

内铸素质，外塑形象

——上海建桥学院文明修身德育课程实况

　　文明修身作为上海建桥学院 2010 年 4 月推出，2014 年 6 月由素质拓展课程提升为独立设置的零学分通识教育必修实践课程，旨在增强大学生的道德素养和综合素质。课程以清洁校园学习、生活环境（包括公共教学楼、学院楼、宿舍楼及校园公共区域）为主要内容，学生参加劳动一个学期，周一至周五每天劳动 30 分钟。强调"真做、有效"，引导学生从身边事、具体事做起，培养学生的劳动意识、责任意识、公德意识、自立意识和环保意识，磨炼学生的意志，提升学生的综合素养。引导学生理解、践行社会主义核心价值观，培养爱祖国、爱学习、爱劳动的社会主义接班人。

　　自 2010 年推出至今，截至目前，我校已有 29 个批次 2 万多名学生参加了文明修身课程。不仅营造了整洁的校园学习、生活环境，更重要的是学生的素养有了很大的提升，思想、行为方式有了转变。实践证明，文明修身课程是我校德育工作体系的重要组成内容之一，是高校德育实践育人和素质教育的有效途径与载体，是推进社会主义核心价值观"落实，落小，落细"的重要抓手。

1. 传承优良，总结创新，临港升级换新颜

　　文明修身作为上海建桥学院打造的一门德育践行必修课，旨在增强大学生的道德素养和综合素质。2010 年 4 月推出，2014 年由素质拓展课程提升为独立设置的零学分通识教育必修实践课程。

　　2015 年 9 月，时值学校整体搬迁临港新校区之际，总结前五年的实践经验的基础上，在学校相关领导的指导关心下，学工部对文明修身课程也进行了"改版升级"。

　　1.1　清扫区域的全覆盖

　　由原来的只清扫室外区域和公共教室扩大到公共教学楼、学院楼、宿舍楼及校园公共区域全覆盖。

1.2 清扫时间的科学化

学生由每天早、中、晚三扫，持续八周时间转变为每天选择早或者晚一个时间段，持续劳动一个学期。

1.3 管理模式的扁平化

由原来的以辅导员管理为主，转变为高年级学导指导为主，充分发挥学生朋辈教育的作用。

1.4 实施过程的专业化

四大清扫区域，设置不同的清扫岗位，使清扫工作更加专业化。

2. 注重实效，落小落实，践行核心价值观

2.1 践行社会主义核心价值观要注重实效性

文明修身课程就是教育学生从身边的小事做起，这符合人才培养从小到大、由低到高、由浅入深、循序渐进的规律。

2.2 践行社会主义核心价值观要寻找适合的途径与载体

文明修身课程体现了四个性：群众性——即能让每一个人都参与；多元性——即通过这一途径与载体达到的目的多重的；操作性——即组织、实施、评估要简单易行；长效性——要能长期坚持做下去，就是这样一个比较理想的教育途径与载体。

2.3 践行社会主义核心价值观要"小题大做"

应从小处入手，从大处着眼，引导学生天天劳动，热爱劳动，因而文明修身课程取得了较为满意的效果。

3. 组织规范，责任到人，全员参与共协助

文明修身德育践行课程的组织实施由学工部和各学院负责，学工部负责学生《文明修身》课程教学大纲设计、学院包干区域划分、实施督导、宣传工作的牵头等；各学院负责具体落实，学工办主任为各学院此项课程落实的责任人，负责统筹学院整个文明修身具体方案的布置落实；辅导员为指导教师，负责对学生进行思想动员和总结检查等。全体教职员工共同协助，并参与督导。

学工部从准备动员、操作实施、检查反馈和总结评优四个环节明确了文明修身课程整个流程的具体内容和权责划分，使课程在实施过程中高效、有序，效果显著。

各学院落实好"动员、准备、实施、总结"工作。

3.1　动员

以学院为单位，在"新生入校时、在各批次劳动前"集中教育动员，明确该课程的目的、意义、工作任务和要求。

3.2　准备

组织学生选择清洁岗位，实地考察清扫区域，准备清洁工具和上岗证等。

3.3　实施

检查、督导、讲评、改进。

3.4　总结

活动结束时，每位同学都要撰写小结，并组织交流，推荐优秀学员若干。

此项工作的具体开展主要依靠高年级学导推行，学工部设立校级总学导1名，负责全校文明修身工作的协调和管理工作；校级副总学导5名，分别负责指导协调清扫校园环境卫生、清扫学院办公楼卫生、清扫教学楼走廊及教室卫生、清扫宿舍走廊和公共区环境卫生的督导及学导的管理工作。各学院设立本学院学导负责人1名，负责指导、协调、管理本学院文明修身工作。

高年级"学导"负责一个小组日常示范、辅导与考评工作。学导按照一年级人数1∶20的比例配备，"学导"由各学院推荐，学生处选拔、培训、原则上"学导"负责一批次工作（一个学期），合格"学导"将获得"学生助管"素质拓展学分2分。各类学导经考核合格均可获得相应的"学生助管"素质拓展学分（每学期2分），每学年组织评选"文明修身优秀学导"（校级：按学导数量10%的比例评选，学院级：按学导数量20%的比例评选），公开表彰，获得优秀的学导可择优录用为下一批次的校级总学导。

4. 成效显著，硕果累累，菁菁校园学子赞

上海建桥学院文明修身课程不仅营造了整洁优美的校园环境，更重要的是培育了学生参与劳动、热爱劳动的好习惯，践行了社会主义核心价值观。主要体现在以下三个方面：

4.1　通过劳动磨炼了意志

每天早晨六点多钟，学生就要起床开展连续一个学期的校园清扫，在无数次的早起和劳动中，同学们的意志得到了锻炼，毅力得到了增强。

4.2　通过劳动培养了精神

文明修身培养了同学们当清洁工的吃苦精神，使同学们懂得了责任和敬业精神；劳动中同学们相互帮助，同学们的集体主义精神、团队精神得到了前所未有的增强；同学们义务参加文明修身活动体现了学生的奉献精神。

4.3　通过劳动增进了感情

既增进了对劳动的感情，也增进了对劳动者的感情。面对自己亲手打扫而焕然一新的环境，几乎所有的同学都有一种"成就感""喜悦感""自豪感""满足感"。不少学生自己当了一回清洁工，才体会到了这些同志工作的艰辛和价值，从而油然而生一种敬意。

作为培育和践行社会主义核心价值观的重要抓手，我校以清洁校园为主要内容的文明修身活动在 2013 年 10 月，教育部思政司公布的第二届全国民办高校党的建设和思想政治工作优秀成果评选结果中，《文明修身活动——大学生德育践行品牌课程》荣获优秀奖。

5.　机制健全，管理规范，文明修身持续化

5.1　完整的教学大纲

包括课程性质、类型，目的和意义，课程内容和基本要求，考核方式和成绩评定等都有明确的规定。

5.2　详细的实施方案

根据教学大纲的要求，制定了详细的实施方案，包括课程要求一览表、课程区域划分、学导申请选拔、学导岗位职责和具体工作要求、各类岗位的劳动程序和清洁标准、日常工作制度、考核方式等。

5.3　明确的组织管理

学工部负责教学大纲设计、学院包干区划分、实施督导等；各学院学工办主任为责任人，负责统筹学院方案的布置落实；辅导员负责思想动员等；具体开展主要依靠学导推行。

5.4　持续优化目标

目前正在开发文明修身信息化系统，同时文明修身学导的培训也纳入到菁英学院学生骨干培训班之中，选拔、培养一批文明修身学导骨干，为项目的良性循环发展提供后备力量。

6.　结语

文明修身，内铸素质，外塑形象，不仅营造了整洁的校园学习、生活环境，更重要的是学生的素养有了很大的提升，思想、行为方式有了转变，磨炼了学生的意志，培养了学生的吃苦精神、敬业精神、团队协作精神和奉献精神。许多毕业的学生称文明修身是大学生活一段美好的、刻骨铭心的回忆，是人生的一笔宝贵财富。

青春因奉献而精彩

—— 上海建桥学院学雷锋志愿活动综述

建校以来，上海建桥学院始终将"学雷锋志愿服务"作为培育与践行社会主义核心价值观和"感恩、回报、爱心、责任"校训精神的主要载体，通过制度建设将其融入人才培养全过程。

1. 建桥学雷锋志愿活动概述

学校将学雷锋志愿活动纳入大学生素质拓展学分，颁布《大学生素质拓展学分实施办法》，规定：凡学生利用课余时间参与尊老爱幼、义务家教、法律援助、环保行动、扶贫帮困等志愿服务累计满 30 小时，可获得 2 学分。校团委成立上海建桥学院雷锋志愿者服务队，下辖各二级学院支队，与上海科技馆、紫罗兰农民工子弟小学等 30 多家社会单位合作，建立志愿者服务基地。每学期开学初，校团委统一招募学生志愿者，组织上岗培训。每次服务过程中，志愿者统一着装，向接受服务人群具象化地传递雷锋精神。

学校秉持与社区共建共享的理念，注重将志愿服务与社区文明创建活动紧密结合。2010 年上海世博会期间，学校向浦东新区文明办主动请缨，参与"世博，文明修身万人行"活动，全校有 1.6 万名师生组成城市文明志愿者服务队，每逢双休日和节假日，轮流前往地铁 2 号线位于浦东的 7 个站点，开展"自动扶梯左行右立"文明出行的宣传、劝导、督促和示范工作，并维持站点秩序，所有校领导也都参加了此项活动。2011 年，该项目成功入选上海市教卫党委系统精神文明十佳好人好事。

学校将培养优秀应用型人才作为开展志愿活动的主要目的之一，倡导学生在志愿服务中发挥特长，服务他人的同时提升职业素养、锻炼专业技能。如：信息技术学院党建中心学雷锋服务站，在信息技术学院党总支组织下，服务站学生党员志愿者每月定时定点为全校师生免费维修手机、电脑，主要提供硬件清洁、软件故障排除、系统优化清理等方面的服务，同学们既帮助别人解决了困难，又提升了自己应用智能终端的能力。机电学院 3D 打印工作室，学生自制 3D 打印机，为临港明珠小学等单位免费建设 3D 打印室，提供 3D 打印技能培训，即：每次围绕一个相关知识点组织实践教学；经过 16 课时学习，受训者可了解 3D 打印机工作原理，掌握运动 3D 打印机、数位板等最新数字化设备制作纽扣电池、二维码、鲁班锁等模型的技术，进而将之应用于劳技、美术、物理等课程教学。外国语学院"阳光之家"志愿服务队，每周派遣 6～8 名志愿者前往黄浦区豫园街道"阳光之家"智障儿童学校，发挥专业特长，教授英语、日语，2008 年至今，共派出 1088 位志愿者，累计服务 630 个小时。

2. 优秀志愿服务队巡礼

2.1 上海科技馆学雷锋志愿服务队

上海科技馆学雷锋志愿服务队成立于 2005 年，隶属于校团委实践部，常设运营管理人员 25 人，每年根据上海科技馆需求，面向各二级学院招募志愿者，培训后上岗，主要提供秩序维护、参观引导、器械操作等服务，连续 10 年获评"上海科技馆志愿者先进集体"荣誉称号，在开展志愿服务活动方面积累了丰富的经验。

在此基础上，学校承接上海市教卫工作党委宣传处"上海科技馆雷锋志愿者服务总队培训"项目，旨在对 2016～2017 年上海各高校报名参加科技馆志愿活动的学生领队进行培训，推广经验做法，确保上海科技馆这一雷锋志愿者服务平台长效运行，包含两项主要工作：

一是开设首届上海高校科技馆志愿者领队培训营（以下简称"培训营"）。志愿队指导教师、负责管理运营学生开展实地调研，根据上海科技馆岗位需求与以往服务经验，以弘扬雷锋精神、贯彻落实"感恩、回报、爱心、责任"校训内涵为宗旨，结合建桥学生八项能力培养，规划培训课程体系。2016 年 9 月，训练营开营，以"科学·育人"为核心，紧扣大学生成才成长规律、跨专业创新思维培养等目标，配备专业导师，对 450 名志愿者领队进行综合能力与文化素养方面的提升。培训结束后，志愿者领队可根据课程体系对上海高校 1.5 万名科技馆志愿者展开实训，确保训练内容的针对性、专业性。

二是编辑《上海科技馆学雷锋志愿服务培训手册》（以下简称《手册》）。

以图文并茂的形式凝练可复制、可推广的上海科技馆志愿者培训管理经验，以及志愿活动的组织开展路径，主要分为《志愿者通则》《科技馆志愿者相关管理制度》《科技馆志愿者岗位解读》三部分，强调大学生志愿者在从事社会公益与保障事业时须注重仪容礼貌，从"仪容形象""站坐形象""行走礼仪""交谈礼仪"四方面总结了志愿服务过程中应遵守的行为规范;确立了上海科技馆志愿者总队(以下简称"总队")组织运营机制,规定了志愿者招募管理办法,明确了科技馆志愿服务覆盖范围,制定了志愿者上岗工作条例;系统梳理了科技馆志愿者工作类别,将其分为十三大类,每类包含 2~6 个岗位,明确各岗位职责,提供必要的注意事项说明。

以上工作将志愿者培训、管理,志愿活动策划、开展等方面的经验、成果固定下来,可复制,可传承,有效推动了上海科技馆志愿服务的规范化、长效化,也为上海其他高校、机关、事业等单位持续开展学雷锋志愿实践活动提供了可参考的路径。

经过近 4 个月培训,志愿者领队对以"利他,奉献"为核心的雷锋志愿者精神有了更深层次认识,总结了从事志愿服务的三大心得,即:不应该有目的性的做志愿者,因为热爱而做志愿者,做一个有责任心的志愿者。雷锋志精神之所以家喻户晓,不断传承,正是因为这是一种发自内心的对社会责任的承担。

2.2　新青年社学雷锋志愿服务队

新青年社学雷锋志愿服务队成立于 2015 年,隶属于职业技术学院,社员 50 人左右,以"卓越建桥,卓越新青年"为宗旨,立志打造出一支富有特色的志愿服务队。

绿色公益,爱心回收

2015 年 5 月,因校区将要搬迁临港,同学们的大量衣物、书籍、废报纸需要处理,新青年社联系相关负责教师,共同推出"校园搬迁,绿色公益;爱心回收,青年雷锋"主题活动。在两个月内,由沈赐能同学带领的 20 人志愿者小组每周出动两次,周日到寝室发放回收袋,周五中午统一回收饮料瓶,累计回收 301 元饮料瓶费;由社长石峰带领的 10 人小组联合爱心屋志愿者一同回收 1423 元旧报纸书籍费,总共累计 1724 元公益费用全部捐与慈善基金会,并打包 40 个旧衣物爱心箱捐赠希望小学。

教育关爱,科技支农

2015 年 7~9 月,在社长石峰带领下,新青年社开始了"教育关爱,科技支农"暑期社会实践活动,后获评当年暑期社会实践市 A 类奖。

7 月,社员走访了南汇大团镇,发现台风过后,当地特产大团桃卖不出去,便立即开展互联网销售,通过开设淘宝店铺、朋友圈转发、联系当地物流公司等措施,在新鲜期内帮助农民卖出 300 多斤大团桃。

9 月初,新青年社又开展了"教育关爱"活动,即支教紫罗兰农民工子弟小学活动。经调查,该小学存在缺少体育用品、缺少兴趣课长期任课老师等问题，为此，新青年社制定了详细的志愿服务计划：全体社员分成6组，每组6人，再细分为：制作主讲老师，PPT，摄影，课堂秩序维护，室外运动领队等职务，帮助紫罗兰小学开设数学、历史、地理、自然科学等趣味课程，每周支教三次。该志愿服务活动从2015年9月坚持至今，深受校方好评。紫罗兰小学德育主任施银花老师说："相比其他组织不规律的短期支教活动，建桥学院新青年社的活动组织得更有序，更有条理，他们所准备的课堂知识归纳性强，对学生的帮助很大，有时候老师看着也很受益。这些与学校本身的课堂内容结合起来，学生会比较感兴趣。我觉得他们是切切实实地在做这件事情，是很用心地在奉献。"

闸殷村是上海市杨浦区唯一的"城中村"，居住了大量外来务工人员，其随迁子女的生活、教育等问题需要社会各界关爱。2016年7月，社员由新社长周超带领，来到该村开展暑期社会实践活动——"闸殷村大课堂"，为放暑假外来务工人员子女提供课业辅导，组织羽毛球比赛等文娱活动，丰富他们的课后生活。2017年开始，"闸殷村暑期大课堂"将成为新青年社的固定志愿项目。

"心连心"万祥镇敬老院关爱服务

了解到浦东万祥镇敬老院设施陈旧，缺乏相应的医疗工作人员，社长周超与万祥镇政府和敬老院负责人取得了联系，结对开展"心连心"关爱活动，组织职业技术学院护理专业学生，每学期定期前往敬老院，在了解各位老人性格特点、生活习惯和健康状况的前提下，为他们量血压、体检，讲解保健养生之道，教授一些方便实用的生活技能，并与帮助老人打扫卫生，清洁衣物、寝具。

新青年社社员认为，从事志愿服务、公益活动，应该出于发自内心的对社会的关心，只为了素拓学分就太狭隘了；比起"付出"，志愿活动带给自己的收获要多得多，让他们深刻地体悟到了"感恩"——在自己人生当中，受到过父母、亲友、师长、同学的多方照顾与帮助，应该把这些体会到的爱传递给弱势群体，树立关怀他人、回报社会的责任意识。

3. 建桥师生践行校训典型事迹

多年来，学校大力倡导学雷锋志愿实践活动，使志愿文化成为建桥校园文化的重要组成部分，全体建桥人自觉践行"服务他人，回馈社会"的理念，弘扬"感恩、回报、爱心、责任"校训精神，涌现出许多先进典型人物和感人故事，得到校内外主流媒体广泛好评；如——

"一个人的毕业典礼，有爱不孤单"——全校师生帮助吴佳伟渡难关

2015年6月26日上午，在上海浦东惠南镇一个普通农家庭院里，举行了一

场只有一位毕业生的"毕业典礼"——上海建桥学院信息技术学院院长刘锦高教授、总支书记副院长陈伟副教授与师生代表，为2011级数字媒体艺术2班的吴佳伟同学颁发了毕业证书、学位证书。见身患重病的吴佳伟如愿以偿领到了双证书，母亲及家人情不自禁地热泪盈眶。

2015年4月1日，吴佳伟突感腹部疼痛被送往医院，确诊为急性淋巴白血病。吴佳伟父母都是农民，家庭年收入不到六万元，还有一个收养的妹妹，年仅12岁。奶奶听到吴佳伟得病的消息后，突发脑溢血瘫痪，全家雪上加霜。

吴佳伟同学的不幸遭遇发生后，建桥学院为他减免了全年学费，信息技术学院为他在病房里安排了毕业答辩，室友黄世超等同学积极捐献血小板，学生处帮助他申请到国家助学金和康桥助学金。

2015年4月20日，建桥校团委与信息技术学院通过团委学生会等微信平台发起爱心捐款活动：全校师生可捐助现金，也可通过网络为吴佳伟的校园卡或支付宝账号充款。为准确统计捐款数额，确保善款去向透明，学校设立固定捐款地点，由专人负责记录每次现金捐款数量，同时锁定吴佳伟的校园卡与支付宝账号，只接受资金转入，不接受任何形式的转出，捐助者登录团委学生会、校微博协会等指定微信群，扫描二维码完成线上捐款，转账记录打印保存；捐款数额每天在指定网络平台公布，接受公众监督……这一慈善义举，得到了全校师生的广泛关注与积极参与，截至5月15日，建桥师生已为吴佳伟捐款22万元。《浦东时报》《东方教育时报》《上海教育新闻网》《解放日报》等媒体先后报道了建桥师生帮助吴佳伟共渡难关的事迹。与此同时，在市教卫工作党委宣传处等上级党委的关心下，"上海发布"及时发布吴佳伟病情，发布当天就有社会志愿者报名捐献骨髓。

在大家的关心和鼓励下，吴佳伟大大增强了与病魔斗争的信心与勇气，他以顽强的意志渡过了第一阶段的化疗。5月16日上午，潘迎捷校长一行到吴家，代表学校董事会与领导班子看望慰问吴佳伟。

6月27日是上海建桥学院举办2015届本科毕业典礼的日子。了解到吴佳伟同学无法返校，学院领导提前一天来到吴家，为吴佳伟举办了一个人的毕业典礼。在亲友们的见证下，吴佳伟开心地领到了毕业证与学位证书。

从军报国，滴水入海

——上海建桥学院征兵工作巡礼

建校以来，上海建桥学院始终重视征兵工作，连续六年超额完成征兵任务，累计向部队输送男女兵 389 名。学校通过健全机制、将爱国主义教育覆盖全校，开展爱国实践活动等方式，使爱国情怀入脑、入心，逐步转化为当代大学生的自觉行动，促使一批又一批建桥学子参军报国，滴水入海，汇聚时代正能量，将个人理想与中国梦融为一体。

1. 领导重视，机制健全

校董事会大力支持向部队输送优秀兵源。学校成立了征兵工作领导小组和征兵工作办公室，负责贯彻落实上级有关征兵工作文件精神，并组织实施、协调解决征兵工作中的重大问题。领导小组组长由校长担任，小组成员由武装部、学生工作部、宣传部、教务处等职能部门、各学院组成，征兵工作办公室设在武装部。把宣传发动作为征兵的重要环节来抓。每年 5 月下旬，召集全校征兵工作动员大会，针对当夏季征兵形势制定征兵宣传发动计划，部署了具体工作，提出了要求，明确各学院学工办主任为征兵宣传工作第一责任人。会后，通过在各班级与学校公共区域宣讲征兵政策、悬挂横幅标语、张贴征兵公告、开通征兵咨询电话、新生录取通知书中放入征兵宣传材料等各种形式进行宣传发动，进一步激发了广大青年主动应征，广大家长送子参军的积极性，营造了浓烈征兵氛围。我校"八一社"复退大学生为前来咨询的同学详细解答相关问题。学生在部队服役两年，一方面增强了体魄，锻炼了意志，但另一方面，中断两年的文化课程学习对他们退役后的继续学习带来了一定的困难。对于公共基础课程，学校召集学习有困难的复原生实集中辅导；对于专业课程，联系相应专业教师实施个别辅导；对专科有意向升本的复员生给予政策加分照顾。

2. 爱国主义教育覆盖全校

利用校园网、易班网、校园广播、文印刊物、宣传栏、微博微信平台等阵地，以纪念改革开放 30 周年、五四运动 90 周年、新中国成立 60 周年、建党 90 周年及学习贯彻党的十八大精神等为契机，以论坛讲座、演讲比赛、知识竞赛等多种形式为依托，多渠道多层次地开展了"我与祖国共奋进""成才报效祖国，永远跟党走""奋斗的青春最美丽""我的中国梦"等为主题的思想教育活动，全校师生开展了唱红色歌曲、讲红色故事、看红色电影、学红色历史、做红色后代等以"五红"为主体的系列活动，对学生进行爱国主义和革命传统教育。其中，学校以深化"中国梦"宣传教育为重点，在学生中开展以爱国主义为主题的系列活动，抓住新生军训和大学生征兵宣传节点，开展爱国主义专题讲座、主题征文、演讲比赛等活动 30 余项，每年近万名学生参与。组建国旗班，通过坚持每天升旗，把复员学生召集起来，组建国旗班，拓展升旗仪式内涵，升华爱国主义情感，运用每天早晨升挂国旗、奏唱国歌等方式，规范爱国主义教育宣传内容，创新宣传教育载体，创设无处不在、无时不在的浓厚氛围，让学生随时随地都能接受爱国主义的感染与熏陶。开展军民共建，与 73171 部队（海防一旅）长期合作共建，为部队官兵提供免费的计算机培训，强化科技拥军；邀请部队官兵来校进行国防教育讲座，普及国防知识，点评国内外形势，教育学生居安思危，增强国防意识，引导学生参军报国。

3. 开展特色爱国实践活动

为强化爱国主义教育，使同学们在实践中了解、感悟革命历史，通过社会实践知国情、明社情，学校定期开展全校性的特色爱国实践活动；如："重走长征路，重温红色记忆"暑期社会实践项目，组织全校学生参与设计与长征有关的调查问卷、采访提纲，深入贵州省遵义市，开展为期数天的"红色历史"调研、宣讲活动，重温悲壮史诗，弘扬长征精神，既提高了在校大学生对社会的认知，又亲身体验了长征的艰辛与豪迈，"红色记忆"得到强化和传播。

4. 做好军训工作

我校党委高度重视军训工作，每次军训前均召开专门部署会议，明确军训时间、内容和方法，组建军训领导小组，统筹组织协调、服务保障、宣传报道等各方面工作。军训过程中，由退伍学生兵组成的"八一社"辅助教官进行管理，在总结以往经验的基础上，贯彻严格训练、严格要求方针，把训练与育人结合起来，既传授军事知识与技能，又注重用人民解放军的优良传统和作风教育培养学生，收到了良好的效果。

桃李不言，下自成蹊

——上海建桥学院"三位一体"育人实践

为贯彻落实"全员育人，全程育人，全方位育人"理念，2014 年起，上海建桥学院推行"三位一体"育人体系，以辅导员为核心，以专业导师为主体，以学生助理为支撑，分工协作，严密配合，全面覆盖学生教育养成工作。

1. 追根溯源："三位一体"育人体系的发展过程

"三位一体"工作模式的施行并非一蹴而就。2011 年，我校出台《上海建桥学院兼职辅导员队伍建设暂行规定》，要求：新入校的年轻教师要求至少担任一轮（两年）兼职辅导员；思想政治理论课教师须长期担任兼职辅导员；学生处、团委有关人员也应承担兼职辅导员工作；鼓励符合条件的其他教师承担兼职辅导员工作。

根据以上规定，学校遵循"专职为主，专兼结合"思路，在 2012~2014 年期间陆续配备兼职辅导员 30 余名、社区辅导员 7 名。部分学院以"任课教师担任兼职辅导员"为突破，率先尝试为一年级新生配备"班导师"，专门对学生进行课业指导，效果良好。专兼结合的辅导员工作队伍以及部分学院对"班导师"模式的先行探索，为"三位一体"工作体系的建立与试行奠定了基础。

2014 年 9 月，我校先后印发《上海建桥学院关于加强一年级学生教育管理工作的实施意见（试行）》《上海建桥学院专业导师工作管理办法（试行）》《上海建桥学院辅导员助理管理办法（试行）》三个重要文件，明确了"三位一体"的工作体系与相对职责：

第一，辅导员全面负责班级学生的思想政治教育、管理、服务，负责班风、学风建设；

第二，专业导师负责学生学业导航、专业学习、学术发展、职业规划等；

第三，辅导员学生助理树立良好的学习、生活榜样，做好日常行为引导，协助辅导员做好班级管理工作。

专业导师与辅导员学生助理全部由专业教师与高年级学生义务担任，与辅导员紧密配合，形成合力，努力做好新生教育养成工作。

2. 初见成效："三位一体"教育管理工作的特色做法

2014年9月起，我校正式聘用76名专业导师与86名辅导员助理，助力新生教育管理工作。两年多来，各二级学院本着"边实践，边总结，边完善"的思路，结合专业特色，取得了阶段性成果。

2.1　明确辅导员的核心地位

在"三位一体"育人体系中，辅导员是核心，围绕学生思想政治工作，将社会主义核心价值观教育的重点落实到思想政治教育与引导、心理健康教育与引导、学风建设与学业指导、职业规划与就业指导、党团工作指导、素质拓展指导、班级建设及维护安全稳定等多个方面，力助学生成长成才。

对于辅导员的核心作用，信息技术学院章连英老师体会深刻：只有辅导员是班级管理建设第一责任人，全面负责所在班级学生思想政治教育和管理服务工作，作为"三位一体"中的桥梁和黏合剂，才能更好地服务学生的成才成长。同时辅导员还需要经常与专业导师沟通，合力解决学生遇到的难题。有着十多年学生工作经验的她将学生养成教育作为全方位的系统工程，从学习、生活等方面全面关怀学生，实施"全天候GPS定位"。

商学院则在全校首创辅导员工作室制度，以"党建工作室""心理工作室""艺术人文工作室""职业发展工作室"为载体，建立"以学生为中心"的全程关怀制度，组织红色情景剧展演、心理剧大赛、校舞蹈大赛等活动，开展"科创月"等创新创业品牌项目，全面提升教育服务管理能力。

2.2　发挥专业导师的主体作用

在"三位一体"育人体系中，专业导师是主体，在学生专业学习、职业发展等方面为学生提供帮助和指导；同时德育为先，将"三礼十无"行为规范教育、社会主义核心价值观教育寓于第一、第二课堂。如：

机电学院专业导师、机械制造专业副教授楼纪国，通过集体班会、个别座谈等方式，向大一新生介绍国内外机械制造业发展动态，讲解该专业与航空航天、高铁等前沿科技产业间的联系，使同学们在了解的基础上产生兴趣、明确目标，规划学习进程。同时，改进讲课方法，变"灌输型"教学为"问题导向型"教学——课前，围绕教学重点提出1~2个问题，要求学生带着问题听讲。课中，以做思考题的方式巩固教学内容，安排学生分组讨论、阐述看法，自己总结性指导，并运用眼镜盒、粉笔擦等"随手物件"演示案例。课后，批改作业时写下启发性评语，为学生进一步思考提供路径。久而久之，同学们上楼老师的课，养成了"课前预习，自问自答，课后复习，循环往复"的良好习惯。为提高学生学习积极性，在各个班级中形成"比拼赶帮超"的氛围，楼老师还采取了考研促学、竞赛促学的措施，从大一开始，在全院学生中鼓励考研；利用业余时间，为想要报考材料力学专业研究生的同学义务辅导，定期答疑；邀请考研成功的学生回校座谈，分享经验，为在校生树立学习榜样。从大一开始，指导学生组成课外科技小组，参加"挑战杯"全国大学生学术科技作品竞赛等比赛，利用课余和双休日开展工程训练，引导学生自学专业课还未教授、但竞赛中必不可少的知识、技能，不断提升综合能力。

外国语学院专业导师、日语系副教授韩建美，是日语方面资深的老教师，她每天早晨都早早地来到教室陪学生们一起晨读，并对个别学习困难的学生耐心指导。韩老师在工作中投入很多精力，对班级所有学生的基本情况了如指掌。对个别学生讲脏话，她坚决制止；对早自修、上课玩手机的同学，她批评教育。为进一步了解学生的学习情况，韩老师还利用课余时间走访男生宿舍，利用寒假期间进行家访，使部分学生在学习方面有了明显进步。

2.3　调动辅导员助理的内在潜力

在"三位一体"育人体系中，辅导员学生助理是支撑，在提升学生"三自"能力、传承校园文化上发挥着重要作用。各二级学院以每班1名的比例选派二、三、四年级学生担任辅导员助理，对新生进行全面指导；主要职责有：维持教学纪律，组织晚自修学习，开展主题班会，选拔、培养新生干部，帮助解决各类生活问题等。校级层面，创立菁英学院，开设辅导员助理培训班，通过实务操作、团队素质拓展、学长交流、小组展示等方式提高学员沟通、协调、组织、规划能力。

2.4　全员育人，形成合力

"三位一体"育人体系中，辅导员、专业导师、辅导员助理三者分工要错位，工作要补位，缺失时要抢位，有机联动，形成合力。如：

职业技术学院开展"寝室一家人"活动，以总支书记为首的9名党员教师与9间寝室结对，解决"卫生老大难"问题。通过走访、谈心，专业导师发现，由于未能合理规划学习生活，或家庭环境恶劣等原因，这部分学生长期陷入精神颓废，包括专业学习在内，对大学生活的任何一方面都几乎丧失能动性；"寝室卫生老大难"实际上是精神上的苦闷迷茫长期得不到疏解的反映。为此，党员教师以择业就业、找出路为导向，与辅导员和高年级学生助理一起帮助他们树立目标，理清头绪；鼓励他们奋发向上，改变现状；至少每周一次，走访寝室，关怀其学习、心理状况，纠正其不良习惯。经过一学期的努力，这部分同学的精神面貌得到较大改观，"卫生老大难"问题得以解决。

3. 未来展望："三位一体"育人体系的深化拓展

随着转型发展的深入，我校对优秀应用型人才培养提出了更高的要求，制定了建桥学生八项能力目标：表达沟通、自主学习、专业能力、尽责抗压、协同创新、信息应用、服务关爱、国际视野。为达成以上八项能力目标，学校计划将"三位一体"育人模式，尤其是专业导师制度，逐步扩大至大二、大三年级，最终实现全覆盖；同时，贯通第一课堂第二课堂育人平台，使专业导师制度由第一课堂延伸至第二课堂，真正形成全员参与的局面。

一是进一步提高认识，达成共识，形成合力。在建立全员育人、全过程育人、全方位育人的工作体系中，各学院领导班子、教师、辅导员首先要提高认识，真正在思想上认识到合力育人学校转型发展中的关键作用。只有在思想上认识到位，达成共识，形成合力，才能在实施中发挥主观能动性，提高整体效能。

二是强化辅导员专业能力。将辅导员工作室制度推广到各二级学院。在此基础上，设立专业化辅导员工作坊，打造"学习型、研究型、专家型"核心学生工作团队，鼓励有专业背景和能力的辅导员承担思政和专业教学任务，探索辅导员多元化发展路径。力求培养一支"政治强、业务精、作风正、纪律严"的辅导员队伍。

三是深入拓展"三位一体"育人体系覆盖面。育人全程化，把"三位一体"工作贯穿在大学生培养的全过程中，实现专业导师、辅导员四年一贯制。育人全员化，所有专业教师都要担任专业导师，承担第二课堂指导工作，学院和处室领导也都参与进来，管理干部、专业教师、辅导员、学生助理形成合力。如：

信息技术学院以级移动编程与智能应用专业为试点，实施以"小规模，精英化"为特点的"四年一贯制"专业导师制，力求专师个人化（每名导师指导3~6名学生），并设立专业导师顾问。艺术设计学院规定，新生专业导师由设计基础部教师担任，以便打好学习基础，加强学风建设；升入大二后，再由专业任课教师担任，以便把握就业、发展方向。

珠宝学院组建教学科研型社团"无可工作室"，学生社员在首饰制作过程中，经指导教师张锦彩老师示范、启发，将錾刻、花丝、珐琅等传统工艺与3D打印、3DESIGN软件技术结合，注重设计语言的突破与产品造型美感，追求理念、工艺、材料应用等方面的创新，并从宋元书画等优秀文化遗产中汲取养料，力求以现代形式体现传统神韵，同时拍摄教学视频，借助新媒体平台向全院推广，并申报基于项目教学法的 DESIGN 珠宝软件课程建设项目，启动 3D 打印在当代首饰设计与工艺中的应用研究，定期开展传统工艺研习与创意主题讲座，为珠宝学院探索、革新人才培养方式提供助力。

四是持续强化学生"三自"能力。加强学生社团的管理和服务。指导学生社团制定活动方案，明确活动目的，优化提升学生能力的活动载体和过程，促进社团在实施卓越建桥计划，提升学生核心竞争力中，发挥重要作用。积极拓展学生志愿者活动的范围和内容，促进我校学生更好地融入社会、服务社会，使更多的同学通过志愿者活动陶冶情操、培养社会责任、提升自身的综合素质。

第六篇 06

┃雷锋奖师生案例┃

　　传统美德不是一尊不动的石像，而是充满生命力的源泉。"雷锋精神"作为中华民族传统美德的凝聚，一直引导我们、鼓励我们在学习、生活、工作中刻苦钻研、忘我投入，奉献自己的聪明才智，实践为人民服务的崇高信念。

　　为发掘"身边的雷锋"、给广大在校生认知践行"雷锋精神"树立可触摸的榜样，从 2005 年起，学校设立"雷锋奖"，每年评选金银铜质奖章获得者，并利用网络平台传播获奖者的感人事迹，至今涌现出了一大批学雷锋先进人物。

　　本篇由桑正①老师收集整理。

---

　① 桑正，男，1983 年 12 月生，校党委宣传部副部长、校文明办主任，硕士，讲师，主要研究方向：思想政治教育。

胡及孝，2014 届新闻传播学院毕业生

2014 年 7 月，胡及孝带着他最初的梦想来到了西藏，成了一名光荣的西部计划志愿者。志愿期间，他服务于西藏日喀则市上海实验学校，担任八年级 300 多名学生的政治和历史老师。作为上海市 52 名志愿者中唯一一名支教老师，他一心只想为西藏的孩子带去新的知识和理念，希望高原的孩子们能够树立远大的理想。他把自己所有的热情都奉献给可爱的学生，将希望的种子播撒在这片雪域高原之上。

2014 年 9 月 15 日，解放日报在头版以"在雪域高原，还有我们——记赴藏参与'服务西部计划'的上海青年志愿者"为题，报道了胡及孝服务西藏的事迹——

新学期开学第一周，上海小伙胡及孝实现了从小的梦想：做一名真正的老师给学生上课。这节课上课的地点有点特殊，在与上海相距万里的西藏日喀则。

"我记得我一直在讲台上说啊说……"胡及孝有些不好意思，"我紧张。做教师，尤其是到西部来支教，那是我从小的梦。"

上海对口支援西藏日喀则，至今已是二十年，除却 7 批 376 位呕心沥血的援藏干部，还有许多普通平凡的上海人来到雪域高原。从 2003 年起，"全国大学生志愿服务西部计划"实施以来，上海已有 317 名优秀应届高校毕业生和在读研究生奔赴西藏。2013 年到西藏的 36 名志愿者在完成一年的服务任务后，有 19 人选择了延期。今年，胡及孝与 51 名上海小伙伴们，又把青春放飞在西藏。

"现在已经有孩子会给我发短信说笑了。"胡及孝开心地说，"一年时间太短，我准备续签一年，我不希望只当一个过客。"

也许，对年轻人来说，到西藏，并不需要太多的理由。

胡及孝今年刚大学毕业，为了这次西藏之行，他放弃了一份待遇优厚的网易新闻编辑工作，"所有人都不理解，还有人觉得我疯了。但理解真那么费力？来西藏，这就是我的梦想。"

马世华，2014 届商学院电子商务系毕业生

她，不为利。西部志愿者岗位上三年，住过茅草房，拿着相当于别人三分之一工资的志愿者补贴，却时常会买东西送给当地穷困儿童。

她，不为名。勤勤恳恳工作，连续获得优秀志愿者称号，或许这对于她留任当地工作帮助不大，哪怕如此，她尽心尽力做好本职工作。

她用自己的力量，开辟了当地电子商务平台的先河，她用自己的爱心，改变着许多贫困留守儿童的生活。她叫马世华，上海建桥学院商学院电子商务系2014 届毕业生，2014 届西部计划志愿者。

校训也是工作格言

毕业三年，在西部志愿者岗位任职至今的马世华，一直有个心愿，这也是学校从康桥校区搬到临港后，最牵动她的一件事。

她想看看学校校训石，如今在新校区的哪个角落？为此，她还特意去问过老师。

"感恩、回报、爱心、责任"这八字校训与雷锋精神成为对她工作影响最大的内在动力，这或许是她所未曾料到的。这些信念不仅没有因为毕业离校而黯然褪色，更是从校训转内化成工作格言，闪耀她在工作三年中每个瞬间，见证她的蜕变和成长。

她至今仍能够回忆起 8 月 25 日入学那天，她和母亲一进校门看到校训石刻字，仰视着看似比教学楼还高的雷锋像时，心中受到的冲击和震动。"妈妈，你快看，我的学校怎么样！树的不是伟人像，而是雷锋像，校训也有人情味！"

浸润在这所"追求"有些特别的学校，她在参加完校内一次西部志愿者宣讲后，便萌生了"我也要做这样的志愿者"的念头。

2014 年 5 月，即将毕业的马世华，在学校公告栏看到大学生西部计划志愿者正在招募，她放弃了实习单位天天果园电子商务公司在沪工作的挽留，义无反顾地选择到西部去，完成她入学长久以来的凤愿。

然而，"落差"是马世华来到志愿者服务地绥阳的第一种感受。最初，她连个"遮风挡雨"的像样住所都没有。

马世华家在贵州贵阳，原本她认为贵阳、绥阳同处西部，差异应该不大。当她看到住所时，还是暗暗吃了一惊。

她住了一年多的房子，是当地农村常见的茅草屋。木板构成墙壁，茅草瓦片遮盖房顶，遇到刮风下雨，屋内也是小雨滴答。于是，她找村民借了薄膜，覆在天花板上，解决了漏水问题。她还乐观地说："当地农民们还没有想到这样做，我这样弄完就解决漏雨问题，突然觉得自己还挺能干的。"

"孤独"，是与她满腔志愿者激情冲撞的另一种感受。

初来乍到、环境陌生，同时，不在亲人身边，尚未结识朋友，使她内心弥漫着一种无处诉说的孤独。

马世华突然想起毕业典礼上，学校董事长周星增说的一段话。"不会独处的人恰恰是不成熟的表现。学会与孤独相处是一种能力，一种境界。要在浮躁的世界中平静下自己的心。"她对自己鼓气说，"我在成长，好好加油！"

用专业知识服务当地的"小马哥"

来到绥阳担任志愿者工作后，马世华成了大家眼中的多面手。首先是茅垭镇办公室文员，随后是洋川镇西街社区微笑小屋负责人，而现在是绥阳团县委一名工作人员。不管在哪里，大家都唤这位相酷似男孩，爽朗热情、干练担当的小姑娘一声"小马"或"小马哥"。

最初，她在茅垭镇党政办工作中，她负责收发文件，这个工作看似简单却繁琐重要，一做就是一年多，一年以来，她在做好本职工作之余多次组织该镇青年志愿服务活动，如迎新村送春联，在春节到来之际，她组织镇里的书法老师以及书法爱好者，给当地老百姓写了富有春节韵味的对联；她还组织、倡导镇里的机关干部开展爱心帮扶困难儿童、留守儿童捐赠活动，街上的店铺老板也纷纷拿来自己店里适合孩子们的用品，镇水利站站长个人捐赠了50套儿童保暖内衣，她与镇里的团委书记一行将捐赠的款项用于购买困难儿童、留守儿童所需的书包、运动鞋、文具等，并组织镇里青年志愿者将物资送往该镇和平村红旗小学；时隔不久，她与镇里一名年轻干部同行，寻找企业来捐赠物资帮扶该镇困难儿童，不负众望，她们找来了遵义一汽大众千汇汽车公司，该企业捐赠了上万元的物资并亲自派车送往茅垭镇中坪小学。

2015年她再次续签了一年，这一年是精彩的一年。茅垭镇争创国家级卫生乡镇，虽然工作繁杂琐碎，但她还是积极主动地争取锻炼自己的机会，她放弃休息时间，主动参与该镇创卫工作，走街串巷，实地拍摄修桥铺路照片，埋头码字，撰写申报工作稿件内容。她意识到自己肩上的担子，每天穿梭在街头巷尾，搜集最一手的资料，及时向领导反映问题并积极配合创卫工作，周末她仍然坚守岗位，不敢一点儿马虎。街坊们说，经常看见她一个人拿着相机、本子和笔在背街小巷穿梭，镇上一小卖部老板何大哥说："小马是个很勤奋又聪明的姑娘，时不时地在街上都能看见她工作的样子，特别认真。"马世华同志做事的态度得到领导和同事以及乡亲们的认可，在该镇政府年终大会上，她获得该镇"最佳民生奖"荣誉。

年轻的心，梦想起航。这一年是精彩的一年，2015年10月底，创卫工作基本完善，道路的平坦，路边的绿化，背街小巷的干净清新，得到了街坊乡亲们的赞美。此时的她并没有松懈，而是觉得应该继续锻炼自己，于是她向团县委提出申请，希望能换一个环境继续提升自己，11月初，她来到另一个新的环境——洋川镇西街社区微笑小屋，在繁忙的搬家中，她的活泼开朗让她很快和社区的同事融入在一起，并很快地熟悉了微笑小屋的工作，极力将微笑小屋的建设做到更好。现在的微笑小屋有独立教室、绿色网吧、图书阅览室、爱心厨房。在团县委的帮助下，她向附近的小学发放了微笑小屋"四点半学校"的简介和招生宣传，现微笑小屋"四点半"学校有小学生8名，工作日的每天下午4点半，她都准时在小屋守着，陪伴着孩子们，监督他们写作业，陪他们玩手工游戏，带领他们观看电影，每天都换着方法陪伴学生，直到学生家长下班来接孩子。因为她的亲切，那些学生都喜欢她，周末有学生找她帮忙教写作业，她依然热情不减，陪伴着学生们。2016年1月，在团县委的帮助下，她组织镇里的大学生志愿者开展冬日送温暖、帮扶困难儿童、留守儿童以及孤寡老人，给他们送去水果、书包、文具等物资和关爱。在她的努力下，微笑小屋的工作越来越好。在她来到洋川镇西街社区后，她更是用自己的专业开辟了当地电子商务购物的先河。她刚到洋川镇时，当地淘宝网店、电子商务并没有普及。社区书记知道她的大学专业后，征询了她的建议，便向镇里申请将镇电子商务服务中心安置在西街社区。

项目之初，由于当地电子商务模式刚刚起步，很多当地老乡不知如何操作网上购物，也对银行卡绑定网上支付有所顾忌。所以，马世华以便民服务店的方式免费为大家提供服务。她会记录乡镇村民的购物清单，然后负责帮忙网上采购。由于快递只到县城，她还要将所有东西从县城带回给乡镇村民。后来，比起乡镇五天赶一次集，大家渐渐地接受了快捷便利的网上购物形式。

如今，当地政府也相当重视电子商务产业的发展，县电子商务中心主任也常会与马世华沟通一些电子商务的问题，至今已举办两届绥阳县电商节。甚至，县里很多小超市，已开启了电子商务模式。

同时她利用闲余时间帮助社区做一些力所能及的事，比如洋川镇电子商务中心的运营、社区资料整理、社区党建建设、社区远程教育、社区"两学一做"工作等，平时还帮助社区的街坊邻居在网上购物，并耐心地教会他们网络购物的流程和方法，她不怕麻烦、耐心地帮助别人，得到了邻居们的赞扬。她说："我们都只是一个普普通通的人，志愿者的时间很短，尽己所能，为身边的人做一些力所能及的事，为家乡的发展尽一份绵薄之力。"

2016 年 4 月，她又一次递上了续签一年的申请。马世华同志总是以做好本职工作为最低限，只要别人有困难她就尽自己最大的努力去帮忙。普通、平实、努力、真诚、奉献，马世华用这些平凡的字眼诠释着她的志愿生活，用心耕耘，用心收获。

马世华的热心也收获了老乡们的真心，她在团县委工作后，老乡们对她念念不忘：我们小马又回来了，怎么也不打招呼啊！我们大家约着来看你，真舍不得你走啊！

在校期间，马世华有"中央空调"之称，同学当时觉得她温暖贴心，便送了她这么一个绰号。她也将她的这份"暖气"输送到了洋川镇西街社区。这也是她最喜欢、最难忘的工作——微笑小屋负责人。

刘庆杰是她在"四点半课堂"认识的一个孩子，由于父母离异外出，从小跟着爷爷奶奶长大，面对生人，他十分羞涩，在马世华面前他却倍感依赖。

马世华对这个孩子也是格外照顾。一次家庭走访后，她下决心要照管这孩子。

那天，马世华来到刘庆杰家里，孩子低头吃着水煮白豆腐和辣椒水。"你吃得饱吗？"她问孩子。孩子点点头。马世华有些心疼，正是长身体的时候，没有半点荤腥，怎么行？后来，她得知刘庆杰因为父母离异外出，家里的开支都是奶奶捡瓶子、卖废纸、织毛线鞋子、编制竹筐攒出来的，能吃上东西已经很不错了。她对孩子的奶奶说"虽然我没有多少工资，但是只要他有需要，我会尽力帮忙！"以后，她每次看望孩子，便会买些东西给他。实际上，她拿着志愿者补贴的她，每个月收入仅为当地普通职工收入的三分之一。

为此，她在四点半课堂上，开辟"爱心食堂"，亲自下厨煮面，放些肉末鸡蛋，为放学后饥饿的孩子提供一顿暖心的加餐，也为照顾类似刘庆杰这样的特殊孩子。

她也像"小家长"一样，操心孩子的成绩和教育。当刘庆杰调皮不听奶奶的话，她对他说"奶奶对你好，你要好好读书，以后赚钱孝敬她！如果你考试100分，我有奖励！"孩子原来一直徘徊在 60～70 分，在马世华的帮助下，刘庆杰在满分 120 分考试中，获得了 110 多分的成绩。

除了用自身的力量帮助别人，她还通过外部的力量牵线搭桥，扩大爱的能量。在绥阳三年，不管是找爱心企业捐赠，还是寻求助学中心捐助，只要有需要的地方，就有马世华的身影。

绥阳是第二个家

在岗三年以来，马世华已经把绥阳当作自己的第二个家。高薪的诱惑、对家人的亏欠、未来的不确定性，都没能浇灭她做志愿者的热情。

她有过对家人亏欠的内疚。"贵阳离绥阳三个小时的车程，本来想周末也能照顾父母，但是因为工作忙一般难得回去一次。"因为父亲腿脚不方便，母亲患有慢性支气管炎（哮喘），姐姐远嫁他方，作为小女儿，马世华不能照顾家人，觉得很是内疚。每次回家，她也养成了只有踏上归乡之路时，才打电话告知母亲的习惯。"之前好多次提前打电话告诉母亲，最后因为工作忙却无法成行。怕她失望就出发了再打。"

然而，看见女儿努力与成绩后，她父亲深有感触地说了让马世华释然的话"不管你在哪里工作，希望你继续为人民服务！"

她有过对高薪工作的一丝犹豫。

大学毕业时，她与同届朋友曾有一个约定。相同起点的两个人，走不同的路，看毕业三年后各自薪资是多少？当时朋友劝说她放弃去西部，两人一起参加 JAVA 和 C＋＋培训，以便找到更好的工作。马世华却铁了心要去做西部志愿者。

三年后，马世华依然拿着每月 2000 元的生活补贴，朋友工资 2 万多，即便如此，她也没有输掉这个赌约。马世华刚听到这个数值后，内心曾泛起一阵波澜，但很快平复。甚至朋友也说，"我非常羡慕你能有这样的经历，你是我的榜样"！

她还有着不确定的未来。

马世华在岗期间的努力，为她赢得了最佳民生奖、十佳志愿者、优秀志愿者等荣誉称号，西部志愿者政策提及连续三年都是优秀的志愿者，按政策可以转成事业编制。但是她所在的服务地没有类似先例，很有可能三年志愿者到期了，她就不能留任工作了……但是，马世华并不是为了这些而守好每一班岗，做好每一件事。因为"做志愿者工作，我不曾后悔！我希望为别人做事情，看到他们因我开心，就觉得获得了回报"。

她作为西部志愿者，用切身言行诠释了"奉献、友爱、互助、进步"的志愿者服务精神，用自己的行动实现了母校"感恩、回报、爱心、责任"的嘱托和寄望，用青春的汗水谱写了人生的价值。

王天一，2009 届商学院工商企业管理专业毕业生

"再生"，是仅次于诞生的又一伟大生命奇迹。

它既可以是生命的再赋予，也可以是生活的新开始。

王天一，上海建桥学院商学院 2006 级毕业生，金质雷锋奖章获得者，2009 年上海市新长征突击手。她以爱心与责任，为周边许多人带去"再生"的机会。

在校期间，她成功挽救了一位白血病患儿的生命。

2008 年，7 月 26 日，她收到了来自上海血液中心通知，浙江一位身患白血病男孩病情不容乐观，而王天一的造血干细胞与他恰巧匹配成功。王天一回想起来，在两年前，刚入校不久的她与同学自发前往人民广场参加志愿献血，同时报名参加中国造血干细胞捐献者资料库（简称"中华骨髓库"库），作为纪念自己 18 岁的"成人礼"。

然而，真正到了捐献的时刻，王天一的爷爷对孩子的选择，却充满担忧"孩子还在生长发育，捐献造血干细胞会不会造成不良影响？"当时，上海的造血干细胞捐献刚刚起步，在王天一之前捐献造血干细胞的志愿者不过百人，相关献血常识尚未普及。爷爷的隐忧，也让家人产生了一丝疑虑。王天一灵机一动，想到让自己做医生的姑姑说服家人，并征得了父母的理解与支持。7 月 30 日，王天一义无反顾地完成捐献，也成了上海市第 128 个造血干细胞捐献者。

"当时，浙江男孩的同室病友也有匹配成功的，可是捐献志愿者最后的放弃，使他们没能得到移植的机会……"王天一的执着，为这个比她小一岁的男孩带去了一丝生机，更幸运的是，这份带着爱的血液，没有出现排斥现象，而是与男孩血液相融共生，为他再度开启了生命之旅。

事后，她还参与了上海红十字会造血干细胞俱乐部，参与宣传，以自己的切身体会，发动社会人士一起拯救更多白血病患者，为他们带去更多生的机会。

走上岗位，她又挽回了许多吸毒家庭支离破碎的生活。

毕业后，她就职于上海中致服务社，拥有了一份特殊的工作——禁毒社工，配合派出所完成吸毒人员在社区戒毒康复工作。六年中，她帮助百余名戒毒康

复人员，重拾生活的信心，回归到正常人的生活。

"吸毒人员是不是特别吓人？"王天一周围所有的朋友对吸毒人员的第一印象就是瘦骨嶙峋、可怜可怕，更难以想象原本性格内向的王天一会与他们打交道。"他们也是普通人"，在王天一的心中，这些吸毒人员与常人无异，只是更需要信赖和关爱，害怕疏离和隔阂的特殊群体而已。

禁毒社工是戒毒所戒毒工作中重要一环。它是一座连接公安与吸毒人员的桥梁。每个月，王天一需要督促吸毒人员接受尿检，以尿检结果了解他们是否复吸，并将情况反馈公安。通过这样的强制措施，让吸毒人员谨记行为红线，保持对自己的警醒。

虽然，不少戒毒人员本身有很强的戒毒意愿，但是如果无法脱离毒友圈，或者生活遭遇挫折，又可能寻求毒品的"安慰"。"要经常追踪他们近况，保持沟通，帮助他们融入社会群体，才是能够帮他们彻底脱离毒品的关键"。

要让吸毒人员重回社会，就需要经常和他们保持沟通联系，使他们向自己吐露心声，想要获取信任，也就必须打开自己的心扉。她经常与吸毒人员谈心，了解他们的困难，为他们描绘未来美好生活的画面，增强他们戒毒的信心。在吸毒者三年的戒断期内，王天一最害怕就是突然与戒毒人员失去联系，这意味着他们复吸的可能会非常大。王天一也经常鼓励戒毒人员能够参加社区举办的活动，来增加他们融入社会的可能。此外，他们也和街道联手，为吸毒人员寻找工作，为他们找到谋生的渠道。

王天一希望能为戒毒人员带去一丝温暖，"戒毒人员有时甚至都得不到家人的关心关爱，感觉世界似乎已经抛弃了他们"，能在他们再度坠入"绝望深渊"前，拉他们一把，使他们拥有重新开始生活的憧憬与希冀。

张楚成，2015 届机电学院汽车服务工程专业毕业生

　　她，生活节俭却为人慷慨。在校期间，一个每周生活费舍不得花费 100 元，但是不求回报资助同学 6 万学费，最终助其完成学业。

　　她，铭记校训也谨遵祖训。课堂之外，她为家中免费开放的老年俱乐部策划安排活动，关怀老人，以此来完成祖母的遗愿。

　　她，叫张楚成，2015 届机电学院汽车服务工程专业毕业生，上海建桥机电学院辅导员。

资助朋友完成学业

　　2012 年，刚入大学不久的张楚成从朋友处得知了以前高中同学因家庭变故，无法承担大学学杂费的情况。父母离异后，扬州大学广陵学院王同学无钱缴纳学费，父亲背负的一身债务，艺术设计专业的高昂学费，让她走上替父偿款、勤工助学的道路。

　　"没日没夜的打工让她大学过得非常有压力，让人心酸。"张楚成当即决心资助小王完成学业，却在最初遭到了拒绝。"我很心疼她，但她却怕连累我。"

　　为了让小王安心收下资助费用，时逢暑假，张楚成与两位朋友相约"做点有意义的事情"。一个月后，张楚成如数将暑期活动策划和场外主持赚款所得一起交给小王，其中包含她个人收入 5000 元。她告诉小王，"你看，我们大家一起赚钱，比你一年打零工、摆地摊赚更容易"。小王深受触动，收下了这笔珍贵的收入。

　　知道这笔费并不足够，张楚成便寄希望于自己稳定的收入来源——校外营销策划兼职费。之前，她做兼职，为的是锻炼专业能力，同时赚取生活补贴。这一突如其来的意外事件，让她转变了赚钱的动力和目标。自此以后，除了上课，从周一到周五，张楚成利用空余时间做文案、市场推广、项目计划，周六周日就负责审查，非常忙碌，"我从早上开始，到晚上七八点回来，有时候就像隐形人，也觉得亏欠舍友很多。"这也彻底改变了她的"周五狂欢日"。原本这

天，是她一周最放松的时刻，她会放下所有工作、学习，和舍友逛街购物、侃天说地。尽管有时非常劳累，但她不能放弃也不愿放弃。这些钱，可能决定着一个朋友的未来。"现在可能拿出三五万压力特别大，但是毕业后这些钱很快能赚回来，不希望她为这点钱毁了自己的一辈子，走上不同的人生道路，我就想着一定要坚持下去。"

与张楚成用专业知识赚学费的方式不同，小王的赚钱方式她觉得有些"生气"。"那是一双专业拿画笔的手啊！却用这双手来做兼职、摆地摊，长期以后就是荒废学业。那不是大学生应该走的路！"经张楚成劝说，小王便开始通过补习班、做家教获得收入，用知识帮助别人、帮助自己。继而，张楚成向小王提出了更高的"目标"。"国家助学金、奖学金也是很大一笔收入，你为什么不争取呢？"张楚成便觉得自己首先要做榜样，在大二兼职最忙碌的时刻，她以优异的成绩获得了国家奖学金。小王也在她的激励下，通过努力地获得了奖学金。

"花钱花在刀刃上"，生活中节俭的张楚成，每周生活费都花不了一百元，但是先后将父母给的生活费、课外兼职工资以及国家奖学金累计两万多元资助小王以及她的弟弟。然而，她所不知道的是，毕业前夕，小王还有一笔更大的待缴费用即将到期。

2014年12月，张楚成接到小王的电话，她大三、大四先后拖欠的4万元学费尚未缴清，这意味着自己将拿不到毕业证。因为觉得亏欠张楚成太多，之前小王想自己解决剩余的学费，便没有告诉张楚成实情。时间紧迫，张楚成不得不求助父母。她父母知道后，当天将钱款打给王同学，还清了所欠全部费用。母亲关照她，不要让小王急着还款，"帮助别人就不要向别人施加压力"。

顺利毕业后，王同学通过自己艺术设计专业的学习，先后在设计公司实习工作，经过了经验的积累，现在已经成为 iBakery 烘焙坊的老板。

曾经的家，今天的老年俱乐部

张楚成的家中有些特别。

这个她儿时生活过的地方，经家人改造，现在成了江苏省宿迁市荣闸老年俱乐部，免费为当地老人小孩提供健身场、羽毛球场、乒乓球室、图书阅览室、影音室等场所，并聘请阿姨管理食宿，招专人负责管理。

在宿迁，当地青年人大多外出打工，村内以老人、孩子为主，娱乐场所与设施贫乏。2014年9月中旬至今，张楚成就一直负责活动策划与常规老年娱乐健身活动的安排，包括组织健康运动讲坛、文体活动表演、老年近郊游等。随着每个月开展的活动越来越丰富，各种文娱类活动为当地老年人和孩子带来快乐与便利。最初的家庭活动室，也逐步变成了当地人休闲娱乐的场所和精神寄托的家园。

家人之所以投入十几万，将家改造成俱乐部，并免费向外开放，也为了纪念张楚成过世的外婆。"外婆是我们家精神的纽带"，正是她影响了子孙们无偿帮助他人的理念。

张楚成外婆生前靠卖豆腐营生，平时却经常会送蔬菜、鸡蛋给有需要的左邻右舍。在生命的最后时期，身患癌症极度虚弱、饱受病痛折磨的外婆在病榻前最后的遗言，却未曾关乎自己。她深夜醒来，弥留之际只是向儿孙做了简单的交代："以后家里的菜啊、鸡蛋啊多送些给别人，对别人好一些……"外婆过世后，为老人送行的，不仅是家人，还有许多曾受她点滴恩惠的人。

"外婆这一辈子没读过什么书，没有什么大道理，都是融入生活的小事情。"但是就是点滴的生活细节与奉献理念，让张楚成铭记于心。因此，她在建桥，学校"感恩、回报、爱心、责任"的校训、雷锋精神与外婆的心愿便形成了一种强大的共鸣。

留校任教，带学生关爱留守儿童

毕业后，张楚成留校任辅导员，她也希望在工作岗位上继续践行雷锋精神，为学生们做好表率。

2016 年学校开展了重走长征路活动，张楚成不愿把这项活动仅作为一次吃苦旅游。那时，她回想起班上一名辍学的四川籍学生。这个孩子来自留守家庭，虽然她一再关心追踪学生情况，但学生因缺乏家庭关爱最终选择了辍学。她也发现，不少留守家庭的孩子，或多或少存在来自原生家庭的创伤。既然班上有来自五湖四海的学生，能不能以大学生做公益支教的方式重走长征路？在他们放假期间，是不是还可以关怀那些地域就近的留守儿童？于是，张楚成联系长征路上沿途的贫困学校，带班上周边省份（贵州）的学生一同前往。

刚到目的地时，张楚成一行人在大巴上沿途颠簸了数十个小时，车辆无法通行之处，一路行走又恰逢下雨。夜晚，疲惫至极的志愿者们在老乡家中准备倒头就睡。刚躺上床，五只馒头大的蜘蛛瞬间伴随床下窸窸窣窣的声音四下逃窜。

惊吓、反胃，这是张楚成的第一反应，她强装勇敢，故作镇定"因为自己的每个动作都可能会影响孩子们对我们此行的看法"。

不过，学生受到惊吓的传闻还是传到了当地接洽的校长耳中，他对张楚成说："听说昨晚有小同学被吓蜘蛛跑了，要知道我们当初消除'两极'的时候，和老乡家里的牛一起住，睡在草上！这点苦算什么！"张楚成一方面觉得委屈，她觉得孩子们也路上吃了很多苦，也都很坚强。甚至，可能蜘蛛有毒，当地孟姓老师眼睛爬上了蜘蛛，次日整个眼睛肿都起来了。另一方面，她又有所愧疚"本来是想帮人解决问题，却又给人带来了麻烦"。

让张楚成和志愿者学生执意留下的，就是那些可爱懂事的孩子。除了在山区课堂教学，他们还带领孩子们重走娄山关，参观博物馆。半路到了饭点，山区孩子将八块钱的面两人分着吃，却对张楚成说"老师我们都吃饱了"。张楚成不信便多问了一句，这才发现孩子们是因为面条太贵，怕花她钱。张楚成眼眶有些湿润，"出来我就带你们一定要吃饱"。回忆那段场景，张楚成觉得"孩子太过懂事，遇到这样的孩子，自己会忍不住想要帮助他们"。

活动结束后，她的爱心之旅并没有结束。她还赞助了山区五名学生的部分学习生活费，设置了期末奖学金，并定期与他们保持沟通，了解他们的学习情况。她也希望能继续将活动的范围扩大，并且对山区孩子进行心理、健康知识宣讲普及，"有些事情必须坚持做，才会有意想不到的收获，哪怕还有一个人关爱，也有可能改变另一个人的生活"。

傅佳喆，2010届艺术设计学院视觉传达专业毕业生

很多人说，雷锋精神离我们很遥远，我们做好自己的工作就是了，其实不然，雷锋精神就在我们身边，只要我们用心发现，用心体会，就会发现它的存在。

傅佳喆同志是上海建桥学院后勤保卫处的一名普通党员，在平凡的生活中散发着点点的光和热，他用一颗热忱的心投身到无私奉献、为师生做好事、办实事、解难事的做法，深得广大师生的好评，将学雷锋志愿服务精神传递在每位师生心间并在党员中起到了带头模范作用。

他虽然没有惊天动地的感人故事，但是在点点滴滴的小事中却看出了雷锋精神在他身上的传承。如主动放弃自己休息的时间为学校搬迁献出自己的一份力、尊老爱幼，在公共场所，能够为需要帮助的人伸出援助之手、积极为灾区或者是有需要的人捐款，在公交车上为老人让座，组织学生队伍参加支教等。这些在他看来已经是很平常的事情了。

临港搬迁期间，他与建桥员工、学生志愿者从康桥搬到了还未完工的新校区工地。当时的住宿环境很不好，夏天天气热、蚊子又多。但是他依旧对搬迁工作那么富有激情，放弃了原本可以陪伴家人或者度假的暑期，带动身边人一同完成任务，身体力行将"感恩、回报、爱心、责任"的建桥校训展现给了学生们。在关键时候站出来，靠得住！

2010年3月起，上海建桥教育服务有限公司党支部组建了雷锋服务小组，傅佳喆作为其中的一员坚持学雷锋常态化服务，每月第一周周四利用午间休息时间免费为师生提供力所能及的服务。6年来，风雨无阻，从不停歇，累计开展学雷锋活动213次，参与服务3096人次，服务对象83428人次。用实际行动服务了广大师生，更带动了员工和师生学雷锋、讲诚信、献爱心的良好风气。2015年，学校胡佳伟同学查出患了白血病，他与后勤员工一同为胡佳伟同学捐款，共计获得善款7205元，以实际行动达到了育人的目的。教育服务公司雷锋志愿者服务队荣获"上海市优秀志愿者服务队"，他个人同时荣获"2014~2015

年度上海市优秀志愿者"荣誉称号。

搬迁至新校区以来，他和他的团队坚持每 2 周组织志愿者服务团队定期前往小学开展支教活动。在致立小学这特殊的残障学校，通过新颖的上课形式，用行动认真负责每堂课，在课上志愿者与小学生融入其中，课堂充满着浓浓的情感与关怀。在期间，共有 223 人参与到这支队伍中，以学校为中心，不断向四周提供志愿服务，先后服务了明光金都小学、黄路博鳌利星行小学、致立小学等，并与这些小学建立长期的合作关系，深受对方学校的认可。

随着在校生规模不断扩大，在他和他的团队的努力下，于 2010 年推出"啄木鸟监督服务平台"，目的是快速接收与回应师生投诉建议，为此设置了 24 小时电话热线、微博、微信、QQ、易班、面诉等多种渠道，方便学生对校园后勤保障系统进行全方位监督。该平台增加了值班人员定时关注啄木鸟微博，对每条投诉先说"感谢关注"等与大学生达成良好沟通等规范要求。在完善服务机制，推动校园文明建设的过程中，啄木鸟工作人员进一步拓展平台职能，培养学生自主管理能力，将"服务育人"理念落到实处。

5 年来，啄木鸟平台解决问题 2000 多个，调解纠纷 600 多起，涵盖了学生的校园生活。建桥啄木鸟还利用新媒体平台优势，为学生与老师、校领导增进沟通，建立了一系列互动对话的长效机制，促进学校民主管理。2013 年啄木鸟服务监督平台荣获"上海市优秀青年突击队"称号；个人荣获"2014 年度上海市优秀青年突击队员"称号。

……

他说："有一种承诺叫坚持、有一种胸怀叫淡定、有一种力量叫温情、有一种感动叫理解，我们必须足够的坚强，在脆弱的时候，能够自助并助人。我们必须足够的勇敢，在害怕的时候，能够自持并持人。"争做一名具有奉献担当的魄力、包容兼备的实力、乐观向上的动力、热情可爱的活力、时尚现代的魅力的名副其实的卓越建桥人，在服务中收获着喜悦，体味着成长，用爱心服务社会，为实现"中国梦"做出自己的贡献。

毛东宇，2013届新闻传播学院传播专业毕业生

自2005年至今，新闻传播学院已有28余人获得了校弘扬雷锋精神金质奖章。12年中他们从学生转变成了真正的社会人，从稚嫩变得成熟。变化中他们始终坚持着自己的信念。身为建桥人，他们在工作的岗位上继续坚守着"感恩、爱心、回报、责任"的从业理想，继续践行着他们一刻都没有放下的雷锋精神。

毛东宇，2013届传播专业毕业生，荣获2011年校弘扬雷锋精神金质奖章、2013年首批清云奖之感动建桥十大学子。

毕业后，他荣幸地成为上海建桥学院的一名员工，在新闻传播学院担任辅导员一职。身为思想政治教育工作者，对于自己的使命，从没有一刻有过懈怠。事无巨细地关注学生们的学习和生活，倾尽全力为学生服务。他深知，只有用自己整份的爱，才能温暖着每一个学生，才能让他们安心、快乐地度过大学生活。当然，他更是知道雷锋精神的传承，让学生们在学习生活中也能不断践行，才是自己工作的意义之所在。

作为一名辅导员，三年中共带570名学生，覆盖了新闻传播学院新闻、秘书、广告三个专业。连续两年担任大一新生辅导员，繁多的事务，解决不完的学生问题，学习上的、社区里的、生活中的等等。他深知作为一名辅导员，服务学生是自己工作中最重要的一部分。面对来自五湖四海的学生，如何引导他们尽快地适应大学生活、如何使其在大一这一年中过渡好，是他工作的核心内容。他以细致入微的工作方式感染着身边的每一个学生。跑医院、跟家长联系了解学生情况、与学生谈话解决学习生活问题、与专业老师联络了解学生学习情况等等都成了他工作中的一部分。在他的带班工作中，毕业班的就业工作也是非常重要的一部分。其中2011级广告1班的就业率、签约率均为100%，2012级新闻专业的就业率99.2%，签约率99.2%，均居学校前列。在毕业班工作中，每一位同学的就业情况都是他所牵挂的，下企业、为学生介绍工作、帮助学生解决工作当中遇到的问题等等。从不计回报的付出，取得不错的成绩，也让他深知对于一个学生，他一时的努力可能会影响学生的一生。这一切又显

得特别的值得。

2014 年，毛东宇接管学院的分团委的工作，利用这个平台，他带领学生们完成了许多志愿者任务。学生时期，毛东宇就置身于志愿者工作，取得了很好的成绩。其中"关注在沪外来务工人员子女暑期生活"暑期社会实践已持续了三年。转换身份后，他依然通过分团委带领学生们继续做好这一项工作，直至 2015 年关注外来务工子女共 360 余人，参与志愿服务的学生已有 72 人；2014 年暑期，他有幸参与了由上海建桥集团组织的"烛光照亮未来"活动。远赴云南玉溪带领岔纳小学的 10 余名小学生完成了为期 10 余天的上海行活动；在校区搬至临港后，他带领学生干部又建立了 16 个院级志愿者基地，2015 年、2016 年共有 628 人次参与志愿者活动，服务总时长达 4824 小时。

三年中他通过自己的言传身教与努力，让学生们感知大学生活中的温暖。服务育人的重任让他明白作为一名思政工作者、一名学生工作者，言传身教是在整个育人工作中非常重要的一个环节。带有情感、带有责任的、带有奉献精神的工作更是需要坚守的堡垒。在他看来，自己承担的不仅仅是一名教育者，更是一名雷锋精神的传承人。

单驹超，2013 届机电学院机械制造
及其自动化专业毕业生

　　单驹超，2013 年 6 月毕业于上海建桥学院机电学院机械制造及其自动化专业。在校期间认真学习工作，积极参加校内各种活动以及志愿活动。受到学校老师以及同学的好评。大学期间曾担任机电学院党员工作纪检部长，并建立信鸽小分队为宿舍楼的学生派送信件，于 2011 年获得建桥学院雷锋金质奖章。

　　如今他已从学校毕业 3 年了，虽然离开了大学期间的良师益友，但是在建桥所学到的、感受到的雷锋精神从未在他心中消失过，一直激励他前行。每当因为工作或者生活不如意时，那个坐落在学校喷泉前，昂首向前，不畏惧任何困难的雷锋铜像总能给他力量和坚持下去的动力。

　　目前他就职于上海中侨职业技术学院综合办公室，为上海高职教育事业贡献自己的力量。在工作中他时时刻刻践行着从进入大学校门起就倡导的雷锋精神。他所在的岗位主要工作就是服务全校师生，是全校各部门沟通的纽带。上海中侨学院每年 12 月是慈善感恩季，学校会组织社会上有爱心的企业家以及全校教职工为学校困难学生帮困结对。他作为一名党员，自发地作为志愿者服务慈善结对活动，为当场的企业家以及困难学生进行登记，倾听他们的需求，最后也为困难学生献上自己的爱心。当受到帮助的学生发自内心的微笑时，他觉得一切的辛苦都是值得的，精神层面的感动往往是最能打动人。

　　践行雷锋精神从小事做起。学校每年假期按照市教委的规定学校要安排教师值班，但是上海中侨学院位于上海郊区，很多市区的老师过来值班很不方便，一天的路程都要花费 2~3 个小时。单驹超住在附近就申请尽量多的值班，保证假期内学校一切正常运行。虽然值班牺牲了自己休息的时间，但是作为一名党员就应该全心全意为人民服务，发扬雷锋精神服务师生。值班期间，他认真做好校园巡视工作，认真检查每一桩教学设施，如发现问题立即报修处理。寒假里，很多老师都回家准备过新年了，但是学校仍然有很多学生因为各种原因留在学校，作为值班人员以及党员更是要站好最后一班岗，确保学生在校期间如

有突发事情能第一时间联系到老师，确保学生的安全。

生长在新时期、新形势下的我们，有必要通过长期的自身努力，从一点一滴做起，从小事做起，从我做起，从身边做起，将雷锋精神不断发扬光大。我们的工作更需要雷锋精神，雷锋同志服从大局，不计个人名利得失；学一行、钻一行、精一行、爱一行，在平凡的工作岗位做一颗不生锈的螺丝钉，这些都是值得我们每一名教育工作者去努力学习，努力实践的。

陈哲超，2012 届信息技术学院
计算机科学与技术专业毕业生

"大学期间有很多时间做志愿者服务活动，不求回报、只为付出对我来说是一种更纯粹的快乐。"从上海建桥学院毕业一年后，在金蝶公司担任软件实施工作的 2016 级上海市优秀毕业生陈哲超，回忆自己在校期间参与的各类志愿者服务活动时，颇有感触。"有时候，为别人做些有益的事，也算是自我成长的一部分……"

他曾做过上海世博的"小白菜"。

2012 年上半学期，陈哲超就前往卢浦区世博城市志愿者服务站点当引导志愿者，热情仔细为每一位游客指明道路。下半学期，他凭着之前的经验，担任了上海世博纪念展讲解志愿者并兼任领队。为了向参观者提供专业、熟练的讲解，陈哲超提前熟悉志愿者板块的讲解稿，反复练习。作为领队，他也提前通知联络每位志愿者上岗信息，配合馆方出色地完成任务，获馆方领导好评。次年，他再次成为纪念展志愿者服务项目的负责人，这项名为"我们的世博"——后世博文化宣讲的志愿者服务项目，也获得 2013 年上海市团市委主办的上海市大学生暑期社会实践活动优秀项目奖。

他曾做过学校机房的"清洁员"。

大一时，陈哲超发现信息技术学院的机房里，不时出现同学留下的食物残余和其他垃圾。为了让大家有个干净良好的学习环境，他招募信息技术学院各年级志愿者，成立机房义务打扫服务队，在每周三组织安排 10 名志愿者，前往学校一号楼五层、六层的地面机房，对机房的桌面、抽屉等关键位置进行清理，这一志愿者活动也传承至今。

在校期间，身为学院团委学生会实践部部长的他，还参与了台湾省儿童戏剧季暨两岸少年文化交流营活动、"蓝天下的至爱"慈善募捐、义务献血、校运动会等一系列志愿者服务活动。身为班长，他也配合辅导员完成管理班级的工作，带动全班同学进步，增强班集体的凝聚力。

2016 年毕业后，陈哲超成为金蝶软件集团的一名新员工，在普通的工作岗位上发光发热，以一技之长，服务他人，实现个人价值。

在公司中，他主要负责金蝶软件实施工作。所谓软件实施，它包括常用操作系统、应用软件及公司所开发的软件安装、调试、培训、维护，还有少部分硬件、网络的工作。

金蝶软件是一款以财务为特色的企业管理软件，每天与他打交道的"利润表""取数公式""凭证"对刚进入工作角色的他而言，是非常陌生的财务专业用词。

为了能更好地胜任本职工作，解决客户实际运用过程中遇到的问题，他认真钻研 ERP 系统实施技术，通过视频教程、虚心向领导和同事学习业务技能，在工作实践中不断钻研和总结，在业务上要求自己做到精益求精。经过刻苦学习，他熟练掌握了软件实施、财务供应链上的知识，从一名学生迅速成长为公司的中流砥柱，为中小微企业解决公司信息化管理上的问题。

工作的职务和性质决定了他每天要直接跟客户打交道。在工作岗位中，他从小处着眼，从细节入手，善于换位思考，想客户之所想，急客户之所急，积极热情向客户提供服务，都被客户所认可；有时碰到老会计做手工账的财务，他耐心向他们讲解软件上的功能，并且指导他们进行电脑的日常操作；为了帮助财务同事核对一张资产负债表，下班后他核对至深夜。只要能够解决客户问题，周末他也会加班，但他觉得这不过是"举手之劳"。由于在工作任劳任怨，热情周到，他被领导和客户亲切地称为小陈。

工作之余，陈哲超也从寻常小事做起，坚持助人为乐。乘坐地铁，看见有需要帮助的人，他会主动礼让座位；路上遇到焦急的路人，他会主动询问和引路；学弟学妹求职遇到了问题，他也会主动告诉自己以前的辅导员，让其提醒和转告在校同学；在嘉汇广场联合党支部中，他主动承担工作任务，辅助党支部书记收缴党费，解决支部内同志上交相关表格的问题，解答对党费计算方面的疑惑……

"勿以善小而不为"，在陈哲超眼中，日行小善不算太难，因为行善已成为他一种习惯的力量。"我希望在工作中、学习中，爱岗敬业、传递爱心，以此为社会奉献一丝绵薄的力量。"

夏鑫，2014级职业技术学院工商企业管理专业学生

雷锋曾说过："人的生命是有限的，而为人民服务是无限的，我要把有限的生命投入到无限的为人民服务中去！①"在我们身边也有这样一群弘扬雷锋精神的人，他们践行社会主义核心价值观，为这个社会默默奉献着自己的绵薄之力。回望校园，弘扬雷锋精神之人并不在少数，来自职业技术学院2014级工商企业管理的夏鑫就是其中一员，学校于2016年度授予其上海建桥学院弘扬雷锋精神金质奖章。

在班上他担任班长一职，他以身作则，时刻起到表率带头作用，不迟到不早退不旷课，认真完成各科作业。在学校担任学生会干部时，就一直工作认真，兢兢业业，任劳任怨。较好地完成了学院老师安排的各项工作任务，获得了老师和同学的一致认可。在学弟学妹眼里，他是一个勤奋努力的人，值得学习的不只是他那种勤奋好学的精神，还有那种乐于助人、无私奉献的精神。他大一时参加院学生会，大二任学生会主席，大二下学期又担任文明修身负责人，繁忙的工作让他形成了办公室、课堂以及宿舍三点一线的生活，期间他还主动参与志愿者服务工作，累计时长百余小时。在大三结束了学生会、文明修身等各项工作后，他依然会经常参与学生会和文明修身的活动，给予学弟学妹帮助，为了让学弟学妹可以更快更好地接手工作，他牺牲了大量休息的时间去做好交接工作，并且及时解决学弟学妹遇到的问题和求助。

到了工作岗位上，他同样无时无刻不在弘扬着雷锋精神。在老师眼里，他是一名合格的班长，也是一名优秀的学生干部。老师交给他的任务，他都会按时完成，就算任务再艰巨他也不会有任何怨言。进入实习期，他克服困难，带领同学服从学校安排，进入校企合作单位汉堡王实习。至今实习已有近三个月时间，他一直以身作则，发挥"不怕苦、不怕累"的精神坚守岗位，同时配合学校完成校企联络工作，对于部分想要调换岗位的同学，他做到"第一时间发

---

① 雷锋：《雷锋日记》，解放军文艺出版社1963年版。

现、第一时间沟通、第一时间反馈"，尽可能减少人员流失，为学校及企业双方的合作提供了最基础的保障。他在工作中提高自身专业素质，同时也践行着社会主义核心价值观。工作期间一位顾客的包落在了店里，工作中的他及时的发现，并把包收回了柜台，耐心等待失主前来寻找，过了很久没人认领，他才打开包寻找联系方式，然后联系失主领回包。在这个倡导弘扬雷锋精神的时代，他这种拾金不昧的行为非常值得我们所有的大学生学习。

桃李不言，下自成蹊。夏鑫就是这样一个默默付出不求回报的当代大学生，他用自己的绵薄之力践行着卓越建桥计划、弘扬着雷锋精神、履行着社会主义核心价值观。身处餐饮服务业，一个每天都在与人打着交道的行业，必然也会遇到各种各样他人需要帮助的时候和事情，他也只是一味地做、从不张扬，你问他为什么这样，他也只是笑呵呵地说："我享受帮助别人的过程，不需要什么回报。"为人低调、待人谦和，他用自己的实际行动和不求回报的精神赢得了周围人的认可和赞誉。在这个人人都喊着"学习雷锋、弘扬雷锋精神"的时代，但愿能多一些像夏鑫一样用甘当革命螺丝钉的实干精神来对待自己的工作，在平凡的岗位上为国家为人民贡献自己的微薄力量。

蒋玮获，2011 届商学院电子商务专业毕业生

蒋玮获是商学院 2011 届的毕业生，在校期间曾获得两次金质雷锋奖章。毕业后的她没有和其他同学一样从事与相关的专业工作，选择了留在学校担任辅导员工作，她希望以一颗虔诚的心，一份包容的胸怀来对待自己的学弟学妹，传承母校多年的雷锋精神。留校多年，她曾先后担任过环艺专业、视觉专业、宝石专业、产品专业辅导员。五年多来，她辛勤地在这个平凡的岗位上播撒汗水和爱心，同时也收获着快乐和希望。

刚从事辅导员工作时，她曾经也遭遇角色转变的不适应，高度的责任感使得她督促自己以最短的时间熟悉工作。牺牲周末，熬到深夜，对她而言是家常便饭。当时学院 2011 级只有她一名专职辅导员，她一肩挑起重担，从未有过怨言。之后因珠宝学院成立，她来到珠宝学院，与另一位辅导员一起扛起了新学院的学工重任，在学生处的指导下，学院总支书记的领导下，将珠宝学院的学生工作驶向了正轨。在那段日子里，繁忙的工作总是将她的日程排得满满当当。

她总说，辅导员是学生灵魂的塑造者，她关心爱护着每一位学生，她喜欢和学生聊天，成为他们的知心姐姐，融入她们，有时还会成为学生的"粉丝"，看到学生学业上取得成就，她会为之高兴；看到学生遭遇迷茫和困惑，她感同身受，努力帮助学生渡过难关……她总说，她是建桥人，学生也是建桥人，建桥的雷锋精神要一代代传承下去，每一个建桥人都应该是社会的闪光点。她总是在默默奉献，她说既然选择，就要坚持，每天的灌溉不会让你马上收获，但却能让学生长成参天大树，春风细雨般的感化正是教育的本质。

她本人在工作中也在不断提升人格魅力，以人格的力量去感召学生。随着时代的改变，学生的思想也在改变，因此在日常的工作中她非常注重加强个人自身的学习，发扬钻研精神，提高理论修养，积极跟上时代的步伐。

近六年的辅导员工作，她始终在践行雷锋精神，雷锋精神是一面旗帜，是雷锋同志留下的宝贵财富，她要继承这样的精神，让雷锋精神在日常的行为中发扬，在工作岗位上闪光！

叶杨，2013 级外国语学院日语专业学生

一件迎新的"绿马甲"

在上海建桥学院外国语学院叶杨看来，"有时候，志愿者一个简单的举动，甚至可以拯救一个人心灵。"自踏入校园的那一刻起，她的大学生活就与志愿者活动紧紧相连。

第一天来建桥学院入学报到的叶杨，带着一丝对新校园生活的彷徨犹豫、担忧害怕。此前，高中阶段成绩下滑的学习压力、轻微心衰的健康问题还恍如昨日，让人感到难熬、压抑。

"同学，你好！我是为你服务的新生志愿者！"建桥学院一位身穿绿马甲的迎新生志愿者，热情接过了叶杨的行李，亲切为她带路前往宿舍。"虽然不知道他叫什么，不记得他长什么样，但是这一声音问候仿佛给了我大学生活的一种憧憬，让我觉得迈出大学的第一步并不是那么可怕。"就是这一次偶然的事件，让叶杨对"志愿者"身份产生了由衷的认同感。

入校后，她积极加入了学院团学，踊跃投身志愿者工作。如上海科技馆、上海图书馆、迎新生、校友会、献血、专业家长会等，也多次参与策划、组织学院各类学生文化活动，如迎新晚会、十佳歌手、院文化艺术节、奖学金巡讲等；她逐步从一名小干事成长为文艺部部长、学生会主席，她所带领的志愿者团队也取得优异成绩，多次荣获上海浦东图书馆优秀志愿者等称号。

为什么加入团学？为什么参加志愿者活动？许多人的答案，也许是锻炼自己，提升能力。叶杨却觉得，学校如火如荼的志愿服务氛围感染着自己。"最开始，大家觉得志愿者活动是部长安排必须参加的。随着活动进行，看到周围那么多志愿者共同为一件事而努力付出，你会被卷入一种志愿服务的洪流。"

更重要的是，叶杨认为志愿者的本质在于"不求回报、无怨无悔为大家做一些力所能及的小事"。因为"只要认真踏实做事，人的能力自然而然就会得到提高，带着目的做志愿者活动，好事就会变质，也就无法体会帮助别人带来的

那种小小的满足、快乐与成就感"。

服务需要帮助的人

志愿者服务受到被服务对象的肯定与鼓舞，也是让叶杨最开心的时刻。"有时候做志愿者要站一天，但当受助人说谢谢的一刻，你就觉得自己值了。"在所有志愿者服务活动中，让叶杨最难忘的是紫罗兰希望小学、阳光之家的志愿者。

紫罗兰希望小学是浦东民工子弟小学，那里的孩子大多是来自全国各地的穷困地区，他们的父母是打工的农民工，没有时间和能力教育孩子。六年时间内，外国语学院的志愿者团体坚持为那里的孩子们讲科普知识、生活常识或者学习内容。叶杨会为孩子们讲伊索寓言，孩子们认真听讲、渴求知识的淳朴神情，重燃了埋在她心中的那种天真。"老师，下次再来啊！"也让叶杨心头一热。

阳光之家，则是叶杨所在的外国语学院志愿服务了八年的一个特殊志愿者服务点。这里都是 16～35 岁的智障人士，志愿者们主要教他们画画、唱歌、猜字谜等，以此形式帮助智障人士融入社会。开始，叶杨有些怯场，不知如何同他们沟通，害怕自己言语不当，伤害他们。后来发现，"人的真心能跨越语言。就像同不会说话的孩子进行沟通，但只要用真心，他们一定能够感受到你想传达的心意。"

后来，因为新校区搬迁，这两个志愿服务点因为往返时长过久而被迫终止。为了确保志愿者服务能够在新学期顺利开展，新校区搬迁的那个暑假，叶杨和团委学生会副主席两人提前联系了临港当地的志愿者服务点，并最终选择了惠南第一福利院、漆凉铭幼儿园，因为他们希望从最需要帮助的人群开始。

除了自己做志愿者，经历过心衰困扰的她更懂得"将每一天视为你人生的最后一天与人相处"。她也通过自己，影响周边的小部员将心比心，发自内心帮助他人。

由于外国语学院"3＋2"海外交流学习项目比较多，经常需要举办专业家长会，这就需要学生志愿者协助老师完成会议表格发放、内容填写指导任务。"那些特意请假的家长，拿着纸、笔像小学生一样，认真听讲，生怕听错一点信息。可能他们是你们的父母，一直关心着你们的学习，也可能是请假错过一亿大单生意的家长。所以，你们也许只是少了一些游戏的时间，但是能够做些有益的事情。"小部员会心一笑，陷入深思。

"可能你所帮助的那个人，上一分钟或是情感受挫、遭受责难、或是分数不合格，心情低落时，甚至陌生人的一个微笑会改变你的心情……"

志愿者活动让叶杨从一个压力下情绪容易失控，为了工作紧张到吃不下饭的小部员，慢慢成长为一个处事不惊、勇于担责的学生会主席。"一定要尽快调整自己的情绪与状态，如果我倒下了，其他小部员怎么办？"所以，每次活动志愿者，她也必到现场，与大家一同参与志愿者活动，成为小部员有所依靠，勇气与自信的精神支柱。

改变自身习惯

有同学曾经问过叶杨"你一天有 48 小时吗？"之所以这样问，因为大大小小的志愿者服务活动，十几场学院大型晚会的组织与策划，包括团学的大小事务，都需要花费叶杨大量的课余时间和心血。曾经有室友失眠，叶杨开玩笑建议她多参加一些志愿者活动，因为像她一天工作、学习下来很容易沾床就睡。

但是，叶杨上课、自习从未曾请过一次假，成绩更是优异，每学年都能获得奖学金。她在 2015～2016 学年综合成绩排名班级第一名，获得过特等奖学金、国家奖学金、优秀学生干部、优秀团干部、三好学生、弘扬雷锋精神铜质奖章、文明修身优秀证书等。

另外，她顺利完成了上海财经大学辅修第二专业会计，还在课余时间考托福，顺利申请到了日本排名前十高校的研究生。

叶杨认为，做志愿者活动与学习并不冲突，而且自己也因为参与了这些活动受益，改变了做事拖延的习惯。"知道自己永远有大量工作，所以倒逼自己提高了工作效率。"原来看书时不时走神的她，为了能在两小时内做完工作，宁可不上厕所。原来一小时的单词背诵，利用半小时就完成……

此外，叶杨认为如果合理安排好自己的时间，还能挤出时间，做自己喜欢做的事情——旅行，在校期间，她也去了日本、英国、德国、法国等地，这也是开阔视野、放飞心灵的方式。

如今，大四的叶杨即将毕业，尽管已卸任学生会主席一职，她依然不遗余力地为团学奉献自己的力量、向新人传授宝贵经验，为新老部长顺利交接发挥着自己的光和热。

凌尤伟，2014 级机电学院机械设计
制造及其自动化专业学生

在上海建桥学院 2014 级机电学院学生凌尤伟的右手背上，有一道长长的伤疤。随着时间流逝，这道疤痕褪去的是小学时遭遇车祸的忧伤，留下的是则对同伴帮助的深深感恩。"我当时手绑石膏，行动相当不方便，同学们会帮我拿饭、做一些事情……从那个时候开始，我就决定要尽自己所能帮助其他人。"

初高中的忙碌学业，并未能让他有充分的时间和舞台将自己的想法付诸实践，直到他与建桥的相遇，让志愿者活动成为他校园生活的一部分。

凌尤伟心中，获得学校 2015 雷锋金奖的同寝室友胡文武是他这段充实大学生活的"领路人"。"别人在玩游戏，他认真学习，周末参加各类志愿者活动，我当时感叹大学生活还能这样过！"

于是，为了维护校园干净整洁，他自愿担任机电学院文明修身负责人，积极号召大家参与，并指导监管学员完成文明修身课程。"学校光靠保洁阿姨来维护我们校园的卫生和整洁是不够的。比如，我们一层寝室有 42 间，几百人进出，会带来许多垃圾。阿姨 8：00~9：00 完成了清扫，却发现 12：00 左右又是堆满了垃圾。有些楼层高的地方，因为倒垃圾不便，堆积情况更严重。"于是他们的文明修身小组便将寝室门口的小袋垃圾带走扔掉，并提醒大家将大型垃圾丢到指定的场所，养成良好的卫生习惯。他们负责的南 12 女生寝室区域最终也得到了校级学导的一致好评。

不久后，他担任文明修身校级学导兼文明修身办公室主任一职。每天进行文明修身所有数据的汇总以及反馈，整理校级各项文件，与几位校级学导不断改善文明修身规章制度，期间，长达近一个月的时间，他们都是凌晨 1~2 点才入睡。最终，他们帮老师重新建设校级学导梯队，将文明修身改革做到尽善尽美。

为了提高学生高数、英语四六级及其他科目成绩，2016 年机电学院开展"学信中心"建设，多位奖学金获得者作为"教师"，每周两次为成绩稍落后的

同学补习、解惑。凌尤伟协助老师一同搭建学习平台，他自己也在早晚自习陪同监督大家一起学习。经过一个学期建设，中心学习效果初显，学院高数通过率提高了整整 20%。另外，他也辅导同学们学习英语，根据大家的成绩差异，他分层制定的英语计划，帮助大家解决英语难题，为大一新生营造良好的学习氛围。

在学生会的三年时间里面，他将"服务同学，帮助老师"作为宗旨，还多次筹办活动晚会、团员代表大会、校友会等多项活动；帮助辅导员处理各项事务，为辅导员分忧……

"服务他人、快乐自己"的想法，也使他经常活跃在校内外志愿者圈里。献血、运动会、校庆、地铁站、浦东图书馆、火车站等志愿者服务活动中，他总是积极参加，还被评为新校区搬迁"优秀志愿者"。

各类志愿者活动中，令凌尤伟印象深刻的是，去年暑假他和10余名同学参加了山区支教活动，在这个"很少有人往山里走，也很少有孩子走出来，穷的难以想象"的地方，他们吃、住在条件简陋的老乡家，为山区的孩子们上课。"那里的上课硬件条件非常差，老师也是一人身兼几门课程，但是孩子们认真听课的求知欲打动了我们，我们打开了他们的事业，让他们知道了什么是电脑，什么是大山以外的世界。"凌尤伟说道。

凌尤伟非常喜欢运动类项目的志愿者，他参加了包括半程马拉松、环湖骑行比赛志愿者，"在为他们沿途服务提供供给的过程中，被运动员永不放弃、坚持到底的精神打动。"凌尤伟亲眼目睹了一位骑行比赛参赛队员，在两车相碰后他被摔得遍体鳞伤，却憋着一股劲完成比赛。事后，他得知，这名队员实际是在骨折的情况下完成了最后的赛程。

"以前我很浮躁，遇到困难很轻易放弃，在志愿者服务过程中，为人处世方面，我从原来的不成熟到成熟，志愿者服务也为我带来了成长。"

赵玲玲，2014级职业技术学院商务英语专业学生

赵玲玲是上海建桥学院高职学院商务英语2014级1班的一名学生。同时，她还是一名中共党员，现任班长、辅导员助理、教学助理等职。

回顾过去的两年大学生活，丰富而充实，她学习成绩优异，同时工作认真务实，能够真正地为同学树立模范、起到带头作用。2016年3月，她获评弘扬雷锋精神银质奖章，2016年12月获评弘扬雷锋精神金质奖章，可谓实至名归。

1. 综合素质升华于活动育人

在校期间，她积极参加学校组织的各种活动，于2015年5月完成文明修身活动，获校文明修身优秀学导和优秀学员称号。同年暑假，她组织带领团队参加社会实践活动，带上了同学们捐的物品，到山区亲身体验生活并为留守儿童送去温暖。她还珍惜每一次校外锻炼的机会，参加上海市"预才杯"职业规划大赛、担任符号上海——漫行邬达克建筑活动国际饭店志愿者等，志愿服务累计时长达200多小时、坚持壹基金以及公益活动，每月为山区捐款，希望自己的微薄之力可以帮助他人，为社会贡献了自己的一份力量。

2. 专业能力得益于学习支持

作为一名学生，赵玲玲一直把学习放在首位，她积极投入到各门课程的学习中去，时常在图书馆阅览书籍，扩展知识面。她还积极参加科技、社科等方面的讲座，不断充实和提高自己的综合素质。经过不懈的努力，她的商务英语专业学习成绩与学生综合测评成绩均名列专业第一名，并获"2014～2015上海市奖学金""上海建桥学院特等奖学金""上海建桥学院一等奖学金""优秀学生"等荣誉，并于2016年10月申报"国家奖学金"。作为班长，她还主动在班上成立学习小组，召集学习优秀的同学，为学习上有困难的同学答疑解惑，共同进步。

3. 服务同学，回报母校

在社会主义核心价值观的引领下，她积极向党组织靠拢。预备党员时期，她抓住每一次机会来锻炼自己，始终以"服务同学，锻炼自己"为宗旨，真正

做到为同学服务，积极奉献自己的力量。工作中，她大胆创新，锐意进取，成立学习小组，与同学们共同进步，为营造良好的班级氛围做出不懈努力，受到了学院领导老师以及同学们的一致认可与好评。担任辅导员助理期间，她被推荐进入上海建桥学院第一期菁英学院学习，并获"优秀学员"称号。她责任心极强，积极保质保量地完成工作与任务，工作能力也不断提升，获评"优秀团员""优秀学生干部"等荣誉称号。课余时间，她坚持认真学习国家政策，掌握国内外重大时事动态。2016 年 12 月被党组织确定为正式党员。

作为一名大三学生，她即将告别大学生活，踏上社会征途。她最大的愿望是去西部支教，尽自己的努力去帮助贫困地区的学生。她整装待发，将以饱满的热情、坚定的信心、高度的责任感去迎接新的挑战、攀登新的高峰。

雷强，2015 级机电学院机械制造及其自动化专业学生

　　800 多个志愿者服务小时，这个数字是建桥学院大二学生雷强有记录的累计服务时长，不仅远超过学校素质拓展分中志愿者服务 120 个小时的标准，而且在经常参与志愿者活动的大三学生中也较难达到。雷强表示"其实还有不少服务时长没有记录，但因为提前超额地完成了志愿者服务小时，也根本不在乎记录"。

　　入校之初，加入校团委学生会想在主持人队崭露头角的雷强，却"阴差阳错"成为团学志愿者服务队中的一名骨干。除了团学主办、承办各项相关活动"迎新生活动""迎新年晚会""五四表彰大会""献血活动""毕业典礼"中总有他穿梭忙碌的身影，对穿绿色志愿者服"上瘾"的雷强，更是在团学工作以外，主动参加校内其他的志愿者活动。他也逐步从一名普通的会议引导志愿者，成为校团委学生副书记，并于 2016 年 3 月获得"优秀志愿者"的光荣称号。

　　"最初做这些，是对团学的归属感、认同感，包括马蕾、房伊萌这批学长学姐的影响。"在雷强的手机中，始终存着前团学副书记马磊一次做献血志愿者时被偷拍的照片。午饭时间，马蕾暂停了工作，蹲在地上扒着盒饭，夹着饭菜的筷子正往嘴里送。在这时，似乎察觉到一样，便抬头张望，被拍的瞬间，脸上满是忙碌过后的失神与疲惫。"他那时挂着黄色的志愿者牌，这是资历深的学长、部长才有的。他亲自带头卖力工作，让我感触很深。所以，哪怕到现在，我们俩关系再好，我也不会把他作为兄弟，而是一个领导和榜样。"

　　他珍藏着这份感动，并以此感染周遭朋友，服务他人。2016 年 7 月，军训前期需要向 4000 多名新生发放军训中的皮带、水壶、军帽等全套装束。雷强与 7 名志愿者接下了这个任务，他们来到酷热的体育馆，为同学们发放、更换军训服。如果只是按照每个人的尺寸，发放一套服装这件事情本身并不复杂，但 8 个人在一天内完成 4000 人次的不同尺寸号码服装的发放就没有那么容易了，况且，衣服、鞋子在现场试穿不匹配，同学就会提出更换需求。"收到这样的要

求，服装提供商会不耐烦不愿意，但是对要军训的同学来说，不合脚的鞋子、不合身的衣服，挤了、宽了，军训一天会多难受？"为此，雷强就将自己的朋友、团学的小伙伴、甚至朋友的女朋友一起拉进了志愿者团队。这支临时服务队从早上8点忙到下午5点才得以休息。

随着他参与的志愿者活动越来越多，每当大家需要帮助时，就会首先想到他。2015年5月，临港连续暴雨后图书馆墙体漏水严重，密集图书库的图书可能因此受到损毁。学校图书馆的老师根本来不及在短时间内完成全部书籍迁移，新闻传播学院博雅读书会大四学生陈博发现这一情况，爱书的她便第一时间告诉雷强，希望得到帮忙。雷强即刻将这个消息发布到微信朋友圈，呼吁同学们志愿加入图书馆书籍转移团队。渐渐地，加入队伍的志愿者越来越多，最初的5人扩展到40人。他组织大家分批分次前往图书馆，提供无偿的志愿服务，使密集书库的大量书籍不至于被淋坏。"开始我们手推车转移，后来发现效率低，就手递手，一摞一摞地搬运转移书籍，每次工作2个小时。虽然多次弯腰起身后很累，但效率很高可以让书不受损坏。"

雷强认为，做志愿者服务过程中，除了能帮助别人、结识伙伴，也是对自己抗压能力、应变能力、协调能力等的一种提升。2016年10月，"海峡两岸民办高校校长论坛"在建桥学院举办，作为这场重要会议的志愿者负责人，他为每一位与会的校长配备了一对一的志愿者服务。因为从接机、陪同、就餐、酒店入住退宿，每个宾客都有不同的需求与行程安排，他需要统筹协调30余位志愿者与来宾的问题与需求，有一位校长手机需要充电，但是充电宝接线口比较特别，雷强为找充电线跑了许多地方。最后校长很感动："找不到没关系，这个问题是可以克服的。"雷强认为，"我们是主人，他们是客人，客人有要求要尽量满足"。周到的服务和贴心的保障，得到了老师和嘉宾们的一致好评，还有校长将自己的礼物赠给志愿者表示感谢。

未来，雷强也希望能从身边小事做起，将自己的志愿者服务活动从校内拓展到校外，在平凡的点滴生活中弘扬雷锋精神。

陈鑫杰，2014 级外国语学院日语预科专业学生

陈鑫杰，外国语学院 2014 级日语合作预科 B14 - 1 班班长，曾获得 2014 ~ 2015 学年上海建桥学院特等奖学金、优秀学生干部、优秀学生、2015 年度国家奖学金、2016 年度上海建桥学院弘扬雷锋精神金质奖章、2016 年外国语学院优秀辅导员助理等荣誉称号。

陈鑫杰同学在政治上积极要求进步，积极向党组织靠拢。在 2015 年 3 月，参加了学校高级党校学习，并顺利通过了考察，在 2015 年 12 月被列为入党发展对象。

陈鑫杰同学工作负责、关心集体、尊敬师长、团结同学。在班级担任班长，他认真完成辅导员交办的工作，带领同学们完成各种活动，协助任课老师完成课程学习要求。他在课后和期末复习时，总是主动把上课笔记借给有需要的同学，帮助同学完成课程的学习。他严于律己，早晚自习、上课从不缺勤，如果发现班级同学因故未出勤的，他一定会细心询问，及时帮助同学解决困难，并与相关老师和辅导员进行汇报，发挥了班长的带头作用，带领同学们按时参加教学活动，他所在的班级出勤率名列学院前茅。他大一入学后，参加了外国语学院团学办公室，参与了外国语学院许多大型活动的布置和运营，并在大二时担任办公室副部长一职，尽心尽力地做好本职工作，得到了指导老师和团学部门的肯定。

陈鑫杰同学成绩优异，大一时期，以总评成绩第一的成绩，获得了校特等奖学金和国家奖学金；大二时期，代表外国语学院参加上海建桥学院"建桥杯"第一届时政知识竞赛大赛，获得了个人第二名和团体第三名的好成绩。他所在的班级是上海建桥学院与京都情报大学院大学合作的"中日合作 3 + 2 项目"，在日方校长来访交流会上，他被选为中方学生代表发言，向中日双方老师展示了 2014 级日语合作预科 B14 - 1 班在大学期间的学习成果，得到了日方来宾的好评。

陈鑫杰同学在大三的第一学期，积极报名做 2016 级日语新生的辅导员助

理，并担任辅导员助理组长。他为了做好迎新的工作，在开学前一周便提前返回学校，认真做好迎新的各项准备工作。在新生入学教育、军训中，他每天都和新生在一起，耐心细致地引导新生尽快适应大学生活。他在与辅导员老师的交流和请教中，了解到新生入学后，有些学生会有不适应大学环境的情况，极易出现心理问题。于是，他就利用课余时间或者周末，走访寝室，积极帮助新生同学做心理疏导工作，聆听他们的困扰和烦恼，并提供有效的建议，积极帮助解决心理上的困扰。他了解到一个外地同学由于性格太内向、封闭自己，有点忧郁，于是就经常去他的寝室，帮助做心理疏导，并给予建议，开导这位同学。最后，彻底解决了该同学的心理问题，使他愉快地投入到大学学习生活。

陈鑫杰同学为了发挥朋辈教育的优势作用，引导新生认真学习，由他牵头在新生班级中建立日语学习小组机制，挑选出有日语基础、有责任心的同学担任组长，进行培训，教授学习方法，指导他们带领班级同学学习，在班级形成了良好的学习氛围。他还利用自己在大一期间获得特等奖学金、国家奖学金的学习经历，介绍自己的学习方法、学习技巧，使新生很快地提高了学习的能力，取得了明显的效果。他还组织新生，积极响应外国语学院特色"晨读活动"。他每天清晨在图书馆前的树下带领新生们朗读日语，增加学习语言的开口次数，不辞辛劳，日复一日，使新生同学的日语朗读能力得到了极大的提高。

陈鑫杰同学遵纪守法、模范执行学校的各项规章制度，他关心社区工作，定期组织学生志愿开展安全检查，确保了社区的安全。在宿舍，他组织外国语学院的学生进行自我管理，组织班级的学生干部，到寝室检查安全和卫生。尤其在学校迎接上海市高校后勤六 T 检查期间，每天晚上，他都会组织学生干部检查 40 多个房间，提醒大家整理卫生，检查违章电器，受到了学校后勤部门的肯定。

陈鑫杰同学积极参加志愿者活动，热心公益。从大一开始，他多次报名参加无偿献血，发挥了班级干部、入党积极分子的榜样作用；在号召 2016 级新生献血的过程中，他以自己的献血经历向新生宣传和介绍献血活动，新生同学都积极地参加无偿献血活动；他还在献血日时担任志愿者，主动地帮助、关心参加献血的同学，直到他们安全地返回寝室休息。他还积极参加校外的志愿者活动，在 16 号线滴水湖地铁站、2 号线龙阳路地铁站等地方都留下了他的身影。他不仅自己做志愿活动，还带动班级同学一起参加志愿者活动，在他的宣传和带动下，更多的同学参与到志愿者队伍中来。

陈鑫杰同学热爱体育，积极参与集体活动，为集体争光。他参加了学校篮球队，态度认真，刻苦训练，从 2015 年起代表学校参加了全国大学生篮球联赛上海赛区的比赛，并连续两年与球队队员一道取得和刷新了我校历史最好成绩，为学校争得了荣誉。

　　陈鑫杰同学始终坚持用雷锋同志的一句话来勉励自己：人的生命是有限的，可是，为人民服务是无限的，我要把有限的生命投入到无限的为人民服务中去。

陆家兴，2014 级信息技术学院网络工程专业学生

"这是心的呼唤，这是爱的奉献，这是人间的春风，这是生命的源泉。"韦唯的一首《爱的奉献》歌曲传遍千家万户，在今天物质当先的时代，社会需要正能量，面对那些无私奉献的伟大人物，我们在感动之余做了些什么吗？而今天，在我们身边就有这样的同学，以雷锋同志为榜样，默默无闻、不求回报的付出，实现自己人生的理想，他们用行动震撼着我们的心灵，让爱远扬，让雷锋精神永存。

陆家兴同学是上海建桥学院信息技术学院 2014 级网络工程 2 班的优秀学生。思想进步，勤奋学习，乐于助人，秉承着党全心全意为人民服务的宗旨，在党组织的关怀帮助下，在身边党员老师和同学的影响下，积极要求加入中国共产党，并于 2016 年 6 月 16 日成为一名光荣的预备党员。其以"友爱，团结，互助，进步"为人生目标，立足于同学，服务于校园，在学习上踏实认真，在生活中严于律己，在工作上兢兢业业，以德为先，以学为上，争做同学学习的楷模，成为一名德才兼备的对国家对人民的有用之才是他一生无悔的追求。在学习中成就人生，在奋进中实现理想，成为有责任有担当有作为的新时代大学生是他的理想。

思想先进，感恩奉献。陆家兴同学作为一名普通大学生，他尊师爱友，时时以雷锋同志为榜样，把发扬雷锋精神当作他实际生活中的一部分，为他人所急，为他人所想，把有限的生命，投入到无限的为人民服务之中去。一直以来，尽自己所能关心同学，因为表现突出，他连续 2 年被评为上海建桥学院"优秀学生"，还荣获了上海建桥学院"弘扬雷锋精神优秀学生"金质奖章。在获得荣誉后，他想得更多的是保持荣誉，再接再励。他踊跃参加校园红色服务队和校外志愿者活动，处处都能见到他忙碌的身影，为同学义务送水、打扫机房、多次参加科技馆志愿者等；在连续荣获特等奖学金后，尽管自己的家庭也不是很富裕，依然坚持全部捐献，希望这份爱心能延续帮助有困难的同学；当得知有同学因患先天性心脏病，正等待心脏移植手术，而高额的治疗费用让她望而却

步，他又悄悄地将自己节省下 1000 元放入捐款箱内，希望能挽救她的生命。他常说："在困难时谁都想有人帮一把，如果我的善行能帮到她，像雷锋同志一样，做一个对别人有用的人，我很开心。"为生命加油，为生命奉献，他积极参加无偿献血活动，捋袖捐血，展现出当代大学生应有的风采。

学习刻苦，共同进步。为崇尚班级良好学风，陆家兴同学倡导成立学雷锋帮扶小组，在同学们的共同努力下，班级整体学习氛围浓郁，你追我赶，班级成绩有了稳步提高；陆家兴同学因为数学特长，连续两学年担任高等数学助教，积极配合高等数学老师，在晚自习期间为同学耐心指导，放弃休息时间，录制视频讲解，经过老师和同学们的不懈努力，同学们都喜欢上了数学，看到同学们的进步，他笑在脸上。

工作认真，爱满人间。在学校开展向雷锋同志学习的号召中，陆家兴同学主动报名要求担当"文明修身"学导，发挥党员带头模范作用，以踏实肯干，吃苦耐劳的作风，在实践中不断丰富和发扬雷锋精神，带领同学们每天清晨早起和下午课后坚持清扫校园，风雨无阻，把晨读园打扫得干净又整洁，让同学们在优美的环境中学习讨论，并乐此不疲。他尽心尽责的工作态度，得到了老师们和同学的一致认可，在 2015～2016 学年他被授予"感动建桥十大学子"称号。

陆家兴同学的一言一行，一举一动，无时无刻不在践行着雷锋精神，所表现出的是一个当代大学生全心全意为人民服务的远大志向，雷锋精神已经成为他的优秀品质，他把个人崇高理想一次次落实到现实生活与学习工作之中，彰显出中华民族传统文化的美德。笃行，人生之道，贵在践行，是思维火花的闪耀，是付诸行动的碰撞，更是他精彩的人生基础。

钟叶丹，2013届艺术设计学院视觉传达专业毕业生

钟叶丹，曾担任艺术设计学院09视觉传达3班团支书以及09视觉传达支部党支书。该名同学自入学以来各方面均衡发展，表现优异，工作、学习、生活中能够无私奉献、乐于助人。

兢兢业业，克勤克俭

自2010年12月入党以来，将自己的业余时间全身心投入到学校的党建工作中，多次组织文明修身、学生宿舍自管等工作，合理分配各部门的工作，使得各项工作兼得到有序开展。另外，担任学生党支部书记期间，积极主动地开展支部工作，组织支部活动。在她的带头作用影响下，党员们也都积极参与配合，使整个09视觉党支部的活动举办得有声有色。

由于社区、党建工作和学习的压力，她投入了大量的时间和心思，曾连续一个多月都是在深夜12点以后才睡觉，但她从来没有任何怨言，一直在自己的岗位上兢兢业业，克勤克俭。

奉己为谦，无私奉献的学生时代

2011年，钟叶丹同学曾获得了一等奖学金，她家里的经济条件非常困难，一直申请着助学贷款和助学金。日常生活中她也非常节俭，平时经常利用周末的时间出去兼职打工，在学校大量的工作中，她还抽出时间在勤工助学的岗位上工作，全部生活费都由自己赚取。根据她的表现，自然可以获得国家励志奖学金。但即便如此，当老师通知她填表的时候，她仍然坚持把机会让给了班级的另一位困难同学，她告诉老师，虽然5000元的励志奖学金可以将她本学期的学费交清，但是还有比她更困难的同学，而这位同学比她更需要鼓励和资助。在她的一再坚持下，老师同意了她的请求。

建设丰富社区活动

工作半年后的她，发现小区的孤寡老人比较多，而周边的配套还不够齐全，老人买菜购物不是很方便，于是便开始与居委会一起，组织参与各项便民服务，如：理发、磨刀、修鞋、测量血压、低价新鲜蔬菜等；以及为了让老人不觉得孤独，组织元宵灯会等活动。

公益活动

在一个非常具有纪念意义的日子，2015 年 3 月 5 日，她进入到她的第二家工作单位，她的这份乐于助人、无私奉献精神也在一直延续，2016 年 9 月房多多二手房的一位同事在一次工作中不幸遇难，考虑其家中还有老人需要赡养，在行政部发起募捐后，她第一时间给予捐款，并积极号召其他各行各业朋友能够给予其帮助。类似的捐款捐物活动，她经常参加。

2016 年 12 月 31 日，房多多与上实海上海的合作到期了，但是听说上实海上海要搞一次捐衣物的活动，但是并不认识一些相关的公益组织，于是她马上给开发商联系了公益组织狮子会，并一起参与组织此次活动。参与的同时，自己也整理了不少衣服捐献。

在房多多工作的 2 年当中，同事们包括合作伙伴们经常会说她是一个"傻子"，总是加班不要加班费，休息天也在时不时接听工作电话，经常做一些超越本职工作的事，一点不知道偷懒，她总是微微一笑说："在学校，老师教会我感恩、回报、爱心、责任；在房多多，公司教会我，服务好我们的每一个客户以及合作伙伴。"

所有点点滴滴的小善，所有默默无闻的奉献，就会凝聚成一股强大的力量，撼动世间苦难，叩响心灵之弦！

赵永安，2014 级商学院工商管理专业学生

赵永安，商学院工商 B14 - 2 班学生。雷锋讲过："一个人的生命是有限的，但是为人民服务是无限的"。赵永安就是一个乐于助人、甘于奉献的同学，平常他脸上总是洋溢着雷锋般的笑容，那灿烂的笑容来自为同学服务的快乐，是发自内心的满足。

他有着雷锋般助人为乐的热情。作为班级里的团支书，在每次无偿献血的活动中，他都会带领同学进行无偿献血，鼓励并提醒同学注意事项，陪伴同学完成整个献血过程，在同学献血后关心同学身体情况，给同学准备糖水和食物，一直到本专业同学全部献血结束询问无事后才肯离开。

他像雷锋一样吃苦耐劳，勤勤恳恳。自 2015 年加入商学院寝室夜查队以来，赵永安按照学校制定的晚归标准，严格进行商学院学生晚归情况检查，并及时向每间宿舍每位同学做出相应解释，帮助他们了解校园安全的重要性。他坚持每天晚上进行学院寝室的晚归检查，从没有一次请假、缺席。截至目前，他共检查寝室晚归情况一个半学期，累计检查寝室 1000 余间。除此之外，他担任了文明修身小组组长，历时两个多月，连续 10 周放弃自己的休息时间，每天早上坚持 6：20 起床，提前 5 分钟到达负责区域，为组员们做好表率作用，每次结束后都主动把劳动工具摆得整整齐齐。

他有着雷锋那种坚韧不拔、追求上进的品质。在班级里，他担任了团支书职务，积极处理班级事务。在校内，他担任了商学院学生党建中心办公室主任、校党委组织部学生助管、高级党校班主任助理等，为了更好地让同学们进行党校的学习，他不怕辛苦，不怕疲倦。除此之外，他还积极向党组织靠拢，学习党的先进思想，追求上进，经过努力，已光荣地成为中共预备党员。

2016 年 8 月，他作为商学院学生党建中心的负责人组织迎新志愿者团队，协助老师合理安排志愿者的岗位，从志愿者的招募，再到组织培训志愿者，他全身心投入其中，早早地起床来到迎新现场，组织志愿者们到达各自的工作岗位，并且时刻注意着当天志愿者的人手问题，根据需要调配志愿者，他与其他

志愿者们一起热情接待每位新生，积极主动地为他们搬运行李，宣传防盗防骗，整个过程他参与其中也乐在其中，直到最后完成了商学院 1000 余人的新生报到。校高级党校学习开展期间，他协助老师负责党校中实践模块，有力地帮助了入党积极分子；组织 20 余支红色服务队，在校园的每一个角落开展志愿者服务，帮助到了更多的人。

附　录

附录一：优秀文明修身小结（14 环境 3 班）

（一）

将近一个半月的文明修身已经结束，想当初大家心不甘情不愿，直到后来一日接一日的坚持让我们自己都感到惊讶，没想到大家都能坚持下来。

在一开始，许多人都认为这是浪费时间，但千万个不愿之下，大家还是干了起来。扫地的同学在寒风中挥动着扫把；拿耙子的同学在草坪上刮动着落叶；拿钳子的同学在低头四处寻找垃圾。汗水湿润了衣襟，寒风也无法将其止住；落叶飘然而下，可惜它只能在空中表演，地上是没有它的舞台。这一切都给我们留下了深刻的记忆。

当然，抱怨是一种不成熟的做法。在经过了扫马路捡垃圾，我渐渐觉得自己起初的想法是多么的不成熟。文明修身虽然花了我们很多可贵的时间，但它的作用还是很明显的。我们周围的环境变好了，大家的环保意识提高了。劳动的过程是辛苦的，但劳动后的成果是满足的。

若没有这次修身活动，我们或许还会停留在珍惜环卫工人的劳动成果的认识上。当我们洒下汗水时，我们才知道整洁的道路护之不易。文明修身不仅锻炼了我们的劳动技巧，还提高了我们自身的涵修。原先的自命清高到此时将心比心无不是因为这次特殊的经历。

没有文明修身的锻炼，或许我们还不会成长得如此之快。不参与环卫劳动的人是很难想象少扔一张废纸能给他人、给社会带来多大的方便。

文明修身是为提高大学生思想道德素质而开展的系列活动。它具有较为深远的理论意义和实践意义。从理论意义看，文明修身活动体现马克思主义关于人的全面发展的基本理论；贯彻了"以学生为本"的教育理念；彰显了我国儒家传统的修身思想。从实践意义看，文明修身活动抓住了大学生的薄弱环节，具有针对性；传承了为人师表的师范精神，具有教育性；创新了高校德育工作的理念、思路和方法，具有实效性。

虽然我的思想不会很崇高，但我明白一点——己所不欲，勿施于人。这就是我文明修身的初步体验。其进一步的便是从思想上完善自己，从行为上证实自己。"宝剑锋从磨砺出，梅花香自苦寒来。"

——李书越

（二）

文明修身已然在落叶的伴舞下结束了，一开始的不满早已经消失，习惯了早上冷清的空气，习惯了带着微笑迎接落叶。每天到场拿上工具，到达自己指定的区域埋头苦干起来。有可爱的同学一起，有严格的学导监督。看着树叶一点一点地消失在草坪，看着瑕疵被我们一点一点擦拭而去心里由衷地高兴。文明修身给我们提供了身心锻炼的好途径，给以我们相互了解的好机会。花开在勤劳的田野里，我们现在所做的是为我们未来铺路；成功生长在艰辛的土壤里，我们所经历的是一段未来的预演。

或许原本贪睡的我们在经历了辛苦的一周后本想补补觉，却已然发觉不知是自觉还是无意，清晨的小精灵还是偷偷打开了我们的双眼；或许原本做事心不在焉的我们在经历过后本想安静地度过一个安逸的午后，却不知为何因为想起专业作业，打断了和室友的联机对战。

习惯了还没睡醒就已经穿上衣服；还没站稳就已经开始动起扫把。开始的几天的确难熬，但也开始适应了晨雾的洗礼，适应了沉重的步伐。

有一天，睁开朦胧的睡眼看清校园，才发现晶莹的露珠，如鳞的白云，晨起的猫咪，还有清晨的整个世界。原来在我们睡去的时候，错过了如此美丽的风景；错过了如此次美丽的时光。很多时候，我们忙着用不满和抱怨去塞满生活，却不知倾去污水，洗涤心灵，换成一杯美酒。文明修身，好像一位经历青春的老人，伸手拽起了泥塘里的孩子，严厉又慈祥。我们不就是那个孩子吗？迷失在纷繁的花花世界里，青春却在不觉中逝去，换回一手尘埃，一手浮华。

感谢这位"老人"的任务，也庆幸，有他的存在。

——李仲陶

（三）

六周的文明修身如同白驹过隙般悄悄地从指缝中流逝。文明修身的点点滴滴如同昨日般在脑海中久久萦绕不去。清晨的第一缕阳光召唤起我们赖床的心。疲惫、困顿如同猛兽般汹涌来袭。但是对于文明修身来说这是一个神圣的任务。天将降大任于斯人也，修身，大任哉！我们岂能搪塞于大任乎？所以我们六周如一日的早起，不敢有丝毫懈怠。虽然可能人无完人，有迟到的现象，但并非经常，少数而已，所以，可以说我们每个人都是怀揣着一颗炽热的心去进行文明修身的。

　　我们小组文明修身的任务是清扫学校大门口的区域。接到任务的时候已是深秋，大门口的树叶掉得很厉害，再加上天气越发的冷，风越发吹得厉害，可谓是雪上加霜。在秋末冬初的风似刀子般吹来，尽管吹得生疼，我们还是一如既往地清扫，默默地清扫，直到落叶被清扫完毕为止。

　　六周以后，从周一到周四可谓是三扫再加上周五的一扫，起初也只是贪个新鲜，到后面也渐渐地生发无趣，渐渐地失去了动力，增添了懒散，集结了习气。但是很快我们又调整了自己的态度。对于我们这代来说，习惯对于成长成才相当重要，特别是进了大学，原本紧张的高三生活像了一张绷紧了的纸，一旦放松，总会在原本平整的纸上产生一些细小的褶皱，也正是这种褶皱会改变掉我们的人生观、价值观、世界观。所以文明修身很好地纠正这一点。正是大学生时期的我们，也是人生关键时刻。若是在激烈紧张的高考后懈怠自身，想必对自己整个人生观、价值观，都会产生扭曲。而文明修身恰恰可以填补这方面的漏洞。它为我们建立良好的思想品德素质，同时也提升了心理素质，更好地擦去自身的惰性、习气。文明修身，我想这不是一句空话，我们每一个人，每一位大学生，作为将来建设祖国最强大的后备力量，都应该把这四个字落到实处。虽然文明修身看似平凡，其实非凡。它是一种简简单单的劳动，同时也是一种获取劳动价值的渠道。所以，我想文明修身上升到一个哲学的高度来说的话，它实际上是一次修身养性的活动。当下的人们的心里，多了浮躁，在这种情况下，我想，我们更应该借此机会，来发展自己的内心，让自己的心灵多一份平静，多一份安宁，努力做一名的德才兼备、内外兼修的合格青年。我们可以从现在开始，从身边的一点一滴开始，做到文明言行，文明修身！修身是修自身。古人云：修身治国平天下。所以修身是第一步，只有修身才方可做到治国平天下。若是要担当大任的人一定要做好修身，这是中庸之道。其实不止文明修身，还有很多东西我们都要做得更好，从文明修身开始思考，思考未来！加油。

——顾怡婷

（四）

　　30天的文明修身是漫长又是短暂的。为什么说是漫长的，那是因为我们经历了磨炼自己的过程，在这过程中我们的人格得以磨炼，我们的品德得以磨炼，当然最基本的劳动力也得以磨炼了！磨炼了这么多我们当然会感觉到这时间的漫长。可在这过程中我们是如何熬过来的呢，刚开始我们都不是很适应，为了不迟到我们都早早地起床了。有些人还互帮互助帮别人买早饭，这也促进了同学之间的友谊。天气越来越冷，把我们的作战能力大大地削弱了，说实话我们其实还处于一个不利因素，就是在大门口作战。这树叶真的是在狂风中飘荡着盘旋着，可这些都熄灭不了我们心中的那团烈火：青年人的志气。团结就是力量！狂乱诸多的树叶在我们这几个团结一致的小伙伴的合力下终于全部扫除。在文明修身中我还进行了细心的观察，在心理学方面：对于迟到的紧张，不吃早饭而产生的烦躁心理。当然对于扫到恶心的东西有些人心理会感觉不适等等。就比如说如果一个人心理或心情感到不愉快，在扫地的过程中都会体现。各种扫地的工具不同性格的人会挑选不同的工具……

所以，文明修身很有意义。俗话说，宝剑锋从磨砺出，梅花香自苦寒来。许多人都认为这是浪费时间的事而且效率又差，但千万个不愿之下，大家还是干了起来。从一开始的不会拿扫把到有模有样地快速挥舞，从起初的娇嫩的双手到后来的满是老茧的残容……我们体会到了劳动者的辛苦。其实文明修身的真正意义在于培养劳动精神更是要领悟思想道德！我们不仅仅只是自己的道德修养，我们还可以感染更多的人拥有道德修养之深厚。就比如说为什么每天都有烟头的出现，就是道德方面没有完善，所以在文明修身的同时我们还需要宣传道德理念，这是很重要的。如果我们道德方面都很好的话，那么垃圾就会少，垃圾一少，可能扫地阿姨的工作就会减轻，这对于国家的发展也有帮助。

我们学校以雷锋精神为主，他也肯定是个道德修养很高的人，我们可以在校园里看到爱国情怀的抒发、高校精神的弘扬、严谨治学的深化、文明生活的养成。但是，在我们的校园里，也存在着些一许不和谐。我们也很遗憾地可以看到，诚信的缺失、虚假的抬头、公物的破坏、秩序的颠倒。这些，就像突然飞起的几粒坚硬的沙砾破坏着这个秋高气爽的天气，模糊着人们期待和观赏的眼睛；这些就像几只慢慢蠕动的小虫损伤着学子原本应该挺拔健康的体魄。可我们学校的整体素质还是可以的，我为什么这么说呢？每当我在大门口扫地的时候，保安会与我交谈，我便不由自主地与他们交谈道德方面的问题，当然他们的素质也很高。洗耳恭听也没抱怨什么。所以烟头就变得越来越少！这看似平淡其实深意满满啊。文明修身我认为我是成功的，因为我感染了其他人，使他们的良好素质也升华。这是学校组织"文明修身"的最终目的。一个大学生的必修课，应该是这样！

——陈添华

（五）

时间过得真快，一个月的文明修身已经结束，这是一个多么振奋人心的消息啊！回想当初刚开始文明修身的时候，我们不习惯早起，有许多的抱怨，有许多的不愿。当初的我们，忍受不了秋天的凉风习习，忍受不了初冬的忽暖忽冷。在这期间，我们有受到过疾病的侵袭；有过对学导的不满；有过团队之间的不和谐，但这些都已经是过眼云烟，我们有再大的困难都已经挺了过来，我想，我们是成功的！

所谓文明修身，它具有较为深远的理论意义和实践意义。从理论意义看，文明修身活动体现马克思主义关于人的全面发展的基本理论；贯彻了"以学生为本"的教育理念；彰显了我国儒家传统的修身思想。从实践意义看，文明修身活动抓住了大学生的薄弱环节，具有针对性；传承了为人师表的师范精神，具有教育性；创新了高校德育工作的理念、思路和方法，具有实效性。

尽管现在天气渐渐转冷，但我们依旧可以早起来参加文明修身的活动。为了美化校园的环境，我们14环艺班的同学不怕苦、不怕累，每天坚持一日三扫，把原本满是落叶的校园清扫得十分干净，这一切都是大家努力的结果。文明修身，既是一种锻炼我们劳动能力的活动，也是培养我们吃苦耐劳的品质的一次磨炼，我们要想成为合格的大学生，像类似的这种活动就必须要多多参加，这样才能不断地完善自己的精神品质。孟子曰："天将降大任于斯人也，必先苦其心志，劳其筋骨，饿其体肤，空乏其身，行拂乱其所为，所以动心忍性，增益其所不能。"只要我们继续努力下去，我们自己就能在人格，甚至是精神上得到升华。

为了锻炼我们的意识，提升我们的吃苦耐劳的品质，我们文明修身开展得十分顺利，大家都干劲十足。寒风凛冽的清晨，校园里到处可见我们忙碌的身影。同学们的脸上还泛着一丝丝的困乏，但为了锻炼自己的意志，为了美化校园，都还是坚持了下来。我想，文明修身不单单是清扫校园，美化校园环境，更是对我们的一次磨炼，让我们克服自己的缺点，强化自己的精神意识，让我们的身心都得以提升。文明修身的每日三扫，也是一个让我们了解同学的机会，在扫地的过程中，同学们互帮互助，团结友爱，同学之间相互了解了许多。

通过这次文明修身，我已经学会了很多，我会继续努力来完成我的大学生活，这样也没什么好遗憾了！

——戴一鸣

（六）

为期一个月的"文明修身"活动已经结束了，就如同它静静地开始，无人察觉。因为，每一天都会有身配红牌子的学生在校园拿着大扫把，大耙子在校园的公共场地上来回，他们都弯着腰在清除校园里的垃圾……或许"文明修身"早已成为我们学校一种习惯、一道风景。

刚进入校园时我对这项活动有许多的不理解，明明我们是来念书学习的，为什么要拿起扫把来扫地，家里大人说过每个人都有每个人需要做的事，他们大人需要做的就是工作，我是学生就是要学习，不要去做那些和我不相关的事。再加上我们扫地正值秋冬，满地的落叶，凛冽的寒风……大自然施加于我们的压力，让我们抱怨不断。

每天早上6：20的闹钟，都是让我们痛苦的源头，再加上天气越发的冷，温暖的被窝和寒冷的早晨形成了对比。

后来，慢慢地我们习惯了每天的早起，积极调整好自己的作息，做到自发起床，发现文明修养不仅创造了一个干净整洁的学校，还带出了一批精神满满的学生，它改正了我们的不良的作息习惯，让我们学会了如何有效地利用时间。同时我们知道文明礼仪是一个人综合素质的突出体现。文明修身就要从举止做起，我们每个人都应养成文明的生活习惯，争当高素质的大学生。"一屋不扫，何以扫天下"，在清洁校园的过程中，我们慢慢体会到文明修身活动的内涵——它不仅仅是为了保持校园的整洁，更重要的是培养我们的一种精神、一份责任。

在这为期一个月的活动中，我们学会了坚持、忍耐，并会将这种精神转化到我们日常的生活与学习中，也将会在我将来的工作中让我受益良多。文明修身，让我们更加关注细节，让我们从自己做起，从身边的小事做起。文明修身还提高了我们的责任意识、公民意识、自立意识、劳动意识和环保意识。

学校希望通过文明修身这项活动将我们培养成一个合格的、将来可以为社会做出贡献的大学生。文明修身，不仅仅是在扫地，还是在扫除自己心灵上的垃圾、恶习，但这关键是要靠我们的自觉，没有自觉，即使有学校，老师在你背后催你，你还是那扶不上墙的"烂泥"，只要我们自觉，有耐性，有毅力，还有什么艰难困苦是我们跨不过去的！

——张诗艺

附录二：历年参加文明修身
学生一览表（2010－2017年）

年级	参加修身学生人数	参加文明修身年份	文明修身批次	文明修身形式
2007级	2944		五周一批	一日三扫
2008级	3277	2010年9月~2011年7月	五周一批	一日三扫
2009级	3199		五周一批	一日三扫
2010级	3448		五周一批	一日三扫
2011级	3433	2011年10月~2012年7月	一学年四批	一日三扫
2012级	3592	2012年10月~2013年7月	一学年四批	一日三扫
2013级	3478	2013年10月~2014年7月	一学年四批	一日两扫
2014级	3391	2014年10月~2015年7月	一学年两批	施行学导制
2015级	4194	2015年10月~2016年9月	一学年两批	一日一扫
2016级	4695	2016年10月~2017年9月	一学年两批	一日一扫
合计	35651			

附录三：建桥学生参加上海世博会志愿活动心得

　　2010 年上海世博会期间，上海建桥学院学生志愿者参与了"世博，文明修身万人行"及售票、引导、秩序维护等多项志愿活动，表现突出，被授予"中国 2010 年上海世博会志愿者优秀组织奖"。以下文字记录了建桥学子在志愿活动中的感悟、体会及收获的成长——

　　（一）"文明修身，与我同行"——管理系志愿者领队闫山鹤心得

　　今年四月份开始，我校开启了"迎世博，文明修身万人行"的大型志愿者活动。我有幸成为管理系地铁站志愿者活动的领队。我以领队的身份参与到服务活动中，收获良多。

　　刚刚得知自己能够担任活动的领队时，心里有些兴奋也有些忐忑。兴奋的是我可以长期参与其间，贡献自己的服务；忐忑的是我能否协调好学校与地铁站、同学与带队老师、同学与领队以及各个工作岗位之间的关系。活动尚未开始，我们几个领队便对地铁站进行了勘察。最后根据龙阳路 2 号线部分的特别设计，我们的工作在宣传"左行右立"的基础上又有了拓展，在售票处、出入口闸机位置又合理分配了人员，为二号线的运转提供了有力的保障。在活动启动当天的检查中，我们的安排也得到陈生根书记和吴国政处长等领导的认可。第一批次的活动非常顺利：在宣布了各个岗位需要的条件后，08 级的志愿者们都非常自觉地进入了自己最适合担任的工作岗位，他们的默契配合给了我们很大的鼓舞。

　　为了使大家能够更好地为乘客服务，我们在每一批次的志愿者上岗前都会对其进行培训，包括衣着要求、用语、站点周围信息、常用英语单词等。各位值班站长对我们的工作也颇为支持与配合。但是，工作中慢慢出现了这样或那样的问题：志愿者迟到、突然请病假或事假、乘客的故意为难和挑剔等。对此，我们加强了作为领队的职责。首先，在上岗前一天确认通知到位；对于非人力可抗因素迟到的同学，我们会把工作制服准备好，在他们到达的第一时间安排到岗位；突然请病假的同学，我们则会立即通知预备志愿者前来上岗；遇到乘

客故意为难和挑剔，我们则保持微笑面对，耐心解释和劝导。

一份耕耘，一份收获，我们的工作也取到十分显著的效果并获得广泛的认可。在大家的宣传下，绝大多数乘客都能遵守文明乘梯规范。看着有序的乘梯秩序，大家的嘴角总会挑起一抹颇具成就感的微笑。更让人欣慰的是，很多小朋友还会主动"左行右立"，并带动家长一起遵守乘梯规范。也有很多家长在乘梯过程中教育孩子文明乘梯，"左行右立"已经在很多人心中慢慢形成意识，这是我们最想得到的结果。

文明修身活动恰如古人"行万里路"，需要我们长久的坚持。我敢肯定的是，学校此次文明修身万人行活动中将始终有我的身影。

（二）我蓝莓·我幸福——我校站点志愿者施宇斑心得

作为世博城市站点的志愿者为来自四面八方的游客服务，我有着说不出的惊喜和兴奋。今年暑假，我在 8 月 6 日至 19 日期间开展我的志愿者服务，结束志愿者服务后的几天我将迎接我的生日，因此成为城市站点志愿者是我送给自己的一份生日礼物，纪念我 20 岁了。20 岁的我不能再为自己所犯下的错误找借口了，我应该更有责任心地完成每一件摆在自己面前的任务，而世博会站点志愿者的工作便是一次试练。

8 月 6 日，我正式在东锦江索菲特大酒店开始我的志愿者服务。站在站点的位置上我既兴奋又紧张，生怕自己做得不好。第一天，遭遇了很多考验。首先，在我们一到达站点还没做好任何准备的时候，咨询的游客便蜂拥而至，没有地图、没有电脑、没有电话，我们还是尽己所能的为游客提供正确信息。面对意外的提问，我和同伴都会觉得很无措，只好抱歉，其实当时自己的内心真的很难过，没有帮到游客，看见游客的失落我会如此内疚。后来，站长带我们熟悉了站点的工作，我们正式开始工作。有了地图和工具，我们的工作开展便顺利多了。随后，我们迎接游客的咨询，更加的坦然自若。因此，我们收获了得到满意答复的游客的第一个微笑，接着是第二个、第三个……我从没意料到自己看到这些微笑的时候内心是如此愉悦，游客每一次感谢，都是我更投入工作的动力。

在东锦汀的日子，我遇到很多外国友人，我觉得和他们的交流是另一种很有趣的互动。我英语不是很好，而且，我不得不承认自己是个典型的哑巴英语学习者。第一次和外国人交流的时候，我真的很紧张，磕磕绊绊地挤出一些单词，但是最后收获的是外国人一句"Perfect"，那一刻真的很振奋，真的顿时充满信心。所以之后我便很勇敢地和外国人攀谈起来，用我极不流利的英文加上有趣的肢体语言，在这样的互动中，我们充满欢笑。

在做志愿者的这段日子里，我们除了向游客提供世博讯息之外，还和他们合照聊天，与他们说笑，参与他们的谈话。这个过程中，他们获得我们提供的帮助，而我们却在他们的欢声笑语中收获独特的幸福。

成为一个可爱的"小蓝莓"，是我作为一个生在长在这座城市的孩子一个很幸福的经历。于我而言，志愿者服务是一份会长大的幸福，是那些接受我们服务的游客的感谢堆积起的幸福，接受我们帮助的人越多，我们能够感受到的幸福就越多……

作为志愿者的日子真的很短，竟然很快就要结束自己在这个岗位的工作，真的好像有点不舍。其实，在从事志愿者工作的时候我喊过无数次无聊，无数遍的没意思，但是心里却是甜甜的，所以离开的时候就有留恋，留恋这份特殊的甜味。感谢我做过一次"蓝莓"，这种滋味值得我回味一生……

（三）外建站点志愿者贺文心得

不知不觉，作为一个城市站点志愿者也就是被大家亲切地称为"小蓝莓"的身份快要接近尾声了。回想这几天的志愿者生活，我感受颇深，无论如何这都将成为我将来人生道路上的一笔重要的财富。

志愿者服务期间，天气是我们最大的障碍。气温都超过了35°C，有两天甚至达到40°C的极端高温，要知道40°C在新中国成立以来上海都没有出现过这样的高温。但是这些苛刻的自然条件倒是更加能激发我们的服务热情。从第二次服务开始，我们站点采取安装了玻璃门、空调等制冷措施，然而面对高温，这些制冷措施的效果并不明显。不过，在没有空调的情况下我们都能克服下来，何况现在条件改善了呢？

记得第一次我刚到站点，面对一些游客的问题，还不是很熟悉。通过站长的带领下和自己独自去周围进行实地考察，我对周边的入口还有交通等等信息都掌握了，于是开始为游客服务。游客的大部分问题都集中在售票处在哪里？入口在哪里？团队入口在哪边？哪里有寄包的地方？哪里可以借婴儿车？哪里可以借轮椅？世博园区地图哪里拿？但是面对这些我早已了解的信息，我回答起来得心应手。尽管游客问的都是些近似一模一样的问题，但是我丝毫没有感到厌烦，相反我更加热情地为他们指点方向，为他们提供方便。

当然了，不可能游客所有的问题都是我知道的，也会存在一些我所不知道的，甚至是站长没听说过的路名或者地方。这时，电脑的作用就显现出来了。通过查询互联网，了解游客要去的目的地然后就能制定出相应的路线，并给游客提出建议。尽管这些路是我原先不知道的，但是通过查询等，我不仅帮助了游客，同时也增进了自己对交通的了解。

　　还有一个问题就是面对外国友人需要使用英语进行对话。这也加大了我的工作难度，由于我从小对英语的学习都是仅仅停留在书面上，口语方面不怎么进行锻炼，于是乎，面对外国友人就出现出问题，有些回答就在嘴边但是会反应好久才能反映出来。可喜可贺的是我还是成功地完成了任务。但是这也给我拉响了警钟，要加强英语口语的锻炼。

　　除了面对游客之外，站点内大家志愿者的互相交流也成了我这次做志愿者的很大收获，认识了很多行业的人。大家都很亲切，也很照顾我们大学生志愿者，有些年长的志愿者还会和我们交流他们的人生心得，得知我是要升大四的学生，会和我交流以后找工作的注意事项，还有自己的努力方向，等等。尽管和他们相处的时间有限，但是我真的觉得听君一席话，胜读十年书！

　　就这样，志愿者的生活奏响了最终的篇章。回想做志愿者的点点滴滴，虽然辛苦，虽然很热，但是我真的很珍惜这段宝贵而简短的几天。同时，在这有限的时间我也收获了意想不到的收获，认识了更多的人，学会了怎样和人更好地相处，也让我看到了自身的不足和差距。这些都将成为我成长道路上重要的基石，我相信这段志愿者的经历也将会成为我最美好的记忆之一！

附录四：上海建桥学院历年参军、参与西部计划、义务献血人数统计

多年来，建桥学院持续弘扬学雷锋志愿者精神，使"服务社会，提升自我"的理念得到广大师生的高度认同与自觉践行；每年都有为数不少的学生参军、积极参与西部计划与义务献血等活动。

上海建桥学院 2006～2016 年征兵人数统计

年份	2006	2007	2008	2009	2010	2011	2012	2013	2014	2015	2016
人数	12	17	12	54	16	46	52	53	64	81	93

上海建桥学院 2004～2016 年参与西部计划人数统计

年份	2004	2005	2006	2007	2008	2009	2010	2011	2012	2013	2014	2015	2016
姓名	于晨君	施旻麒	沈笑愚	孙婧	尤征文	包俊峰	陈国荣	聂述聆	任浩梁	慕玉霞	胡及孝	张霖	夏青青
		黄雯颖	顾倩	徐旦旦	李远超	俞海燕	朱春燕	蔡锦良	徐燕	高鹏飞	吴媛媛	马世华	沈佳秀
		管堃	瞿昊天		沈倩枝	杨洋	汤超超		孙永吉	郁豪庭			
		查晓敏	程翠萍			陈应	庄春园			黄晓黎			
			李焕青										
			董博										
			翁杰										
人数	1	4	7	2	3	4	4	2	3	4	2	2	2

上海建桥学院 2004～2016 年献血人数统计

年份	2004	2005	2006	2007	2008	2009	2010	2011	2012	2013	2014	2015	2016
人数	451	270	492	775	949	640	1082	1174	1261	1293	1365	1490	1588

附录五："八一社"指导教师董显洋访谈

　　董显洋老师1987年入伍，在部队期间先后获评优秀"四会"教练员、优秀干部（连续五年）、优秀党员（连续五年）、学习"三个代表"先进典型和尊干爱兵典型，四次荣立三等功（2001，2002，2005，2006）。2012年，他转业到上海建桥学院，担任外国语学院辅导员，组织了以退伍回校生为主要成员的"八一社"，担任指导教师，持续推动学校征兵、拥军工作。以下是学生记者对董老师的访谈：

　　学生记者（以下简称"记"）：请介绍一下"八一社"成立的背景。

　　董显洋老师（以下简称"董"）：我2012年转业到建桥学院后，发现学生入伍积极性很高，每年参军人数都在提升。最近两年，复原回来的达到七八十人。当时我就想，能不能把这些退伍回来的同学集中起来组织一个社团，给他们一个交流、联络的平台，使他们发挥在部队学到的知识、能力，配合学校管理和征兵宣传？于是就组建了"八一社"，担任指导老师。

　　记："八一社"主要开展哪些活动？

　　董："八一社"下设宣传部、国旗班和训练部。宣传部主要针对每年的征兵宣讲，解释部队的政策、待遇，介绍参军学生中的先进典型，着重宣传当兵入伍能使大学生获得哪些成长、进步。国旗班在新生军训期间、学校举行重大活动期间，都要升旗。训练部主要针对国旗班，练军姿、军容和步法。

　　记：对大学生来说，参军入伍带来的成长、进步主要体现在哪方面？

　　董：大学生文化素质相对比较高，到了部队，无论是适应环境、掌握军事技能还是处理其他事务，进入角色都更快，所以领导对他们很重视，愿意重点培养，在他们入伍一年后会让他们担任连队骨干或副班长，从事思想教育和管理工作。这样，他们各方面的能力就会很快得到提高。而且，大学生当兵回来后，精神面貌往往会有质的改变——原先作风比较自由散漫，甚至披头散发、胡子拉碴，经过部队两年锻炼，他们的自我管理能力、吃苦耐劳的意志力、文明礼貌、仪容仪表，包括身体素质、心理素质、法制观念和政治理论水平都有很大进步。

记：这些退伍回来的学生在学校工作中起到哪些作用？

董：退伍回来的学生大多数都担任了辅导员助理、文明修身学导、班级骨干等职务，学校各部门都很看重他们的综合素质。据我观察，他们回校后，环境变了，但大部分都能保持当兵锻炼出来的好习惯、好作风，做学校、老师交给的工作执行力强、完成度高，在学校重大活动中表现优异，所以在班级中威信也很高。同学们都很敬重他们，以他们为榜样。

记：作为一个退伍学生兵的交流平台，"八一社"在帮助他们重新适应学校生活方面做了哪些工作？

董：退伍学生兵的问题主要集中在学业、户口、安置费等方面，特别是学业——回来以后，学习明显吃力。我们采取的方式是，对于户口、费用这些问题，每半月组织一次答疑梳理，请校团委、学生处的相关负责人当场解答，尽快解决。对于学业，我们和校武装部一起与各学院沟通，定期组织补课。通过努力，这些学生的专业课、英语、高数都跟上了，没有毕不了业的。

记："八一社"未来有哪些发展规划？

董："八一社"现有社员100多人，70多人是退伍学生兵，30多人是在校生。这30多人是今年新招的——我们打算把社员覆盖面向外拓展，把在校生中热爱军事、对部队有向往的同学招进来，这样训练部就可以进一步发挥作用，面向这些成员普及军事、国防知识，先进行一些基本的技能训练，比如军体拳。一方面，这可以为每年的征兵工作打基础；另一方面，在校生社员多了，对其他学生的辐射、影响力就更大，我们希望通过这些社员的带动，提升全体在校生的军事意识、国防意识，在整个学校形成热爱部队的氛围。